Sylke Nissen

Umweltpolitik in der Beschäftigungsfalle

Ökologie und Wirtschaftsforschung
Band 6

Weitere Bände in dieser Reihe:

Bd. 1 – Wolfgang Benkert, Jürgen Bunde, Bernd Hansjürgens: Umweltpolitik mit Öko-Steuern? Ökologische und finanzpolitische Bedingungen für neue Umweltabgaben, 224 Seiten, 26,80 DM, ISBN 3-926570-22-9

Bd. 2 – Frank Beckenbach (Hrsg.): Die ökologische Herausforderung für die ökonomische Theorie, 352 Seiten, 26,80 DM, ISBN 3-926570-29-6

Bd. 3 – Hans Diefenbacher, Susanne Habicht-Erenler (Hrsg.): Wachstum und Wohlstand. Neuere Konzepte zur Erfassung von Sozial- und Umweltverträglichkeit, 147 Seiten, 22,- DM, ISBN 3-926570-39-3

Bd. 4 – Markus Hesse (Hrsg.): Verkehrswirtschaft auf neuen Wegen? Unternehmenspolitik vor der ökologischen Herausforderung, 250 Seiten, 36,80 DM, ISBN 3-926570-48-2

Bd. 5 – Sylke Nissen (Hrsg.): Modernisierung nach dem Sozialismus. Ökologische und ökonomische Probleme der Transformation, 239 Seiten, 29,80 DM, ISBN 3-926570-47-4

Bd. 7 – Markus Hesse: Verkehrswende. Regionalentwicklung, ökologische Strukturen und weniger Verkehr, ca. 200 Seiten, 26,80 DM, ISBN 3-926570-62-8

Bd. 8 – Mohssen Massarrat: Erschöpfbare Ressourcen zu Dumpingpreisen, ca. 200 Seiten, 26,80 DM, ISBN 3-926570-79-2

Sylke Nissen

Umweltpolitik in der Beschäftigungsfalle

Metropolis-Verlag
Marburg 1993

Sylke Nissen ist wissenschaftliche Assistentin am Institut für Politikwissenschaft an der Martin-Luther-Universität Halle/Saale.

Die Deutsche Bibliothek - CIP-Einheitsaufnahme

Nissen, Sylke: Umweltpolitik in der Beschäftigungsfalle / Sylke Nissen. - Marburg: Metropolis-Verl., 1993
(Ökologie und Wirtschaftsforschung; Bd. 6)
Zugl. Berlin, Freie Univ., Diss., 1992
ISBN 3-926570-78-4
NE: GT

Metropolis-Verlag für Ökonomie, Gesellschaft und Politik GmbH
Postfach 1748, D-3550 Marburg

Druck und Einband: Difo-Druck, Bamberg
Umschlagsgestaltung: Alexander Strohmaier, Wien

ISBN 3-926570-78-4

Inhalt

I. Einleitung

Die Arbeitnehmer des Edelstahlwerkes Freital in Sachsen besetzen im September 1992 den Flughafen von Dresden. Sie wehren sich gegen den Stillegungsbeschluß der Treuhand-Anstalt und verlangen von der sächsischen Landesregierung Hilfe im Kampf um ihre Arbeitsplätze. Der Wirtschaftsminister von Sachsen unterstützt die Arbeitnehmer und sagt:

> »Die Demokratie braucht den unabhängigen Bürger. Unabhängig ist aber nur, wer wirtschaftlich unabhängig ist. Wirtschaftlich unabhängig ist nur der, der einen Arbeitsplatz hat.«

Der Ministerpräsident des neuen Bundeslandes einigt sich mit der Treuhand-Anstalt über die Ablösung der Altschulden, das Werk wird privatisiert und die Arbeitsplätze können erhalten bleiben.

Der engagierte Einsatz für den Erhalt und die Schaffung von Arbeitsplätzen ist politischer Alltag, und zwar nicht nur, weil das Stabilitätsgesetz einen »möglichst hohen Beschäftigungsstand« verlangt. Hinter der Sorge um die Arbeitsplätze der Bevölkerung steht immer auch die Sorge der Politiker um die Wiederwahl. Wer im Amt bleiben will, tut gut daran, sich in seinem Handeln auch an den Prioritäten der Wahlklientel zu orientieren. Dieses Kalkül politischer Akteure kann zum Problem werden, wenn die Wahrung der Beschäftigungsinteressen der Bürger in Gegensatz zu anderen politischen Aufgaben steht. Dann öffnet sich die *Beschäftigungsfalle.* Sie führt dazu, daß politische Akteure in einen Zielkonflikt zwischen Beschäftigungssicherung und anderen Aufgaben geraten.

Umweltpolitik in der *Beschäftigungsfalle* will ich untersuchen: Umweltpolitische Intervention in Unternehmensbelange droht ökonomische und Beschäftigungsimperative zu beeinträchtigen, umweltpolitische Rücksichtnahme auf Unternehmens- und Arbeitnehmerinteressen perpetuiert die ökologische Krise. In diesem Konflikt zwischen beschäftigungspolitischen und umweltpolitischen Zielen wurde und wird noch häufig der Sicherung der Arbeitsplatzinteressen der Vorrang gegeben. Wenn es um Umweltschutz *oder* Arbeitsplätze geht, kann sich insbesondere auf der bürgernahen kommunalen Ebene derjenige Politiker die besten Chancen zum Erfolg ausrechnen, der sich um die Wahrung der Arbeitsplatz- und Einkommensinteressen kümmert. »Wenn es um die Umwelt geht, ist den Politikern das Hemd noch allemal näher als der Rock. Die Natur wählt nicht. Wohl aber der Kumpel, der um seinen Arbeitsplatz fürchtet«, schrieb Horst Bieber vor einigen Jahren in der ZEIT auf S. 1 (DIE ZEIT Nr. 50/1985). Unter *ökologischen* Gesichtspunkten ist diese Situation unbefriedigend.

Das Ziel der vorliegenden Arbeit soll nun nicht darin liegen, praktische Lösungsanleitungen anzubieten, mit denen Politiker dieser Beschäftigungsfalle zum Nutzen der Umwelt entkommen können. Es geht hier vielmehr darum, analytisch den Rahmen abzustecken, in dem nach Auswegen aus der arbeitsplatzbedingten umweltpolitischen Handlungsblockade gesucht werden kann.

Die Hauptaufgabe dieser Studie wird daher sein, deutlich zu machen, welcher Art der ökologiepolitische Immobilismus ist, und welche Faktoren zu der politischen Handlungsblockade beitragen. Zunächst muß ich mich jedoch mit einem Einwand auseinandersetzen, der üblicherweise *gegen* die These eines konflikthaften Verhältnisses von Ökologie und Ökonomie vorgebracht wird. Dem Hinweis auf einander widersprechende ökologische und ökonomische Ziele wird immer wieder entgegengehalten, daß durch Umweltschutz Arbeitsplätze in großer Zahl geschaffen werden. Es ist bemerkenswert, wie hartnäckig sich Einwände dieser Art in der Diskussion halten. Bemerkenswert deshalb, weil sie entweder kontrafaktisch davon ausgehen, daß es das Problem nicht gibt, oder weil sie Ausdruck des Versuches sind, ein mikroökonomisches Problem makroökonomisch zu lösen. Die Aufarbeitung der Studien, die zu dieser Frage vorliegen, wird jedoch zeigen, daß Arbeitsplatzgewinne durch Umweltschutzmaßnahmen, die auf gesamtwirtschaftlicher Ebene ermittelt werden, den konkret von umweltschutzbedingtem Arbeitsplatzabbau betroffenen Arbeitnehmern kaum Ersatz bieten können.

Nach dieser notwendigen Vorarbeit werde ich untersuchen, in welchen Formen der Konflikt zwischen Umweltschutz und Arbeitsplätzen empirisch auftritt. Ich habe dazu Untersuchungen zu Auseinandersetzungen zwischen Umweltschutz- und Beschäftigungsinteressen angestellt. Die Fallstudien machen trotz der Komplexität der Konflikte ähnliche Interessen der Akteure deutlich, obwohl die Rahmenbedingungen und die schließlich gefundenen Lösungen vollkommen verschieden sind.

Ich werde im nächsten Schritt die Handlungsrationalitäten der beteiligten Konfliktpartner genauer fassen, indem ich von den konkreten Bedingungen in den Fallstudien abstrahiere und separate Analysen der Akteursinteressen vornehme. Dazu frage ich nach der Struktur des Verhältnisses von Unternehmen, von kommunalpolitischen Akteuren und von Arbeitnehmern zum Umweltschutz. In diesem Teil der Untersuchung komme ich zu folgendem Ergebnis: Sobald Umweltschutzmaßnahmen mit anderen Interessen der Akteure konfligieren, geraten ökologische Ziele unter Druck: Firmen, die mit umweltbelastenden Produktionsverfahren ihre unternehmerischen Erfolge erzielen, wehren sich gegen Auflagen. Arbeitnehmer, die in solchen Betrieben beschäftigt sind, ignorieren Schäden an Umwelt und Gesundheit. Kommunen, die als Unternehmensstandorte konkurrieren, halten sich mit der Durchsetzung von Umweltstandards zurück. Seltsamerweise befindet man sich mit dieser Interpretation in einer Minderheitenposition. Die Forschungsberichte zum Thema betonen eher die Möglichkeiten zur Versöhnung ökologischer und ökonomische Ziele. Eine große Zahl von Studien bemüht sich nachzuweisen, daß mehrere hunderttausend Arbeitsplätze durch Maßnahmen zum Schutz der Umwelt erhalten und geschaffen werden. In den Ergebnissen von Umfragen und Fallstudien dominieren umweltbewußte Bürger und Arbeitnehmer. Eine Vielzahl von Darstellungen stützt die These, daß Unternehmen gerade mit ihrem ökologischen Image große Erfolge erzielen. Und auch in der kommunalpolitischen Forschung gibt es umfangreiche Untersuchungen, die das ökologische Handlungspotential der Gemeinden ausloten. Die Resultate meiner Analyse der Akteursinteressen geben jedoch keinen Anlaß zu dieser optimistischen Sicht, sondern machen deutlich, daß eine Blockade zwischen Ökologie und Ökonomie wahrscheinlich ist. Diese Konstellation nenne ich die Beschäftigungsfalle.

Die vorliegende Studie ist die überarbeitete Version einer Untersuchung, die ich am Hamburger Institut für Sozialforschung durchführte. Sie wurde vom Fachbereich Politische Wissenschaft der Freien Universität Berlin als Dissertation angenommen.

II. Arbeitsplätze durch Umweltschutz?

Bevor ich mich dem eigentlichen Thema dieser Untersuchung, nämlich dem Konflikt zwischen Umweltschutz und Arbeitsplätzen, zuwenden kann, muß ich einen Einwand entkräften, der in der Regel gegen die Interpretation von widerstreitenden Interessen an Beschäftigungssicherheit und Umweltschutz vorgebracht wird. Der Einwand lautet, daß es den Konflikt nicht gibt.

> »Der Schutz unserer Umwelt ist weltweit zu einer Überlebensfrage geworden. Das Klima droht sich zu verändern. Die Wälder sterben weiter. Das Trinkwasser ist in Gefahr. Die Müllberge wachsen. Viele Böden sind von giftigen Stoffen verseucht. Umweltbedingte Erkrankungen nehmen zu. Gleichzeitig sind in Deutschland vier Millionen Menschen auf der Suche nach Arbeit. Hunderttausende von Menschen suchen eine angemessene Wohnung. Die Schaffung von Arbeitsplätzen und die Verbesserung unserer Umwelt- und Lebensqualität lassen sich verbinden. Umweltschutz schafft und sichert Arbeitsplätze.« (DGB 1990, S. 738f.)

Die Verknüpfung von Umweltpolitik und Arbeitsmarktpolitik ist seit längerer Zeit Standardargument in umweltpolitischen Zusammenhängen. Die These, daß Maßnahmen zum Umweltschutz dazu prädestiniert seien, sowohl vorhandene Arbeitsplätze zu sichern als auch neue Beschäftigungsverhältnisse zu ermöglichen, ist aus der Ökologiediskussion der achtziger Jahre nicht mehr wegzudenken.[1]

---

1 Gern wird die politische Eigenständigkeit und Notwendigkeit von Umweltschutz betont: »Umweltpolitik wurde nie aus der Beschäftigungspolitik bzw. dem Beschäftigungsziel abgeleitet. Sie gründet in 'eigenem Recht' und folgt eigenen Kriterien. Umweltpolitische Maßnahmen stehen daher nicht unter der Priorität des Beschäftigungsziels und sind somit auch grundsätzlich nicht als beschäftigungspolitisches Instrument anzusehen.« (Reiche 1986, S. 161) Fortschreitende Natur-

Die wissenschaftlichen Belege für die förderlichen Wirkungen von Umweltschutzmaßnahmen auf dem Arbeitsmarkt sind sehr zahlreich und elaboriert und tragen dazu bei, daß Umweltschutz auch politisch meistens in positiven Bezug zu Arbeitsplätzen gesetzt wird. Denn die Entdeckung der Harmonie zwischen zunächst als unvereinbar angesehenen Zielen eröffnet vor allem Vertretern von Arbeitnehmerinteressen einen Ausweg aus der Fixierung auf die Beschäftigungspolitik, hinter der andere Interessen bisher zurücktreten mußten.[2]

> »Lange Zeit stand die Vermutung, umwelt- und beschäftigungspolitische Zielsetzungen stünden in einem Konfliktverhältnis zueinander, einer konsequenten Umweltpolitik im Wege. Dieser Irrglaube ist inzwischen durch zahlreiche Untersuchungen widerlegt.« (Welsch 1985, S. 708)

Ich werde die wissenschaftliche Basis für die Versöhnungsthese analysieren und zeigen, daß dieses Argument trotz aller erfolgreichen Beispiele nicht dazu geeignet ist, meine These eines Zielkonfliktes im voraus zu entkräften. Weder kann es als qualifiziertes Vorgehen gelten, wenn ein Problem, das auf betriebswirtschaftlicher Ebene auftaucht und von Unternehmen zu ihrem Nutzen instrumentalisiert wird, mit gesamtwirtschaftlichen Analysen entschärft werden soll. Noch hilft die ebenfalls gängige Methode zu behaupten, es gäbe

---

zerstörung, Ressourcenverknappung und Umweltbelastung liefern mehr als genug Argumente. »Umweltpolitik muß nicht ökonomisch begründet werden.« (Meißner 1982, S. 55) Tatsächlich aber nimmt die Rechtfertigung von Umweltpolitik mit den zu erwartenden Beschäftigungswirkungen breiten Raum ein.

2 Für Politiker, Parteien und Gewerkschaften erweist sich die Formel »Umweltschutz schafft Arbeitsplätze« als doppelt funktional: Einerseits erleichtern antizipierte positive Beschäftigungseffekte die Durchsetzung umweltpolitischer Notwendigkeiten. Andererseits erscheint Umweltschutz als ein neues vielversprechendes Aktionsfeld im Kampf gegen anhaltende Beschäftigungsprobleme. Insbesondere die traditionell auf Arbeitnehmerinteressen verpflichteten Akteure wie Gewerkschaften und Sozialdemokraten erhalten durch die Interpretation von Arbeitsplatzsicherheit und Umweltschutz als einem Positivsummenspiel die Chance, verschiedene Präferenzen ihrer Klientel argumentativ zusammenzubringen.

den Konflikt zwischen Umweltschutz und ökonomischen Interessen nicht. Zur Entkräftung der üblichen Einwände beschäftige ich mich mit folgenden drei Fragenkomplexen.

Zunächst untersuche ich die quantitativen Arbeitsplatzwirkungen. Schafft Umweltschutz Arbeitsplätze? Um welche Größenordnungen geht es? Wieviele Arbeitskräfte würden für Umweltschutzmaßnahmen gebraucht? Wieviele Arbeitsplätze wurden durch Umweltschutzmaßnahmen geschaffen oder erhalten? Im zweiten Teil frage ich nach der Qualität der Arbeitsplätze im Umweltbereich. Schafft Umweltschutz neue und sichere Arbeitsplätze? Welche qualifikatorischen Anforderungen werden an die Umweltschutzbeschäftigten gestellt? Entstehen durch Umweltschutz neue Arbeitsplatzprofile? Eröffnen sich durch Umweltschutz Beschäftigungschancen für Arbeitslose? Drittens wende ich mich dem Saldo von geschaffenen und vernichteten Beschäftigungsmöglichkeiten zu. Wie verhalten sich die Beschäftigungsgewinne zum umweltschutzbedingten Abbau von Arbeitsplätzen?

1. Schafft Umweltschutz Arbeitsplätze?

Die umfassende Bestandsaufnahme ökologischen Sanierungsbedarfs ist ein möglicher Ansatz, um potentielle Beschäftigungseffekte von Umweltschutz zu beziffern. Ausgehend von der aktuellen Situation läßt sich eine Vielzahl von Maßnahmen zum Gewässerschutz, zur Bodensanierung, Luftverbesserung, zum Lärmschutz und anderen Bereichen aufzählen, die geeignet wären, die Umweltqualität zu heben. Wenn bekannt ist, was getan werden müßte, können die anstehenden Aufgaben in Arbeitsplatzzahlen umgerechnet werden. Dadurch wird ein Tätigkeitsfeld für hunderttausende von Menschen umschrieben. Wieviele Arbeitsplätze durch solche Maßnahmen geschaffen würden, läßt sich allerdings nur schwer abschätzen (Binswanger u.a. 1983, S. 258). Darin liegt die Krux solcher Projektionen. Ein Beispiel ist das Gutachten im Auftrag des hessischen Ministers für Landesentwicklung: Für Aufgaben des Gewässerschutzes, der Wasserversorgung, zur Luftreinhaltung, Lärmschutz, Abfallwirtschaft, Energieversorgung, Verkehrspolitik, Stadtsanierung und Dorferneuerung, für den Wohnungsbau, Land- und Forstwirtschaft, Naturschutz und Landschaftspflege wurde einen Potential von 760.000 Arbeitsplätzen ermittelt (Müller 1984, S. 139). Lutz Wicke rechnet mit etwa 700.000 ausgelasteten Arbeitsplätzen durch die Realisierung eines »Öko-Plans« (Wicke, Schulz, Schulz 1987, S. 96; vergleiche Brunowsky, Wicke 1984). Der Wert dieser und ähnlicher Arbeiten liegt in der detaillierten Aufreihung von Umweltschäden und möglichen ökologischen Betätigungsfeldern. Doch solche Aufstellungen ohne Verpflichtungscharakter geben nicht an, wieviele Arbeitsplätze im und durch Umweltschutz wirklich vorhanden sind, geschaffen oder gesichert werden. Sie zeigen, wieviele Erwerbstätige der Sektor »Umweltschutz« beschäftigen könnte, wenn die öffentlichen Mittel vorhanden *wären*.

Untersuchungen, die ex post die tatsächlichen volkswirtschaftlichen Wirkungen messen, sind als Beleg für die Annahme, daß Umweltschutz Arbeitsplätze schafft, besser geeignet. Die zu diesem Zweck in den vergangenen 15 Jahren durchgeführten Studien gingen im wesentlichen nach zwei Methoden vor.

»Im Rahmen sog. *nachfragebezogener Partialanalysen* wird untersucht, welche Produktions- und Beschäftigungswirkungen durch bestimmte nachfragewirksame Umweltschutzausgaben bei den begünstigten Wirtschaftsbereichen und deren Vorleistungsbereichen zu erwarten sind. Liegen Informationen vor, in welchen Wirtschaftssektoren bestimmte Umweltschutzausgaben nachfragewirksam werden, so lassen sich die direkten Beschäftigungseffekte über Umsatz- und Beschäftigtenziffern ermitteln. ... Bei den sog. *angebotsorientierten* Untersuchungen werden in der Regel Anbieter von Gütern und Dienstleistungen ermittelt und nach Umsätzen und Beschäftigten in den umweltschutzrelevanten Angebotsbereichen befragt.« (Sprenger 1989, S. 25, Hervorhebung im Original)

Zu den ersten nachfrageorientierten Studien über die Beschäftigungswirkungen von Umweltschutz gehören das 1977 von Werner Meißner und Erich Hödl im Auftrag des Bundesinnenministeriums erstellte Gutachten über die »positiven ökonomischen Aspekte des Umweltschutzes« (Meißner, Hödl 1977) und die ein Jahr später veröffentlichte Untersuchung über die »Auswirkungen der Umweltschutzpolitik auf den Arbeitsmarkt«, die sich vor allem mit den negativen Beschäftigungswirkungen von Umweltschutz auseinandersetzt (Meißner, Hödl 1978). Die Autoren versuchten 1977, die Beschäftigungseffekte durch Nachfrage nach Umweltschutzgütern und Dienstleistungen in den Jahren 1970-1979 zu quantifizieren und hochzurechnen. Als Datenbasis verwendeten Meißner und Hödl die Schätzungen des Battelle-Instituts der »monetären Aufwendungen für Umweltschutzmaßnahmen bis zum Jahr 1980« (Battelle-Institut 1975). In der Battelle-Studie wurde die in der Bundesrepublik auftretende Nachfrage nach Umweltschutzinvestitionen nicht nach Wirtschaftsbereichen unterschieden, so daß Meißner und Hödl in ihrer Arbeit einige Plausibilitätskonstruktionen voraussetzen mußten:

»Bei den privaten Investitionen wird als primärer Adressat der von den Ausgabeströmen herrührenden Nachfrage die Investitionsgüterindustrie betrachtet. Die wiederum von der Investitionsgüterindustrie ausgehende Nachfrage (sekundäre Nachfrage) wird nach Maßgabe der in der Input-Output-Tabelle des DIW nachgewiesenen Zusammensetzung der Vorlieferungen der Grundstoff- und Produktionsgüterindustrie den entsprechenden

Wirtschaftsbereichen zugerechnet. Die Ermittlung der Beschäftigungswirkung geht den Weg über die Lohnkostenanteile: Mittels der aus den verfügbaren Statistiken errechneten jeweiligen Lohnkostenanteilszahl am Umsatz wird zunächst der Teil der Gesamtaufwendungen für Umweltschutz ermittelt, der im Durchschnitt in der betreffenden Industrie für Lohnkosten anzusetzen ist. Mittels der für die jeweilige Industrie ermittelten durchschnittlichen Lohnkosten pro Beschäftigten-Jahr läßt sich nun die Beschäftigungswirkung schätzen.« (Meißner, Hödl 1977, S. 100)

Von den umweltschutzwirksamen öffentlichen Investitionen nahmen die Autoren an, daß sie vor allem im Bausektor wirksam werden würden, und ermittelten die Beschäftigungswirkungen auf dieselbe Art wie für die privaten Investitionen. Darüber hinaus gingen Meißner und Hödl davon aus, daß die primäre Nachfrage privater wie öffentlicher Investitionen abzüglich der Lohnkostenanteile als sekundäre Nachfrage in vorgelagerte Industriesektoren weitergeleitet werden würde. Die dort auftretenden Beschäftigungswirkungen wurden analog geschätzt. Schließlich konnten von den Betriebskosten-Schätzungen des Battelle-Instituts aus Mangel an weiteren aufgeschlüsselten Informationen nur Zinsen und Gemeinkosten abgezogen werden und auch dies nur für die Jahre 1975-1979 (Meißner, Hödl 1977, S. 101). Unter Berücksichtigung dieser Voraussetzungen und Einschränkungen errechneten Meißner und Hödl für die Zeit von 1970 bis 1974 pro Jahr durchschnittlich rund 218.000 Arbeitsplätze und für 1975-1979 rund 366.000 Arbeitsplätze jährlich, die direkt oder indirekt aus öffentlicher und privater Nachfrage nach Investitionen resultierten.[3]

Die Kritik an dieser Arbeit ließ nicht lange auf sich warten. Rolf-Ulrich Sprenger und Günter Brischkat vom ifo-Institut München untersuchten 1978 im Auftrag des Bundesverbandes der Deutschen Industrie die »Beschäftigungswirkungen der Umweltpolitik« (Sprenger, Brischkat 1979). Auf inzwischen verbesserter Datenbasis konnten sie zeigen, daß bei Meißner und Hödl die vom Battelle-Institut übernommene Schätzung der Umweltschutzaufwendungen, also »bereits die Ausgangsbasis für die beschäftigungswirksamen

3 In der erwähnten zweiten Studie von 1978 machten die Autoren keine neuen Schätzungen zu positiven Arbeitsmarktwirkungen.

Umweltschutzinvestitionen der Industrie weit überhöht ist.« (ebd., S. 33)

Schätzung der Beschäftigungswirkung der privaten und öffentlichen Aufwendungen für Umweltschutz in der Bundesrepublik Deutschland 1970-1979

		Beschäftigungswirkungen					
		Primäreffekt		Sekundäreffekt		Summe	
Träger der Aufwendungen	Art der Aufwendungen	1970 bis 1974	1975 bis 1979	1970 bis 1974	1975 bis 1979	1970 bis 1974	1975 bis 1979
Private Industrie	Investitionen	29.850	40.980	19.390	26.450	49.240	67.430
	Betriebskosten	51.200	96.800	31.570	60.290	82.770	157.090
Öffentliche Hand	Investitionen	54.360	74.240	14.650	20.220	69.010	94.460
	Betriebskosten	9.600	27.200	7.650	20.100	17.250	47.300
	Summe					218.270	366.280

Quelle: Meißner, Hödl 1977, S. 105.

Darüber hinaus, so die Kritik, sei die herangezogene Input-Output-Tabelle aus dem Jahr 1958 bereits veraltet gewesen und hätte die Vorleistungsverflechtungen nicht mehr korrekt abgebildet. Desweiteren könne nicht davon ausgegangen werden, daß die gesamte primäre Nachfrage, nur vermindert um die Lohnkosten, als sekundäre Nachfrage wirksam werden würde. Hier müßten »Sickerverluste« durch Steuern, Importe sowie die Unternehmereinkommen berücksichtigt werden (Sprenger, Brischkat 1979, S. 33ff.). Schließlich kritisierten die ifo-Autoren, daß Meißner und Hödl die Produktivitätsentwicklung in ihren Rechnungen nicht berücksichtigt hatten. Sprenger und Brischkat kamen zu dem Schluß, daß den Ergebnissen der Studie »keine praktische Bedeutung zugemessen werden« könne (Sprenger, Brischkat 1979, S. 35).

In ihrer eigenen Studie analysierten Rolf-Ulrich Sprenger und Günter Brischkat ebenfalls nachfrageinduzierte Beschäftigungswirkungen. Zur Ermittlung der Umweltschutzinvestitionen wurden im Rahmen des ifo-Investitionstests 3.500 Betriebe nach ihren Umweltschutzinvestitionen 1976 und 1977 gefragt. In einer Sonderbefragung wurden 4.000 Industriebetriebe im Sommer 1978 auf ihre Investitionspläne bis 1980 angesprochen.[4] In der ersten Welle gab ca. die Hälfte der angesprochenen Unternehmen Auskunft, in der zweiten Erhebung beteiligte sich noch rund ein Drittel, die Ergebnisse wurden auf die jeweilige Grundgesamtheit hochgerechnet (Sprenger, Brischkat 1979, S. 46). Für die notwendigen sektoralen Basisdaten über Beschäftigungszahlen und Produktionswerte zogen die Autoren Sekundärstatistiken heran und errechneten in einem dreistufigen Verfahren die auf primärer und sekundärer Nachfrage beruhenden Arbeitsplatzwirkungen im Umweltschutz. Neben diesen Effekten der investiven Nachfrage wurden auch die Beschäftigungswirkungen von direkten Personalausgaben für Umweltschutzaufgaben erhoben. Nach diesen Berechnungen addierten sich die Wirkungen von Umweltschutzmaßnahmen 1975 auf 203.000 Beschäftigte.

Die Kritik, die Sprenger später selbst an seine Studie richtete (Sprenger 1989, S. 43f.), bezog sich vor allem auf die immer noch mangelhafte Datenbasis. Es hatten nicht alle relevanten Nachfragesektoren berücksichtigt werden können, die zugrunde liegenden ifo-Schätzungen für die öffentlichen Umweltschutzinvestitionen waren zu niedrig gewesen. Multiplikator- und Akzeleratoreffekte waren vernachlässigt worden. Grundsätzlich wurde aber der Sprenger-Brischkat-Studie bescheinigt, daß sie wegen der eigenen Erhebungen und aufgrund verbesserter Methoden die bis dahin seriösesten Angaben lieferte.

Arieh A. Ullmann und Klaus Zimmermann teilten diese Einschätzung. Gleichwohl waren sie der Ansicht, daß alle rein nachfrageorientierten Untersuchungen[5] einen wesentlichen Mangel aufwiesen.

4 Betriebe der Chemischen Industrie waren im sample nicht enthalten. Die entsprechenden Daten wurden vom Verband der Chemischen Industrie zur Verfügung gestellt.

5 Ich habe hier nur die zwei wichtigsten nachfrageorientierten Studien zu positiven Effekten von Umweltschutz genannt. Zur umfassenden Darstellung und Kritik weiterer Untersuchungen, insbesondere auch zu Einzelaspekten vergleiche Sprenger 1989.

Positive Beschäftigungswirkungen von Umweltschutzaufgaben für 1975 in 1.000

Direkte und indirekte Beschäftigungswirkungen von:	
– Umweltschutzinvestitionen der Industrie	42,0
– Umweltschutzinvestitionen der Öffentlichen Hand	64,2
– Umweltschutz-Sachinvestitionen der Industrie	17,0
– Umweltschutz-Sachinvestitionen der Öffentlichen Hand	4,7
Beschäftigte mit Umweltschutzaufgaben:	
– in der Industrie	17,8
– in öffentlichen Entsorgungsbetrieben	37,3
– in Planungs-, Verwaltungs-, Vollzugsbehörden	20,0
Insgesamt	203,0

Quelle: Sprenger, Brischkat 1979, S. 174.

> »Analysen, die von der Nachfrage nach Umweltschutzleistungen über die Ausgaben der Privaten und Öffentlichen Hand ausgehen, können – so akkurat auch die direkten und indirekten Effekte beziffert werden – nicht entscheiden, ob es sich um neugeschaffene Arbeitsplätze handelt oder nicht. Die Input-Output-Rechnungen lassen keine solchen Aussagen zu, ob umweltschutzbedingt ausgelastete Arbeitsplätze aufgrund der Umweltschutzbemühungen entstanden sind, oder ob lediglich der Arbeitsplatz zugunsten von Umweltschutzleistungen umgewidmet worden ist.« (Ullmann, Zimmermann 1981, S. 108).

Eine Analyse des Angebotssektors sollte dieses Manko beseitigen. Die Autoren setzten sich zum Ziel, die Anbieter von Erzeugnissen und Dienstleistungen im Umweltschutzbereich in einer eigenen Erhebung zu erfassen. Allerdings steckte in diesem Ziel die besondere Schwierigkeit des Vorgehens: die Gesamtzahl der Anbieter ist nicht bekannt.

> »Das gravierendste Problem einer angebotsorientierten Untersuchung stellt sich angesichts der fehlenden statistischen Datenbasis in der Ermittlung der in Frage kommenden Betriebe, d.h. in

der Abgrenzung der Grundgesamtheit.« (Ullmann, Zimmermann 1981, S. 133; vergleiche Sprenger 1989, S. 25)

Ullmann und Zimmermann wählten aus den Anbieterkatalogen einschlägiger Messen (wie z.B. ENVITEC, IFAT, ACHEMA oder der Hannover-Messe) und aus einem Verzeichnis deutscher Umweltschutzunternehmen 1.100 Betriebe aus, die nach Angaben der Autoren 1977 als Grundgesamtheit der Anbieter von Gütern und Dienstleistungen im Umweltschutz in der Bundesrepublik Deutschland gelten konnten (ebd., S. 136).

Aus dieser Gruppe beteiligten sich 693 Betriebe an der Umfrage zu sektoralen und regionalen Wirkungen der Umweltschutzindustrie. Die Ergebnisse wurden auf die Basis von 1.100 Unternehmen hochgerechnet. Aus den Antworten zeichneten Ullmann und Zimmermann die Struktur der Umweltschutzindustrie aus Anbietersicht.

Gesamtbeschäftigte und Umweltschutzvollbeschäftigte

	reine Betriebe	gemischte Betriebe	Insgesamt
Gesamtbeschäftigte			
minimal (n = 693)	23.000	262.500	285.500
maximal (N = 1.100)	36.700	416.800	453.500
davon Umweltschutz-vollbeschäftigte[1]			
minimal (n = 693)	23.000	55.900	78.900
maximal (N = 1.100)	36.700	88.800	*125.500*

1 Gesamtbeschäftigte x Umweltschutzanteil am Umsatz.
Quelle: Ullmann, Zimmermann 1981, S. 509.

Als Beschäftigungseffekt errechneten die Autoren 453.000 Arbeitnehmer, die 1977 in den 1.100 Betrieben des Umweltschutzsektors tätig waren. Mehr als 90% aller 453.000 Beschäftigten arbeiteten in

»gemischten Betrieben«, in denen Umweltschutzaufgaben neben anderen Unternehmenszwecken verfolgt wurden. Durch die Multiplikation des Umweltschutzanteils am Umsatz mit der Gesamtbeschäftigtenzahl ermittelten Ullmann und Zimmermann in den gemischten Betrieben die dort tätigen »Umweltschutzvollbeschäftigten« (ebd., S. 186ff.). Insgesamt befaßten sich 1977 nach diesen Berechnungen 125.500 Arbeitnehmer ausschließlich mit Umweltschutzaufgaben, sei es in reinen Umweltschutzunternehmen oder gemischten Betrieben. Davon wurden 94.700 Arbeitsplätze allein durch inländische Umsätze ausgelastet.

Auch gegen diese Studie wurden zahlreiche Einwände geltend gemacht. Die Kritik bezog sich vor allem auf die Erfassung und Zusammensetzung der Anbieterseite.

- Der Bausektor war im sample nicht enthalten, da Unternehmen dieses Bereichs in der Regel nicht ausdrücklich als Anbieter in der Umweltschutzindustrie firmieren. Andere Studien ergaben jedoch, daß mehr als 60% der umweltschutzbedingten Nachfrage durch Aufträge der Öffentlichen Hand im Baubereich wirksam wurden (Sprenger, Knödgen 1983, S. 59, 83, 99).[6]
- Bei den übrigen Anbietern lud das Prinzip der »Selbstdeklaration« zu Fehleinschätzungen ein. Ullmann und Zimmermann konstatierten, daß bei näherer Überprüfung eine Reihe von Umweltschutzbetrieben nicht oder nicht mehr in diesem Wirtschaftsbereich tätig war. Andere Unternehmen benutzten eine großzügige Deutung von Umweltschutz und Umweltschutzsektor.

  »Eine solche Interpretation bietet sich vor allem auch deswegen an, weil die Versuchung für die Betriebe, sich durch sektoralen Etikettenwechsel die politische Aktualität des Umweltschutzes

6 Allerdings mußten Sprenger und Knödgen in ihrer eigenen Untersuchung feststellen, daß die geplante Befragung von Baubetrieben undurchführbar war. »Erste Testbefragungen bei Bauunternehmen ließen erkennen, daß das Berichtswesen dieser Firmen mit ihrer Vielzahl von Baustellen die Beantwortung derartig detaillierter und quantitativer Fragestellungen nicht zuläßt.« (Sprenger, Knödgen 1983, S. 82)

zunutze zu machen, als recht hoch zu veranschlagen ist.« (Ullmann, Zimmermann 1981, S. 148)

Es ist aus diesen (und weiteren, siehe Sprenger, Knödgen 1983) Gründen anzunehmen, daß die 693 befragten Firmen über das tatsächliche Spektrum der Umweltschutzanbieter hinausgingen, und die Hochrechnung auf eine zu große Grundgesamtheit von 1.100 Betrieben die Überschätzung des Sektors insgesamt verstärkte (ebd., S. 60f.).

- Bei der Hochrechnung der Beschäftigtenzahlen für die gemischten Betriebe hatten Ullmann und Zimmermann vom Umweltschutzanteil am Umsatz analog auf den Anteil der Umweltschutzbeschäftigten an der Gesamtbeschäftigung geschlossen. Die später durchgeführte Untersuchung von Sprenger und Knödgen ergab, daß tendenziell die Produktivität im Umweltsektor höher als in anderen Bereichen ist, also ein geringerer Beschäftigungsanteil den Umsatzanteil des Umweltschutzangebots erwirtschaftet (Sprenger, Knödgen 1983, S. 140f., 148ff.). Auch hier lag eine Quelle für die Überschätzung der Zahl der im Umweltschutz Beschäftigten.
- Neben den konkreten methodischen Mängeln der Arbeit von Ullmann und Zimmermann leidet der angebotsorientierte Ansatz generell darunter, daß nur die direkten Beschäftigungswirkungen erfaßt werden. Die Sekundärwirkungen im Vorleistungsbereich können durch die Befragung der »Primäranbieter« nicht ermittelt werden.

Vor diesem Hintergrund trat das ifo-Institut 1983 mit dem Anspruch an, die genannten Fehler zu vermeiden und die Vorteile aus angebotsorientiertem und nachfrageorientiertem Ansatz zu kombinieren. Die Struktur der von Rolf-Ulrich Sprenger, Gabriele Knödgen mit Hilfe von Günter Brischkat und Klaus Zimmermann durchgeführten Studie entsprach dem Aufbau der Arbeit von Sprenger und Brischkat aus dem Jahr 1979: Voraussetzung für den nachfrageorientierten Untersuchungsteil waren

»a) eine Erfassung umweltschutzinduzierter Ausgaben, b) eine Schätzung der von den Umweltschutzausgaben begünstigten Liefersektoren, c) eine aktuelle Input-Output-Tabelle für die Bundesrepublik Deutschland, d) die Anzahl der Beschäftigten entsprechend der sektoralen Gliederung der Input-Output-Tabelle.« (Sprenger, Knödgen 1983, S. 71; vergleiche Sprenger, Brischkat 1979, S. 44ff.)

Zur Ermittlung des Umweltschutzangebots führte das ifo-Institut eine eigene Erhebung durch. Dazu wurden 1.360 Anbieter auf dem Umweltmarkt angesprochen, von denen 520 antworteten und 416 sich zum Umweltschutzsektor zählten. Eine telefonische Kurzbefragung bei 10% derjenigen Betriebe, die nicht geantwortet hatten, ergab, daß 40% dieser Gruppe 1982 nicht zum Umweltschutzbereich gehörten. Daraufhin wurde die Grundgesamtheit auf 918 Firmen vermindert (Sprenger, Knödgen 1983, S. 77ff.). Der Versuch, den Anbieterkreis durch eine Befragung von Firmen im Bausektor zu ergänzen, scheiterte (s.o.). Die Autoren griffen daher auf Daten aus dem ifo-Konjunkturtest zurück (ebd., S. 82).

Manfred Gurgsdies und Rudolf Hickel lobten die Untersuchung wegen der, wie sie meinten, weitgehenden Übereinstimmung der in beiden Teilen recherchierten Beschäftigungszahlen (Gurgsdies, Hickel 1986, S. 185). Die Bremer Ökonomen hatten ihr Urteil aufgrund der jeweiligen Angaben zu den direkten Beschäftigungswirkungen der Inlandsnachfrage im Umweltschutzbereich ohne Bausektor gebildet. Eine Prüfung der Zahlen bei Sprenger und Knödgen zeigt jedoch, daß die beiden Untersuchungsteile nur näherungsweise zum selben Ergebnis kommen:

Die Ergebnisse der Umfrage auf der Angebotsseite, die, wie erwähnt, den Bausektor nicht einschloß, wiesen hochgerechnet auf die geschätzte Grundgesamtheit 102.500 Beschäftigte in den Umweltschutzbereichen der Anbieter aus (ebd., S. 148ff.). Rund ein Viertel der Umsätze war nach Angaben der Anbieter durch Nachfrage aus dem Ausland zustande gekommen, so daß sich der Beschäftigungseffekt aus dem Inlandsumsatz nach Berechnungen von Sprenger und Knödgen auf *76.500* Arbeitsplätze belief (Sprenger, Knödgen 1983, S. 150).

Aus der *Sekundäranalyse* ergaben sich für 1980 rund 142.000 *direkt* durch private und öffentliche Nachfrage nach Umweltschutzinvestitionen sowie durch laufende Sachaufwendungen der Gebiets

Beschäftigte in den Umweltschutzbereichen der Anbieter auf dem Umweltmarkt

Befragungs- und Hochrechnungsergebnisse für 1980

Anbieter auf dem Umweltschutzmarkt, die ...	Zahl der Anbieter	Beschäftigte
– Angaben zu den Beschäftigten machten	378	36.000
– keine Angaben zu den Beschäftigten machten	38	3.700
– nicht an der Umfrage teilnahmen	502	62.800
Insgesamt (geschätzte Grundgesamtheit)	918	102.500
davon aufgrund Auslandsnachfrage		26.000
Insgesamt aufgrund Inlandsnachfrage		*76.500*

Ergebnisse der Sekundäranalyse

Direkte Beschäftigungswirkungen von Umweltschutzinvestitionen des Produzierenden Gewerbes und der Gebietskörperschaften	
insgesamt	118.990
davon: Hoch- und Tiefbau	74.320
Summe ohne Bau	44.670
Direkte Beschäftigungswirkungen der Vorleistungskäufe der Gebietskörperschaften	
insgesamt	22.970
davon: Hoch- und Tiefbau	1.930
Summe ohne Bau	21.040
Gesamtsumme	141.960
davon: Hoch- und Tiefbau	76.250
Insgesamt aufgrund Inlandsnaxchfrage	*65.710*

körperschaften ausgelastete Arbeitsplätze.[7] Von diesen 142.000 Beschäftigten gehörten nach Berechnungen des ifo 76.000 Arbeitnehmer zum Bausektor (Sprenger, Knödgen 1983, S. 92 und 96). Die verbleibenden *66.000* Arbeitsplätze können demnach den Wirkungen der direkten Inlandsnachfrage ohne Hoch- und Tiefbau zugerechnet werden.

> »Diese Schätzung der Beschäftigtenzahl stimmt in hervorragender Weise mit dem Ergebnis des nachfrage-orientierten« Teils der Studie überein ... Die geringe Resultatsabweichung (8.500 Beschäftigte) spricht für die Validität der Untersuchungen.« (Grugsdies, Hickel 1986, S. 185)[8]

Ohne den Wert der Untersuchung von Sprenger und Knödgen schmälern zu wollen, muß dieses überschwengliche Urteil doch relativiert werden. Bei den hier diskutierten Größenordnungen kann man es wohl kaum als hervorragende Übereinstimmung bezeichnen, wenn der auf der Angebotsseite ermittelte Wert von 76.500 Beschäftigten das Ergebnis der Sekundäranalyse (66.000) um mehr als 15% übersteigt.[9]

Wenn sich auch die Methoden beider Untersuchungstypen mit den Jahren verfeinert haben, so bleiben doch die »weißen Flecken«

7 Die Sachaufwendungen der Gebietskörperschaften wurden nur für die Bereiche Abwasser- und Abfallbeseitigung und Straßenreinigung ermittelt. Die *indirekten* Beschäftigungswirkungen aus Investitionsnachfrage und laufenden Aufwendungen der Öffentlichen Hand beliefen sich auf rund 76.000 Arbeitsplätze (Sprenger, Knödgen 1983, S. 92 und 96); insgesamt kommen Sprenger und Knödgen auf 218.000 Arbeitsplätze.

8 Manfred Gurgsdies und Rudolf Hickel übersahen in den Sekundärstatistiken 2.000 Beschäftigte im Bausektor, die ihren Arbeitsplatz den laufenden Sachaufwendungen der Gebietskörperschaften verdankten (Gurgsdies, Hickel 1986, S. 104, Sprenger, Knödgen 1983, S. 96). Dadurch errechneten sie eine Differenz von 8.500 Beschäftigten, während meine Darstellung der Untersuchungsergebnisse einen Unterschied von 10.500 Beschäftigten ergibt.

9 Sprenger und Knödgen selbst hielten es nicht für angebracht, den Vergleich der einzelnen Untersuchungsteile besonders hervorzuheben. Sprenger konnte später dennoch nicht darauf verzichten, das Urteil von Gurgsdies und Hickel zu erwähnen (Sprenger 1989, S. 61).

Anstoß für Kritik an den Ergebnissen (Sprenger 1989, S. 61ff.). Auf der Seite der Analyse von Nachfragewirkungen fehlt neben der Auslandsnachfrage die vollständige Erfassung des öffentlichen Bereichs, im Privatsektor bleiben Handel, Verkehr, private Entsorgungsunternehmen und andere Dienstleistungen unberücksichtigt. Schließlich sind die Vorleistungskäufe nicht vollständig enthalten. Für den angebotsorientierten Ansatz gilt, daß die Ausklammerung indirekter Beschäftigungswirkungen, die Zuordnung zum Umweltschutzsektor durch die Unternehmen selbst, die Erfassung des Umweltschutzmarktes über selektive Anbieterverzeichnisse (ohne Baubereich) sowie die fehlende Berücksichtigung von Anlagen, die im Betrieb für den Betrieb erstellt wurden, zu Fehlern bei der Abschätzung der Gesamtbeschäftigung im Umweltschutz führen.

Die jüngste Analyse der Beschäftigungswirkungen von Umweltschutzmaßnahmen stammt erneut von Rolf-Ulrich Sprenger vom ifo-Institut, der beide Ansätze auf nochmals verbesserter Datenbasis miteinander verbindet. Zur Feststellung der umweltschutzinduzierten Nachfrage konnte Sprenger inzwischen auf umfangreiches statistisches Material für den Bereich der Öffentlichen Hand und das Produzierende Gewerbe zurückgreifen. Einige Größen der privaten Sekundärnachfrage mußten geschätzt werden (Sprenger 1989, S. 141ff.). Zur Bestimmung der Auslandsnachfrage griff Sprenger auf die Ergebnisse der angebotsorientierten Untersuchung von 1983 zurück. Für Land- und Forstwirtschaft, Handel, Verkehr, Nachrichtenwesen oder die sonstigen Dienstleistungen lagen noch keine amtlichen Daten zu Umweltschutzinvestitionen vor (ebd., S. 146f.). Die Zahlen der 1984 im Umweltschutz Beschäftigten setzte Sprenger aus Berechnungen über die Produktionsdaten der Input-Output-Tabelle sowie aus amtlichen Statistiken, Forschungsergebnissen oder Schätzungen zusammen. Danach beliefen sich die Beschäftigungswirkungen aus den inländischen Umweltschutzinvestitionen auf rund 134.000 Arbeitsplätze (S. 177). Neben der direkten und indirekten Investitionsnachfrage wurden durch umweltschutzinduzierte Sachaufwendungen weitere 57.000 Arbeitnehmer beschäftigt; die Auslandsnachfrage sicherte 58.000 Arbeitsplätze. Insgesamt beliefen sich nach diesen Angaben die Beschäftigungseffekte durch Umweltschutzmaßnahmen 1984 also auf knapp 250.000 Arbeitsplätze (siehe Übersicht auf der folgenden Seite). Zusätzlich ermittelte Sprenger die Zahl derjenigen Arbeitnehmer, die direkt mit Umweltschutzaufgaben betraut waren. Dazu gehörten weite Bereiche der Umweltschutzbürokratie wie Rechtsetzung, Forschung, Planung, Durchführung von Umweltverträglichkeitsprüfungen, Gebührenfestsetzung oder Öffentlichkeitsarbeit auf allen Ebenen des Bundes und der Länder, sowie die Umweltforschung an Hochschulen und Instituten. Außerdem rechnete Sprenger Abwasser- und Abfallbeseitigung, Straßenreinigung, ABM-Kräfte und Zivildienstleistende im Öffentlichen Dienst mit Umweltaufgaben, öffentliche und private Entsorgungsunternehmen, den Altstoffhandel und eine Reihe weiterer Unternehmensbereiche mit Umweltschutzaufgaben mit oder ohne Erwerbscharakter hinzu. Diese Sammlung ergab fast 100.000 Beschäftigte im öffentlichen Dienst (ohne ABM und Zivildienstleistenöde), 25.000 im Produzierenden Gewerbe und insgesamt mehr als 183.000 Arbeitnehmer, die aufgrund direkter Personalausgaben für den Umweltschutz beschäftigt waren. Alle Bereiche zusammengefaßt, errechnete Sprenger für 1984 433.000 Arbeitsplätze im Umweltschutz.

Aus der sicheren Position, die qualitativ verläßlichsten und bisher auch höchsten Beschäftigungszahlen ermittelt zu haben, verwies Sprenger jedoch auf die Grenzen von Umweltschutz als Mittel der Beschäftigungspolitik, denn seit 1980 stagnierten die Zahlen.

> »Die vorliegenden Untersuchungsergebnisse für 1980 und 1984 ... widerlegen somit die Annahme von durch Umweltschutz immer von neuem bzw. zusätzlich induzierten hohen Beschäftigungseffekten. ... ihre Bedeutung für den Arbeitsmarkt insgesamt (muß) nach wie vor als relativ bescheiden eingestuft werden. Denn der Anteil der durch Umweltschutz beschäftigten Arbeitskräfte lag in den Jahren 1980 und 1984 insgesamt nur bei rd. 1,7% aller Erwerbstätigen. Auch wenn dies als ein nicht zu unterschätzender Beitrag der Umweltpolitik zur Stabilisierung der Beschäftigungssituation in der Bundesrepublik anzusehen ist, beschäftigungspolitische Wunder darf man sich vom Umweltschutz ohne spürbare zusätzliche Nachfrageimpulse nicht erhoffen.« (Sprenger 1989, S. 317, 318; vergleiche Ullmann, Zimmermann 1981, S. 275)

Beschäftigungseffekte umweltschutzbezogener Investitions-, Sach- und Personalaufwendungen 1984

Umweltschutzinduzierte Ausgaben	Beschäftigungswirkungen direkt	indirekt	Insgesamt
Gebietskörperschaften	153.469	38.384	191.853
– Investitionen	49.522	28.494	78.016
– Sachausgaben	14.762	9.890	24.652
– Personalausgaben	89.185	–	89.185
Öff. Entsorgungsunternehmen	15.085	4.040	19.125
– Investitionen	4.487	2.635	7.122
– Sachausgaben	2.098	1.405	3.503
– Personalausgaben	8.500	–	8.500
Produzierendes Gewerbe	69.068	30.611	99.679
– Investitionen	28.194	17.620	45.814
– Sachausgaben	16.274	12.991	29.265
– Personalausgaben	24.600		24.600
Priv. Entsorgungsunternehmen	19.884	1.451	21.335
– Investitionen	1.884	1.451	3.335
– Sachausgaben	–	–	–
– Personalausgaben	18.000	–	18.000
Sonstige Wirtschaftszweige	35.700	–	35.700
– Investitionen	–	–	–
– Sachausgaben	–	–	–
– Personalausgaben	35.700	–	35.700
Private Haushalte und Organisationen o. Erwerbscharakter	7.400	–	7.400
– Investitionen	–	–	–
– Sachausgaben	–	–	–
– Personalausgaben	7.400	–	7.400
Ausl. Wirtschaftssubjekte	34.578	23.360	57.938
– Investitionen/Sachausgaben	34.578	23.360	57.938
Insgesamt (erfaßte Bereiche)	335.184	97.846	433.030

Quelle: Sprenger 1989, S. 314; Anmerkungen siehe dort.
– Keine Angaben.

Sprenger formuliert den beschäftigungspolitischen Wert der Umweltpolitik zu Recht sehr vorsichtig. Denn Umfang und Methoden der einzelnen Untersuchungen differieren so stark, daß sie kaum vergleichbar sind und nahezu jede Interpretation des Zusammenhangs von Umweltschutz und Beschäftigung stützen können.

> »Die mehr oder weniger aufgeschlüsselten Zahlenangaben nach Öffentlicher Hand, Produzierendes Gewerbe und Umweltmedien bieten für jeden, der sich nur intensiv mit der Fülle des angebotenen Zahlenmaterials beschäftigt, die passende Antwort.« (Köhler 1985, S. 29; siehe die Synopse auf den folgenden Seiten)

Vermutlich ist es jedoch kein Fehler, von einem insgesamt positiven Beschäftigungseffekt auszugehen, obwohl weder über die Multiplikatorwirkungen von Umweltschutzinvestitionen Einigkeit herrscht noch die Frage nach der Qualität und Dauerhaftigkeit der Arbeitsplätze substantiell beantwortet wird. Ebensowenig gibt es Hinweise darauf, welche positiven oder negativen Effekte Investitionen und Personalausgaben im Umweltschutzbereich unter Umständen auf Investitionskraft und Arbeitsplätze in anderen Sektoren der Wirtschaft haben.

Sprenger und Brischkat meinten schon 1979, damals noch sehr zurückhaltend, daß tendenziell »durch den Umweltschutz nicht nur bestehende Umweltbelastungen abgebaut bzw. drohende Mehrbelastungen vermieden wurden, sondern auch ein positiver Beitrag zur Beschäftigungssituation geleistet wurde.« (Sprenger, Brischkat 1979, S. 123) 1982 urteilte Rolf-Ulrich Sprenger: »Es scheint so ..., daß die Frage nach den Beschäftigungseffekten der Umweltpolitik bis auf weiteres als hinreichend geklärt angesehen werden kann.« (Sprenger 1982, S. 67) Und zwar positiv geklärt. An dieser Einschätzung Sprengers hat sich auch nach der Erhebung weiterer Daten nichts geändert.

Synopse einiger Studien zu den Beschäftigungseffekten umweltpolitischer Maßnahmen in Deutschland

Nachfrageorientierte Studien

Studien	Zeitraum	Datenbasis	Quantitativ ermittelte Beschäftigungseffekte pro Jahr
Meißner/Hödl 1977 Positive ökon. Effekte des Umweltschutzes	1970-1979	Batelle-Schätzung (1975), VGR, Input-Output-Tabelle des DIW von 1958	1) gesicherte Arbeitsplätze 1970-1974: 218.270; 1975-1979: 366.280 2) zusätzliche Arbeitsplätze 1975-1979: 150.000; 1980: 200.000
Herwig/Dipper 1977 Beschäftigungspolitische Auswirkungen von Umweltschutzmaßnahmen	1975	Investitions- und Betriebskosten für private und öffentl. Umweltschutzinvestitionen	*positive* Effekte durch – Investitionen: 114.400 – Aufträge an Vorlieferer: 30.800 – Betrieb/Wartung: 7.060 Summe: rund 150.000
Meißner/Hödl 1978 Auswirkungen der Umweltpolitik auf den Arbeitsmarkt	1970-1980	Sekundärmaterial Batelle-Schätzung (1975)	*negative* Beschäftigungseffekte – Investitionsstau: 70.000 – Schließungen: 1.400 – Kapitalexport u.ä.: 5.000
ifo/UG-Studie 1979 Beschäftigungseffekte der Umweltpolitik	1971-1980	ifo-Investitionstest (3.500 Betriebe) Sonderbefragung (4.000 Betriebe)	*positive* Effekte durch – Investitionen: 1971-1977: 110.200 1978-1980: 145.000 – Sachaufwendungen: 1975: 21.700 – Beschäftigte mit Umweltschutzaufgaben: 1975: 75.100 Summe 1975: 203.000

	Studien	Zeitraum	Datenbasis	Quantitativ ermittelte Beschäftigungseffekte pro Jahr
Angebotsorientierte Studien	Ullmann/Zimmermann 1981 Umweltpolitik und Umweltschutzindustrie in der Bundesrepublik Deutschland	1977	Daten durch Befragung von 693 Umweltschutzbetrieben	*positive* Effekte in der Umweltschutzindustrie: 125.000
Nachfrage- und angebotsorientierte Studien	ifo/UG-Studie 1983 Struktur und Entwicklung der Umweltschutzindustrie in der Bundesrepublik	1980	Daten durch Befragung von 416 Umweltschutzbetrieben, amtl. Statistiken, Sekundärmaterial	*positive* Effekte: – angebotsbez. Ansatz: 103.000 – nachfragebez. Ansatz: – priv. u. öff. Invest.: 179.000 – öff. Sachaufwendungen: 39.000
	Sprenger 1989 Beschäftigungswirkungen der Umweltpolitik	1980 und 1984	Primärerhebung, Sekundärmaterial	Beschäftigung bei Industrie und Öff. Hand 1984 durch – Investitionen: 250.000 – Personalaufwendungen: 183.000 zusammen: 433.000

Quelle: Sprenger 1989, S. 28; eigene Ergänzung.

2. Schafft Umweltschutz neue und sichere Arbeitsplätze?

Soviel kann bis jetzt festgehalten werden: Maßnahmen zum Umweltschutz in der Bundesrepublik Deutschland haben Mitte der achtziger Jahre rund 430.000 Arbeitsplätze ausgelastet, wahrscheinlich sogar mehr.[10] Aus vielen Details der Arbeiten zum Zusammenhang von Beschäftigung und Umweltschutz geht allerdings hervor, daß die häufig euphorischen Erwartungen an Umweltpolitik unter quantitativen wie qualitativen Beschäftigungsgesichtspunkten überzogen sind. Zum einen darf Umweltschutz nicht als Lösungsstrategie für Probleme auf dem Arbeitsmarkt verstanden werden. Zum anderen sind selbst die meßbaren Arbeitsplatzeffekte im Umweltschutzbereich in verschiedener Hinsicht zu relativieren: Handelt es sich bei den Arbeitsplätzen im Umweltschutz um neue Arbeitsplätze? Werden sie von Dauer sein? Bieten Arbeitsplätze im Umweltschutz Beschäftigungschancen für zuvor Arbeitslose? Ich möchte drei Einschränkungen des »Beschäftigungswunders Umweltschutz« andeuten.

2.1. Beschäftigung im Umweltschutz als Resultat einer neuen Definition

Ein Teil der Beschäftigungswirkungen im Umweltschutz entstand nicht durch die Schaffung zusätzlicher Arbeitsplätze, sondern beruht auf einer möglich gewordenen definitorischen Umwidmung von Tätigkeiten. Was die einen als eine »zivilisatorische Selbstverständlichkeit« (Köhler 1985, S. 33) bezeichnen, rechnen andere zum Umweltschutz. Schon vor der Thematisierung umweltpolitischen Handlungsbedarfs gehörten Aufgaben der Abwasserentsorgung,

---

10 Die neueste Untersuchung des DIW spricht von mehr als 600.000 Arbeitsplätzen im Umweltschutz. Die genauen Ergebnisse dieser Studie waren bis zum Abschluß meiner Arbeit leider noch nicht verfügbar.

Müllverwertung, Stadtreinigung, der Betrieb von Klär- und Wasserwerken, Gartenbau oder Landschaftspflege zu den kommunalen Arbeitsfeldern, die jetzt in Beschäftigungsstatistiken zum Umweltschutz auftauchen. Der gern dokumentierte Umwelt-Beschäftigungsboom ergibt sich auch als Folge einer Zurechnung von vorhandenen Arbeitsplätzen zum neuen Betätigungsfeld Umweltschutz. Die Auswirkungen der unscharfen definitorischen Abgrenzung des Umweltschutzsektors zeigt zum Beispiel der Bereich der Entsorgungsaktivitäten.

Aus verschiedenen amtlichen Quellen konnte Rolf-Ulrich Sprenger das für die *Abwasser- und Abfallbeseitigung* und die *Straßenreinigung* zuständige Personal zusammenstellen. 1984 beschäftigten die Gemeinden, Stadtstaaten sowie Gemeinde- und Zweckverbände rund 54.400 Vollzeit-Arbeitnehmer in diesen Bereichen.[11] 1980 waren es insgesamt 53.000, 1975 49.300 Beschäftigte gewesen. In diesen Zahlen ist eine Reihe von *öffentlichen Entsorgungsunternehmen*, die aus den öffentlichen Haushalten ausgegliedert wurden, noch nicht enthalten. Die Erhebung des ifo-Instituts ermittelte in diesem Bereich für 1984 weitere 8.500 Arbeitnehmer in Müllverbrennungsanlagen, Abfallbeseitigungsgesellschaften, Entwässerungswerken und anderen Entsorgungsbetrieben (1980: 8.100; Sprenger 1989, S. 246). Für die wachsende Zahl *privater Entsorgungsunternehmen* nannte Sprenger mehr als 17.000 Beschäftigte (ebd., S. 255). Der *Altstoffhandel* umfaßt einige, tatsächlich erst durch die Thematisierung von Umweltschutz induzierte Beschäftigungseffekte, wie zum Beispiel 3.400 Arbeitnehmer im Altpapierrecycling. Unter diese Kategorie fallen aber auch traditionelle Schrottsammelbetriebe, die Anfang 1985 16.000 Arbeitsplätze vorwiesen (S. 258). Schließlich zählte Sprenger zu den Arbeitnehmern mit Umweltschutzaufgaben auch 3.500 *Schornsteinfeger*.[12]

---

11 Abwasserbeseitigung 23.560, Abfallbeseitigung 18.800, Straßenreinigung 12.000 (Sprenger 1989, S. 228).

12 Weil ein Drittel ihrer Arbeitszeit mit umweltbezogenen Prüf- und Messaufgaben ausgefüllt sei, nahm Sprenger 3.500 von 10.000 Schornsteinfegern in seine Übersicht auf (S. 263ff., S. 287).

Diese noch unvollständige Sammlung[13] summiert sich für 1984 auf 99.000 Arbeitsplätze in Berufen, die nicht erst mit der Etablierung von Umweltschutz entstanden sind, sondern eine längere Tradition haben. Schon bevor die ökologische Krise in das allgemeine Bewußtsein vorrückte, waren viele Erwerbstätige mit dem Schutz und der Pflege der Umwelt befaßt. Allerdings wurde ihre Tätigkeit nicht in eine Sparte »Umweltschutz« eingeordnet, weil es diese Kategorie noch nicht gab. Nahezu ein Viertel der rund 430.000 Arbeitsplätze, die Rolf-Ulrich Sprenger errechnete, ergibt sich also durch die Aufnahme öffentlicher und privater Entsorgungstätigkeiten in den als »Umweltschutz« definierten Wirtschaftssektor. Wie für den Öffentlichen Dienst, so gilt auch für Arbeitsplätze im Verarbeitenden Gewerbe, daß nur ein Teil der Beschäftigung im Umweltschutz durch ökologieorientierte Investitionen entstanden ist.

> »Die wenigsten Arbeitsplätze davon konnten in der Industrie neu geschaffen werden. Entweder hat eine innerbetriebliche Umwidmung von Arbeitsplätzen stattgefunden oder die vorhandenen Arbeitskräfte sind teilweise mit Umweltschutzaufgaben ausgelastet worden.« (Köhler 1985, S. 40)

Vergleichszahlen aus früheren Jahren zeigen darüber hinaus, daß die wachsende Aktualität des Umweltthemas sich nicht in einem entsprechenden *Zuwachs* an Beschäftigungsverhältnissen niederschlug. Sprenger kam sowohl für 1980 und 1984 zu dem Ergebnis, daß in beiden Jahren gleich viele, nämlich »jeweils schätzungsweise 433 Tsd. Arbeitsplätze bzw. Erwerbstätige direkt oder indirekt durch Umweltschutzausgaben ausgelastet waren.« (Sprenger 1989, S. 312)

13 In der Gesamtsumme der sehr weit definierten Umweltschutzbeschäftigten sind beispielsweise weder Gartenbauer, Förster oder Waldarbeiter noch umweltschutzbezogene Tätigkeiten der Bereiche Landwirtschaft und Verkehr enthalten.

2.2. Selektive Beschäftigungswirkungen durch Umweltpolitik

Neben dem bisher dargestellten und überspitzt gesagt auf Definition beruhenden Umweltschutzbereich der *Entsorgung* liegen die Schwerpunkte der umweltpolitischen Diskussion auf drei Strategien des Umgangs mit ökologischen Problemen:

> »– die *Reparatur bzw. Kompensation* nicht verhinderter Umweltschäden aufgrund umweltbeeinträchtigender Produktionsprozesse und Produkte; ...
> – die *ökologische Modernisierung*, die vorhandene Produktionsprozesse und Produkte durch technische Innovationen umweltfreundlicher gestaltet;
> – die *Strukturveränderung* als Substitution umweltproblematischer Formen von Produktion und Konsum durch ökologisch angepaßtere Formen.« (Jänicke 1988, S. 15, Hervorhebung im Original)

Welche Auswirkungen haben kompensierende Politiken der Entsorgung, Reparatur und Kompensation einerseits und vorsorgende Strategien der ökologischen Modernisierung und Strukturveränderung andererseits auf die Beschäftigungseffekte des Umweltschutzes?

Die nachträgliche Sanierung auf der Basis von end-of-pipe-Technologien ist angesichts des gegenwärtigen Standes von industrieller Produktion und Konsum auf mittlere Sicht unverzichtbar, um (noch) nicht zu vermeidende Schadstoffeinträge in Luft, Wasser und Boden zu reduzieren.

> »Die negativen Wirkungen des Wirtschaftsprozesses auf die Umwelt werden dabei durch Umweltschutztechnologien kontrolliert, die an den umweltbeeinträchtigenden Produktionsapparat angehängt werden.« (Leipert 1989, S. 159)

Die Umweltsituation in Osteuropa zeigt den Sanierungsbedarf eindringlich (Slocock 1992, Welfens 1992, Nissen 1992a). Solange dort, aber auch im Westen, vielfach an vorhandenen Produktionsverfahren festgehalten werden muß, weil es keine Alternativen gibt, oder sie noch nicht zu vertretbaren Preisen angeboten werden können, liegt der Schwerpunkt der Umweltschutzanstrengungen im Bereich der Schadensbegrenzung.

Der Einsatz von end-of-pipe-Technologien erfolgt zum großen Teil aufgrund staatlicher Vorschriften oder im staatlichen Auftrag. Der Anteil der Öffentlichen Hand an der investiven Umweltschutznachfrage liegt zwischen 60 und 70% (Reiche 1986, S. 165, Sprenger 1989, S. 177). Das ifo-Institut ermittelte für 1980 Umweltschutzinvestitionen der Gebietskörperschaften in Höhe von 11,3 Mrd. DM, diese Summe entsprach sogar mehr als 75% der umweltschutzinduzierten Inlandsnachfrage des Jahres (Sprenger, Knödgen 1983, S. 83). Die hohen Investitionssummen und Beschäftigungseffekte im Bausektor deuten darauf hin, daß die Beschäftigungseffekte im wesentlichen in Arbeitsbereichen wie Hoch- und Tiefbau, Maschinen-, Anlagen- und Apparatebau mit einem hohen Anteil vergleichsweise traditioneller Fertigungsberufe zu finden sind (Sprenger 1989, S. 190ff.).[14] Da Wirtschaftszweige wie der Stahlbau oder die Bauwirtschaft immer wieder unter strukturellen und konjunkturellen Krisen leiden, werden in diesen Bereichen positive Beschäftigungseffekte durch den Einsatz von end-of-pipe-Technologien begrüßt.

Ein solcher Beschäftigungserfolg, der zum Teil überholte Strukturen verfestigt, wird nur so lang anhalten, wie die zugrunde liegenden Aufgaben noch nicht gelöst sind. Mit Blick auf die zu erwartenden positiven Wirkungen für die Arbeitsmarktsituation im Ruhrgebiet lobt Johann Welsch zum Beispiel die Gesetzgebung im Bereich der Luftreinhaltung und erwähnt Berechnungen, nach denen

> »allein durch die Erfüllung der Grenzwerte der Großfeuerungsanlagenverordnung in den nächsten Jahren insgesamt zwischen 80.000 und 110.000 Arbeitsplätze in der Region gesichert werden können. Diese Beschäftigungseffekte kommen vor allem dem Stahlbau, der Gummi- und Asbestverarbeitung, dem Maschinenbau und der Bauwirtschaft zugute.« (Welsch 1985, S. 720)

Mit dieser Beschwörung von Beschäftigungswirkungen in Krisenbranchen zeigte Welsch unfreiwillig und überdeutlich das Risiko,

14 Diese Sparten nennt auch Hucke für viele der von ihm aufgezählten beschäftigungswirksamen Handlungsmöglichkeiten (Hucke 1984, S. 171ff.).

das in einer pauschalen Glorifizierung von Arbeitsplätzen durch Umweltschutz liegen kann: Mit Sanierungsaufgaben (Entschwefelungsanlagen, Rauchgasentstickungsanlagen) scheinen vor allem Beschäftigungsmöglichkeiten im Verarbeitenden Gewerbe verbunden zu sein. Doch diese Umweltaufgaben haben eine begrenzte Zukunft, wenn die Schwerpunktverlagerung von kurativer zu präventiver Umweltpolitik forciert wird. Wenn alle Kraftwerke, Hochöfen und andere Großfeuerungsanlagen mit den geforderten Filtern ausgestattet sind und die neuen Betriebsstätten von Beginn an schadstoffarm arbeiten, wird dieses Marktsegment spürbar schrumpfen. Die Dauerhaftigkeit von umweltorientierten Arbeitsplätzen muß dann in solchen Bereichen der end-of-pipe-Technologien in Zweifel gezogen werden. Der kritische Blick auf die mittlere und lange Frist ist vor allem dann sinnvoll, wenn es darum geht, die viel zitierte Sicherheit von Arbeitsplätzen im Umweltschutz zu überprüfen.

> »Diese Sicht kontrastiert mit der in der Gesellschaft und auch in den Wirtschaftswissenschaften gängigen, in der die positiven Beschäftigungseffekte der Umweltschutzindustrie herausgestellt werden, ohne daß danach gefragt wird, ob der Weg des Umweltschutzes, der damit beschritten wird, längerfristig betrachtet ökologisch und ökonomisch sinnvoll und effizient ist.« (Leipert 1989, S. 160)

Gänzlich zur Perversion verkommt das Beschäftigungsziel im Umweltschutz wenn – wie Welsch dies vorführt – der Teufel mit dem Belzebub ausgetrieben wird: Die Investitionen zur Emissionsminderung in der Luft sollen das Wachstum der *Asbest*verarbeitungsindustrie sichern. Nicht jede Umweltpolitik ist gut, nur weil sie (viele) Arbeitsplätze schafft.

In der umweltpolitischen Diskussion steht außer Frage, daß die wesentlichen Zukunftsaufgaben im präventiven Umweltschutz liegen. Die Beseitigung bereits eingetretener Schäden bleibt eine vorübergehende Notwendigkeit. Kurierende Maßnahmen ändern nichts am Verbrauch begrenzter Ressourcen, und die Kosten für ökologische Nachsorge steigen unverhältnismäßig im Vergleich zur erreichten Umweltverbesserung.

> »Die Strategie des herkömmlichen Umweltschutzes – so wichtig sie zur akuten Gefahrenabwehr und zur Behandlung von Alt-

> lasten sein mag – kann auch deshalb nicht befriedigen, weil bei ansonsten nicht oder nur wenig veränderter Produkt- und Technologiestruktur das fortgesetzte Wachstum der Produktion überproportional steigende Umweltschutzaufwendungen hervorruft, wenn das Gesamtniveau der Schadstoffemissionen nicht weiter steigen soll.« (Simonis 1990, S. 38)

Da diese Bindung wachsender volkswirtschaftlicher Mittel an eine nachträgliche Sanierung keine dauerhafte Lösung für Umweltprobleme verspricht, wird folglich solchen Technologien eine größere Zukunftschance eingeräumt, die dazu beitragen, endliche Ressourcen zu schonen und die Umweltbelastung im Ansatz zu vermeiden.

> Die »Ökologisierung der Wirtschafts-, der Technologie-, der Energie-, der Verkehrs- und der Städtebaupolitik würde den größten Teil der heute notwendigen Entsorgungsmaßnahmen zur Regulierung der Umweltqualität überflüssig machen.« (Leipert 1989, S. 161)

Der Strukturwandel der Umweltpolitik verlangt eine große Zahl hochqualifizierter Arbeitskräfte in Forschung, Entwicklung, Planung und Organisation des Umweltschutzes. Die ökologische Modernisierung wird in vielen Unternehmen inzwischen auf höchster Leitungsebene angesiedelt (vergleiche Rohe 1990, Krämer 1990, Dehmel 1990). Andere Unternehmen, die keine eigenen Umweltschutzabteilungen haben, nutzen den Service und die Programme, die von vielen kleinen Betrieben angeboten werden. Der Markt für Umweltdienstleistungen expandiert (DER SPIEGEL Nr. 16/1989, S. 90ff).

Während also einerseits die Chancen für hochqualifiziertes Personal im Umweltschutzbereich wachsen, werden viele von den auf Anlagensanierung und Schadensbeseitigung beruhenden Beschäftigungsmöglichkeiten langfristig zurückgehen.

> »Eine vermehrte Berücksichtigung von Umweltschutzgesichtspunkten bei Produktionsverfahren und Produkten (integrierter Umweltschutz) ... führt nämlich zwangsläufig zu einer Reduktion der primär im Bereich der end-of-pipe-Technologien Beschäftigten.« (Ullmann, Zimmermann 1982a, S. 75)

Per Saldo kann diese Entwicklung eine konstante oder auch steigende Zahl von ökologieorientierten Arbeitsplätzen aufweisen. Die geforderten Qualifikationen in den expandierenden Sektoren werden sich jedoch von denen in den schrumpfenden Umweltbereichen deutlich unterscheiden.

Die Beschäftigten in Bereichen des kurativen Umweltschutzes, der tendenziell an Bedeutung verliert, werden nicht alle und nicht alle auf Dauer an ihren jeweiligen Arbeitsplätzen bleiben können. Präventiver Umweltschutz benötigt zu einem wesentlichen Teil andere Qualifikationen, als sie Arbeitnehmer bieten können, die end-of-pipe-Technologien installieren. Es ist davon auszugehen, daß die für Aufgaben der Nachsorge ausreichenden Qualifikationen den Ansprüchen nicht genügen, die von der Fortentwicklung zukunftsträchtiger Umweltschutztechnologien gestellt werden. Wer Lärmschutzwälle montiert, hat wahrscheinlich nicht zugleich die notwendigen Kenntnisse, um leise Motoren zu entwickeln. Die absehbaren Strukturveränderungen im Umweltschutzsektor können daher zum Abbau von Arbeitsplätzen in auslaufenden Umweltschutzzweigen führen, ohne daß die dort Beschäftigten für neue umweltfreundliche Tätigkeiten qualifiziert sind.

2.3. Chancen für Arbeitslose?

Auch die Möglichkeiten für Arbeitslose, im zunehmend hochtechnisierten Umweltschutz einen neuen Arbeitsplatz zu finden, sind relativ schlecht. Dies zeigt ein Vergleich von Qualifikationsbedarf und Qualifikationsangebot.

Schon Anfang der achtziger Jahre stellten Ullmann und Zimmermann in ihrer Betriebsuntersuchung fest, daß Arbeitnehmer mit Umweltschutzaufgaben überdurchschnittlich gut ausgebildet waren. »Das Qualifikationsniveau der im Umweltschutz Beschäftigten ist relativ hoch.« (Ullmann, Zimmermann 1981, S. 247) Der Anteil der Fachkräfte mit Hochschulausbildung oder qualifizierter Berufsausbildung war in den untersuchten Unternehmen im Umweltschutzsektor höher als in anderen Unternehmensbereichen (ebd., S. 385).

Die von den Betrieben geäußerten Erwartungen an die Fähigkeiten ihrer Mitarbeiter zeigten darüber hinaus eine steigende Tendenz.

> »Im Hinblick auf die zukünftig benötigten Arbeitskräfte liegen die Qualifikationsbedürfnisse deutlich über dem gegenwärtigen Niveau mit höheren Anteilen bei Facharbeitern, Hochschulabsolventen und Technikern.« (Ullmann, Zimmermann 1982b, S. 41)

Unternehmen, die Anfang der achtziger Jahre von der Entwicklung eigenständiger Umweltschutzberufe ausgingen, setzten besonders auf Fachkräfte. Daran hat sich bei expandierenden Umweltmärkten in den vergangenen zehn Jahren nicht viel geändert. Ökologieorientierte Produktpolitik, der Bedarf an Umweltschutztechnologien, wachsende Nachfrage im Forschungs- und Entwicklungsbereich, umweltschutzbezogenes Marketing (Schmid 1989, S. 138ff.) erfordern weiterhin ein hohes Qualifikationsniveau der Arbeitnehmer.

Die steigenden Ansprüche an die Qualifikation der Arbeitnehmer im Umweltschutz können mit großer Wahrscheinlichkeit nicht durch ein entsprechendes Angebot unter den Arbeitslosen befriedigt werden. Die Problemgruppen des Arbeitsmarktes: Frauen, Behinderte, ältere Arbeitnehmer, Jugendliche, Un- und Angelernte sind unter den Arbeitsuchenden überrepräsentiert. Wenn jedoch von Arbeitsmarktentlastungseffekten durch Umweltschutzpolitik gesprochen werden soll, sei es durch staatliche Förderprogramme, sei es durch Nachfrage des Marktes, müssen sich Beschäftigungsmöglichkeiten für zuvor Arbeitslose auftun. Da »etwa 60 Prozent der als arbeitslos Gemeldeten keine ausreichenden Qualifikationen vorweisen können« (Reiche 1986, S. 160), müssen wohl die Hoffnungen auf spürbare Entlastungseffekte für den Arbeitsmarkt durch präventiven »High-Tech-Umweltschutz« eingeschränkt werden (Ullmann, Zimmermann 1982b, S. 41; Köhler 1985, S. 40).

Ich werde nun auf das Verhältnis von neuen oder gesicherten Arbeitsplätzen im Umweltsektor zu solchen Arbeitsplätzen eingehen, die durch Umweltpolitik verloren gehen. Zuvor will ich kurz zusammenfassen:

Rund eine halbe Million Menschen fand Mitte der achtziger Jahre in der Bundesrepublik durch Umweltschutz direkt oder indirekt eine Beschäftigung. Schätzungen haben ergeben, daß ca. ein

Viertel dieser Arbeitsplätze durch traditionelle Aufgaben im Bereich der Entsorgung gesichert wurde. Die verbleibenden Beschäftigungseffekte verteilen sich auf langfristig auslaufende Tätigkeiten des nachsorgenden Umweltschutzes und zukunftsträchtige Aufgaben der überwiegend hochtechnologischen Umweltprävention. Letztere bieten jedoch kaum Beschäftigungschancen für freiwerdende Arbeitskräfte aus dem »Reparaturbereich« des Umweltschutzes oder für Arbeitslose, denn die zukunftsträchtigen Beschäftigungsformen setzen hohe fachliche Qualifikationen voraus.

Ein valides Urteil über die Beschäftigungseffekte von Umweltschutz erfordert also neben reinen Mengenangaben Informationen über die Qualität der Arbeitsplätze und die Struktur des Arbeitskraftangebots. Erst wenn bekannt wäre, ob es sich bei den verwendeten Zahlen um (Dauer-)Arbeitsplätze im kurativen oder im präventiven Umweltschutz handelt, ob es neu geschaffene oder bereits vorhandene Stellen sind und ob die Beschäftigten aus der Arbeitslosigkeit oder aus anderen Beschäftigungsverhältnissen kommen oder ob vielleicht nur umgewidmet werden, könnte eine fundierte Bewertung der Standardformel »Umweltschutz schafft Arbeitsplätze« vorgenommen werden.

3. Arbeitsplatzgewinne und Arbeitsplatzverluste durch Umweltschutz

Wie verhalten sich nun positive Beschäftigungseffekte von Umweltschutz, wie ich sie skizziert habe, zu umweltpolitisch begründeten Verlusten von Arbeitsplätzen. Zu den Beschäftigungsverlusten werden solche Arbeitsplätze gezählt, die aufgrund von Umweltvorschriften nicht geschaffen werden und solche, die aus demselben Grund aufgegeben werden müssen.[15]

Daß Umweltschutz tatsächlich Arbeitsplätze kostet, ist wenig umstritten. Auch der umweltpolitische Stimmungswandel in den achtziger Jahren änderte nichts an der Einschätzung, daß Umweltschutz Arbeitsplätze vernichten kann.

> »Selbstverständlich haben Umweltschutzmaßnahmen auch negative Beschäftigungswirkungen, die letztlich immer etwas mit den

---

15 Die umweltschutzbedingt *nicht geschaffenen* Arbeitsplätze sind schwer zu quantifizieren. Es läßt sich nicht messen, wieviel Finanzkraft strengere Umweltregelungen den Investitionsplanungen der Betriebe und auch dem Konsum der privaten Haushalte über Preise und Steuern entziehen. »Jene Arbeitsplätze, die infolge verschärfter Umweltauflagen gar nicht erst entstehen, bleiben vollends unsichtbar.« (Klodt 1988, S. 352; vergleiche Köhler 1985, S. 34, Meißner, Hödl 1978, S. 157ff.) Da die Beschäftigungswirkungen quantitativ nicht faßbar sind, kann der Stellenwert von solchen hypothetischen Negativwirkungen für die Ermittlung der Arbeitsplatzeffekte von Umweltschutz nur gering sein. Die Bedeutung dieses *Arguments* für Unternehmen zur Abwehr strengerer Umweltschutzpolitik wurde dagegen in der Diskussion um einen angeblich umweltpolitisch bedingten Investitionsstau von 54 Mrd. DM Mitte der siebziger Jahre sichtbar. (Müller 1986, S. 97ff., Hucke 1980, S. 73, Wicke, Schulz, Schulz 1987, S. 92). Der Hinweis auf »Umweltschutz als Job-Knüller« (Breit 1985, S. 18) wird in der Debatte um die meßbaren negativen Wirkungen vorgebracht, das heißt, immer dann wenn es um den konkreten Abbau von Arbeitsplätzen durch umweltbedingte Schließung oder die Verlagerung von Betrieben geht.

> Kostensteigerungen aufgrund von Umweltschutz-Investitionen zu tun haben.« (Binswanger u.a. 1983, S. 259)

Wenn Arbeitsplätze ökologiebedingt verlorengehen, läßt sich dies einigermaßen genau festhalten. 1978 zählten Werner Meißner und Erich Hödl 1.400 Arbeitsplätze, die durch Betriebsstillegungen, und 5.000, die durch Auslandsverlagerungen verloren gegangen waren (Meißner, Hödl 1978, S. 125, 154ff.). Kaum jemand, der sich mit den Beschäftigungswirkungen von Umweltpolitik befaßt, macht aus den möglichen und sichtbaren Arbeitsplatzverlusten ein Hehl.

> »Natürlich gehen durch Umweltschutz auch Arbeitsplätze verloren, in 'Grenzgebieten' und 'Grenzbranchen', die die Auflagen, Gebote und Emissionsstandards betriebswirtschaftlich nicht verkraften können.« (Simonis 1990, S. 32; vergleiche Meißner 1982, S. 62)

Um den negativen Eindruck beschäftigungsschädlicher Folgen von Umweltpolitik zu relativieren, wenden sich die Autoren dann üblicherweise dem Saldo aus positiven und negativen Effekten zu. »Das Nettoergebnis aber ist eindeutig positiv.« (Simonis 1990, S. 32) Denn:

> »Stellt man dem quantifizierbaren negativen Gesamteffekt der Umweltpolitik auf den Arbeitsmarkt die entsprechenden anregenden Wirkungen gegenüber ..., so ergibt sich in der Bilanz immer noch eine positive Auswirkung der Umweltpolitik auf die gesamtwirtschaftliche Beschäftigungslage.« (Meißner 1982, S. 63)[16]

Es werden mehr Arbeitsplätze durch Umweltschutz geschaffen, als durch umweltpolitische Maßnahmen verloren gehen. Daran besteht kaum Zweifel.[17] Aber stimmt dann auch die implizite Vermutung,

---

16 Häufig wurde allerdings auf eine differenzierte Auseinandersetzung mit den arbeitsmarktpolitischen Implikationen von Umweltschutz verzichtet und nur pauschal gefolgert: »Es kann also gesamtwirtschaftlich überhaupt keine Rede davon sein, daß durch Umweltschutzmaßnahmen mehr Arbeitsplätze verloren gehen als geschaffen werden.« (Albracht 1981, S. 29)

17 Ich diskutiere hier nur die unmittelbar durch Umweltschutz erzielten Wirkungen. Über mögliche negative Substitutionswirkungen in ande-

daß diejenigen, die ihren Arbeitsplatz durch Umweltschutz verlieren, einen neuen Arbeitsplatz durch Umweltschutz finden werden? Die Studien, in denen positive und negative Effekte miteinander verrechnet werden, legen diese Schlußfolgerung nahe. Anderenfalls kann man nicht erklären, wie die Arbeitslosen »weggerechnet« werden können.

> »Zwar ist es richtig, daß eine – umweltschutzbedingte – Verteuerung die Absatzchancen der betreffenden Güter vermindert und insofern auch zu einem Abbau von Arbeitsplätzen in umweltschädigenden Produktionsbereichen führen kann. Dadurch wird auch der Umfang der umweltschädigenden Aktivitäten vermindert, und gleichzeitig werden die Absatz- und Beschäftigungsmöglichkeiten in solchen Industrien zunehmen, die nun relativ billiger werden, weil sie eben die Umwelt weniger belasten. Der wesentliche Effekt besteht also in einer Verschiebung von Produktion und Beschäftigung hin in umweltfreundlichere Produktionsbereiche, und dieser strukturelle Wandel ist durchaus sinnvoll, nicht zuletzt deswegen, weil umweltschädigende Produktion häufig besonders die bei der Fertigung solcher Produkte eingesetzten Arbeitnehmer betrifft. Die Verschiebung von Arbeitsplätzen in umweltfreundlichere Bereiche hinein ist also gleichzeitig als wichtiger Schritt auf dem Weg zu einer Ökologie der Arbeit zu verstehen.« (Binswanger u. a. 1983, S. 259)

Gleich, was »Ökologie der Arbeit« bedeuten soll, die Autoren skizzieren einen Vorgang, der so nicht stattfindet. Die Schilderung suggeriert einen Umschichtungsprozeß, in dem untragbar gewordene Arbeitsplätze des einen Bereiches der Ökonomie in zukunftsträchtige, ökologieorientierte andere Bereiche der Wirtschaft transferiert werden. Dies ist nicht der Fall. In den umweltschutzbedingten Prozessen ökonomischer Umstrukturierung werden keine Arbeitsplätze verschoben. Auch werden nicht in einem Betrieb verlorengegangene Arbeitsplätze mit demselben Anforderungsprofil in anderen Unternehmen neu geschaffen. Im Gegenteil: Man muß davon ausgehen, daß das Qualifikationsniveau für Arbeitsplätze im Umweltschutz steigt.

---

ren öffentlichen oder privaten Wirtschaftssektoren ist damit nichts gesagt.

Schlußendlich bedeutet die prognostizierte Verschiebung nicht, daß die Beschäftigten, die die fraglichen Arbeitsplätze innehatten, mit »verschoben« würden. Ernsthaft würde niemand behaupten, daß dem so sei. Dennoch muß explizit gemacht werden, was der Hinweis auf Arbeitsplätze durch Umweltschutz *nicht* beinhaltet. Er stellt keine Weiterbeschäftigungsgarantie für diejenigen Arbeitnehmer dar, deren Arbeitsplätze durch Umweltschutzmaßnahmen verloren gehen. Auch Binswanger u.a. behaupten nicht explizit, daß Arbeitnehmer aus umweltschädigenden Produktionsbereichen in ökologieorientierten neuen Wirtschaftssektoren neue Arbeitsplätze finden werden. Allerdings gehen die Autoren, wie viele andere auch, stillschweigend über diesen Mangel an Deckungsgleichheit hinweg und ignorieren, daß die betroffenen Arbeitnehmer nach Kräften versuchen werden, den Abbau ihrer Arbeitsplätze zu blockieren.

Es sind vor allem drei Punkte, die verdeutlichen, wie wenig der Problemlösungsvorschlag zu den Konflikten paßt, mit denen ich mich in dieser Arbeit auseinandersetzen werde: Ein Arbeitnehmer, der in einem sanierungsbedürftigen oder gar in einem nicht mehr sanierbaren Betrieb beschäftigt ist, nimmt die Ankündigung administrativer Produktionsauflagen bzw. die behördliche Schließungsandrohung mit bestimmten Konsequenzen für sich wahr. Er erkennt, daß sein Arbeitsplatz ganz *konkret* und *sofort*, spätestens nach Ablauf gewisser Fristen, in Gefahr ist. Der Trost, daß Umweltschutz Beschäftigungsmöglichkeiten schaffe, muß den Betroffenen in dieser Situation zynisch erscheinen. Ihnen fehlt jeglicher konkrete Hinweis darauf,

- *wo* Umweltschutz Arbeitsplätze schafft,
- *wann* Umweltschutz Arbeitsplätze schafft und
- *für welche Qualifikationen* Umweltschutz Arbeitsplätze schafft.

Alle Anzeichen deuten darauf hin, daß die Frage nach dem Wo nicht mit dem Ort des umweltschutzbedingten Verlustes von Arbeitsplätzen beantwortet wird. Wann wird nicht »sofort« sein. Und die Anforderungen an die Ausbildung werden nicht den vorhandenen Qualifikationen entsprechen. Wer seinen Arbeitsplatz durch Umweltschutzmaßnahmen verliert, wird nur in wenigen Fällen einen neuen Arbeitsplatz durch Umweltschutz gewinnen.

Vor dieser zugespitzten Situation stehen viele Arbeitnehmer in der ehemaligen DDR. Seit der Vereinigung unterliegen die Betriebe dem westdeutschen Umweltrecht, so daß eine große Anzahl von Dreckschleudern umgehend geschlossen werden mußte. Eine Reihe von Arbeitnehmern wird mit Arbeitsbeschaffungsmaßnahmen zum Abriß ihrer früheren Arbeitsstätte befristet weiterbeschäftigt. Voraussetzung für ein neues dauerhaftes Beschäftigungsverhältnis wäre eine hohe Umschulungs- und Weiterbildungsgeschwindigkeit und nahezu unendliche Mobilität der schon jetzt oder in absehbarer Zeit arbeitslosen Arbeitnehmer aus den Chemiewerken in Bitterfeld, der Zellstoffproduktion in Pirna oder dem Uranbergbau der Wismut AG. Nur dann hätten sie eine nennenswerte Chance, aus den potentiellen Beschäftigungseffekten der Umweltpolitik individuellen Nutzen zu ziehen (Nissen 1992b, S. 209). Die erheblichen Differenzen in *Raum, Zeit und Inhalt* zwischen den Beschäftigungsverhältnissen, die Umweltschutz zum Opfer fallen, und Arbeitsplätzen, die umweltschutzbedingt entstehen können, disqualifizieren die positiven Beschäftigungswirkungen von Umweltschutz als Mittel zur Beseitigung seiner negativen Folgen. Der volkswirtschaftliche Gesamtnutzen von Umweltpolitik kann den regional begrenzten, individuellen Nachteil konkreter Umweltschutzmaßnahmen nicht aufwiegen. Es ist daher nur folgerichtig, daß sich trotz des allgemeinen Wissens um die positiven Aspekte von Umweltschutz im Einzelfall massiver Widerstand gegen dessen Durchsetzung formiert. Dies zu zeigen, ist eine der Aufgaben der folgenden Fallstudien.

III. Arbeitsplätze und Umweltschutz im Konflikt

1. Einführung zu den Fallstudien

Bevor ich die drei Fallstudien genauer darstelle, werde ich auf den Prozeß ausführlicher eingehen, der zur Auswahl dieser Konfliktfälle geführt hat. Ich suchte Auseinandersetzungen, die in der Presse zwischen 1980 und 1990 dokumentiert waren und folgende Konfliktkonstellation aufwiesen: Durch umweltpolitische Intervention bzw. die Ankündung von umweltpolitischer Intervention geraten Arbeitsplätze in Gefahr. Betroffene Unternehmen warnen vor dem Verlust von Arbeitsplätzen und nutzen diese Drohung als Mittel, um die Einführung oder Anwendung strengerer Umweltstandards abzuwenden. Betroffene Arbeitnehmer kämpfen um den Erhalt ihrer Beschäftigungsverhältnisse.

Schon ein erster Durchgang durch Pressearchive und Firmendokumentationen brachte zahlreiche Konflikte zwischen Umweltschutz und Arbeitsplätzen zutage. Auf Anhieb standen 25 Fälle zur Auswahl, in denen die Arbeitsplatzdrohung in zwei Varianten auftauchte. Entweder kündigten die Unternehmen in der Diskussion um die Einführung strengerer Umweltnormen an, sie müßten nun Arbeitsplätze abbauen oder aber sie könnten nicht wie geplant neue Beschäftigungsmöglichkeiten schaffen. Die Fälle lassen sich nach verschiedenen Kriterien systematisieren:

- In 14 Fällen führten laufende Produktionen zu Umweltverschmutzung, elf mal ging es um erwartete ökologische Konsequenzen von Ansiedlungen oder Erweiterungen.
- Sieben mal war globale Naturzerstörung das auslösende Problem, zehn mal wurden Umweltschäden hauptsächlich in Form von

Bodenverseuchung, zehn mal durch Luftverschmutzung und drei mal aufgrund von Wasserbelastungen festgestellt oder befürchtet. In vielen Fällen traten mehrere dieser Faktoren zugleich auf.
- Im Zusammenhang mit Chemiebetrieben gab es die häufigsten Probleme. Neben der Chemieindustrie tauchten Konflikte bei der Abfall- und Giftmüllbeseitigung, im Fahrzeugbau, bei Flughafenbetrieben, bei Energieversorgungsunternehmen, einer Bleihütte und einer Gießerei sowie in der Aluminiumproduktion auf.

Einige dieser Fälle waren überregional bekannt geworden:

Der Lindan-Betrieb der Firma *C.H. Boehringer & Sohn* in Hamburg-Moorfleet mit rund 220 Arbeitnehmern wurde 1984 wegen der hohen Dioxinbelastung in der Luft und im Boden geschlossen. Bis heute wurde der Boden nicht gereinigt (DER SPIEGEL Nr. 26/1984, S. 73ff., Haussmann, Schmidt 1985, S. 20ff.).

Die *Chemische Fabrik Marktredwitz* wurde 1985 geschlossen. Der knapp 200 Jahre alte Pestizid- und Fungizidbetrieb hatte zu Quecksilbervergiftungen bei den Arbeitnehmern und zur totalen Verseuchung des Bodens geführt. Die Kosten für die Sanierung des Grundstücks beliefen sich auf fast 100 Millionen DM, die von der Öffentlichen Hand getragen wurden. Ca. 60 Beschäftigte verloren ihren Arbeitsplatz. Die erkrankten Arbeitnehmer konnten eine Anerkennung der Quecksilbervergiftung als Berufskrankheit nicht durchsetzen (Monheim 1988, Schreiber 1988, Frankfurter Rundschau vom 11.2.1989).

Die *Accumulatorenfabrik Sonnenschein* des früheren Bundespostministers Schwarz-Schilling geriet mehrfach in die öffentliche Diskussion. Am Standort Berlin-Marienfelde wurden sehr hohe Bleiwerte in der Nachbarschaft der Produktionsstätte gemessen. Die Sanierung wurde mit öffentlichen Mitteln gefördert, 90 der rund 230 Arbeitsplätze gingen verloren. Die Verlagerung eines Teils des Berliner Betriebes nach Westdeutschland geriet zum Ansiedlungspoker verschiedener Standorte um 200 bis 250 Arbeitsplätze in der Autobatterieproduktion (Steiner 1987, Zimpelmann, Gerhardt, Hildebrandt 1992).

Die *Eternitwerke* in Berlin kommentierten 1981 Berichte über die Gefahren bei Produktion und Verwendung von Asbest als

»Erdbeben, das Entlassungen fordern« würde. Als der Berliner Senat 1989 schließlich ankündigte, die Öffentliche Hand werde keine Produkte aus Asbestzement mehr verwenden, stellte die Firma daraufhin die Rohrproduktion in Berlin ein und entließ 200 Mitarbeiter (Frankfurter Allgemeine Zeitung vom 13.2.1981, Handelsblatt vom 14.11.1989).

Die Rheinischen Braunkohlewerke *Rheinbraun* planen, für die Förderung von jährlich 100.000 t Braunkohle im Tieftagebauprojekt »Garzweiler II« in Nordrhein-Westfalen ein 66 Quadratkilometer großes Gebiet trockenzulegen. 44 Milliarden Kubikmeter Wasser müssen abgepumpt werden. Die Umsiedlung von zunächst 20.000-30.000 in dieser Gegend zwischen Aachen und Köln lebenden Menschen ist bereits im Gang. Rheinbraun verteidigt das Projekt mit der Sicherung von angeblich 40.000 Arbeitsplätzen im Bergbau- und Energiegewerbe sowie bei den Zulieferern dieser Branchen (Süddeutsche Zeitung vom 7.11.1987).

Bei den neugebauten Kohlekraftwerken *Buschhaus* in Niedersachsen und *Ibbenbüren* in Nordrhein-Westfalen führten die Schwefel- und Stickoxid-Emissionen zu erheblichen Protesten aus der Bevölkerung, so daß beide Werke Ende der achtziger Jahre mit Rauchgasentschwefelungs- bzw. Entstickungsanlagen nachgerüstet werden mußten. Anderenfalls hätten die Emissionsnormen nicht eingehalten werden können und 3.500 Arbeitsplätze wären in Buschhaus, knapp 5.000 in Ibbenbüren in Gefahr geraten (DIE ZEIT Nr. 50/1985 und Nr. 51/1987).

In jedem dieser Fälle wurde zunächst von dem jeweiligen Unternehmen, aber auch von der zuständigen regionalpolitischen Instanz und von den betroffenen Arbeitnehmern die Bedeutung der in Frage gestellten Arbeitsplätze hervorgehoben. Die Zahl der in die Diskussion gebrachten zu erhaltenden oder zu schaffenden Arbeitsplätze schwankte zwischen 40.000 bei Rheinbraun und 20 im Fall der Niedersächsischen Gesellschaft zur Endablagerung von Sondermüll, die im Salzstock vor Jemgum (Ostfriesland) für über 100 Millionen DM eine Giftmülldeponie einrichten wollte (DIE ZEIT Nr. 36/1987).

Für die Auswahl der Fallstudien war die absolute Zahl der Arbeitsplätze nicht entscheidend. Wichtig war die Bedeutung des Unternehmens für den regionalen Arbeitsmarkt und als Garant materieller Sicherheit für die Beschäftigten und deren Familien. Aus diesem Grund waren Konflikte, die sich wie das Projekt »Garzweiler II« von Rheinbraun über ein großes Gebiet erstreckten oder die sich wie Boehringer und Sonnenschein in Großstädten abspielten, für meine Fragestellung nicht gut geeignet. Das Untersuchungsfeld war in diesen Fällen zu heterogen und unüberschaubar, als daß sich wirklich alle relevanten Bedingungen, Einflußfaktoren und sozialen wie politischen Prozesse mit vertretbarem Zeitaufwand hätten analysieren lassen. Die Bedeutung des betroffenen Unternehmens für den lokalen Arbeitsmarkt, die Identifikation von Interessenlagen, Verantwortlichkeiten und die Zurechnung von Verantwortung können in einem solchem räumlich und administrativ sehr großen Rahmen nur vage und ungenau isoliert werden. Daher bezog ich nur Gemeinden mit weniger als 50.000 Einwohnern in die engere Wahl ein.

Neben diesem Kriterium, daß das umstrittene Unternehmen in einem überschaubaren Raum eine identifizierbare, wichtige Rolle spielen sollte, war die Art der Problemlösung für die Auswahl der näher zu untersuchenden Fälle entscheidend. Gesucht waren drei Konstellationen:

- ein Fall, in dem Arbeit und Umwelt »versöhnt« werden konnten,
- eine Situation, in der zu Lasten der Umwelt entschieden wurde und
- eine Konfliktlösung, in der Umweltbelangen Vorrang vor dem Arbeitsplatzinteresse gegeben worden war.

Aus erhebungstechnischen Gründen suchte ich solche Konflikte, die zur Zeit der Untersuchung schon gelöst waren. Wären die Beteiligten noch in den Verhandlungen um (für sie) politisch sensible Inhalte gewesen, wäre mit großer Zurückhaltung der Akteure zu rechnen gewesen. Waren die Konflikte bereits beigelegt, dann konnte ich erwarten, daß sich die Emotionen beruhigt hatten und übergroße taktische Vorsicht der Akteure meinem Informationsbedürfnis nicht mehr entgegenstehen würde.[1]

1 Es war nicht auszuschließen, daß die Beteiligten in schwelenden Konflikten vermutetet hätten, daß ich entweder in Kontakt zur Presse

Die drei schließlich ausgewählten Fälle erfüllen diese Voraussetzungen.

Fall 1 behandelt den Streit um die PCP-Produktion der Firma *Dynamit Nobel* im badischen Rheinfelden Anfang der achtziger Jahre. Nach dreijähriger Auseinandersetzung konnte die Firma dazu veranlaßt werden, die Produktion von Pentachlorphenol einzustellen. Es kam nicht zu Entlassungen, die meisten der von der Stillegung des PCP-Betriebs betroffenen Arbeitnehmer wurden in einen neu aufgebauten Produktionszweig übernommen.

In *Fall 2* geht es um die Ansiedlung eines Pkw-Montagewerkes von *Daimler-Benz* in Rastatt. Die Firma kündigte an, bis zu 7.000 Arbeitsplätze am Ort zu schaffen, bestand aber darauf, in einem ökologisch wertvollen Randgebiet einer der letzten Rheinauen zu bauen. 1987 wurde die Auseinandersetzung mit dem »Rastatter Kompromiß« zwischen der Daimler-Benz AG, Umweltschützern und der Landesregierung von Baden-Württemberg beendet. Die Zerstörung eines großen naturschutzwürdigen Gebietes konnte nicht verhindert werden.

Der *3. Fall* dokumentiert die Vorgänge bis zur Schließung des slowenisch-österreichischen Zellstoffwerkes *Obir*. Mehr als 200 Arbeitnehmer verloren ihre Beschäftigung, als die Landesregierung von Kärnten auf die anhaltende, produktionsbedingte Verschmutzung der Flüsse Vellach und Drau 1989 mit dem Entzug der Betriebserlaubnis reagierte.

Die Konflikte wurde über Jahre ausgetragen. Dieser Umstand ist nicht den langsam mahlenden bürokratischen Mühlen geschuldet. Die lange Dauer der Auseinandersetzung rührt in jedem dieser Fälle von den intensiven Anstrengungen aller Beteiligten her, ihre Interessen zu wahren und durchzusetzen. Um diese Interessen an Fortführung bzw. Aufnahme der Produktion, an Arbeitsplätzen oder an Umweltschutz in all ihren Dimensionen für die Analyse erfassen zu können, genügte eine Rekonstruktion der Konflikte auf der Basis

---

stehen würde oder gar als eine Art Spion der anderen Seite käme, und deshalb mit Informationen zurückgehalten hätten. Doch auch in der Aufarbeitung und Interpretation abgeschlossener Fälle muß man damit rechnen, daß die Befragten nachträglich noch an einer möglichst vorteilhaften Selbstdarstellung interessiert sind.

von Pressematerial nicht. Die Artikel in Zeitungen und Zeitschriften halfen mir im wesentlichen herauszufinden, wer die aktiv an der Auseinandersetzung Beteiligten waren, um diese dann um ein persönliches Gespräch bitten zu können. Zu den Hauptakteuren gehörten technische oder kaufmännische Leiter der Betriebe, Betriebsräte und Gewerkschaftsfunktionäre, Bürgermeister der betroffenen Gemeinden, die Vorsitzenden der Fraktionen im Gemeinderat sowie ggf. Landespolitiker und Mitglieder von Bürgerinitiativen oder Naturschutzverbänden. In Rheinfelden, Rastatt und Eisenkappel waren dies jeweils die für den Konfliktverlauf wichtigsten Akteure. Rund 30 Interviews von 60 bis 90 Minuten Länge und einige kürzere Informationsgespräche mit diesen Personen bilden daher die Basis für die Falldarstellungen. Manche der Gesprächspartner hatten mehrere konfliktrelevante Funktionen inne, so daß verschiedene Perspektiven in einem Gespräch behandelt werden konnten. Neben den Interviews konnte ich auf statistisches Material zurückgreifen, das mir zum größten Teil von den jeweiligen Stadtverwaltungen und Arbeitsämtern zugänglich gemacht worden war. Mehrere Gesprächspartner stellten mir ihre umfangreichen privaten Zeitschriften- und Zeitungsdokumentationen zur Verfügung. Sämtliche Fälle waren außerdem Gegenstand in Landtagsdebatten oder Untersuchungsausschüssen gewesen, so daß ich auch Parlamentsdrucksachen und Sitzungsprotokollen auswertete. Schließlich stand mir eine Fülle von »grauer Literatur« zur Verfügung: Broschüren von Naturschützern, Flugblätter, betriebsinterne Unterlagen, Verwaltungsvorgänge und Gutachten.

Um die für den Konflikt relevanten Faktoren nicht nur zu benennen, sondern um ihren Einfluß für die Auseinandersetzung deutlich zu machen, orientieren sich die folgenden Schilderungen im wesentlichen an fünf Systematisierungskriterien, die, wo nötig, um die Darstellung von Sonderbedingungen ergänzt wurden. Die Hauptgliederungspunkte sind erstens die Produktionsabläufe bzw. die Ansiedlungspläne, zweitens die regionalen sozio-ökonomischen Verhältnisse, drittens die Belastungen oder Bedrohungen der Umwelt. Viertens geht es um den Konfliktverlauf und fünftens um den Prozeß der Konfliktlösung.

2. »Sechzig Arbeitsplätze bedrohen 36.000 Einwohner«[2]

In der ersten Fallstudie steht die Herstellung von Pentachlorphenol im Mittelpunkt der Auseinandersetzung. Besonderes Kennzeichen des Konfliktes um die gefährlichen Emissionen, die von der PCP-Produktion bei Dynamit Nobel in Rheinfelden ausgingen, war das hohe Maß an Emotionalität, mit der gestritten wurde. Ursache hierfür ist die starke Verbundenheit der Bürger mit den großen ansässigen Chemiefirmen. Über Jahre hinweg kämpften Arbeitnehmer und Bürger der Stadt mit erheblichem Engagement gegen die Ansprüche von Umweltschützern, bis schließlich die Firma den PCP-Betrieb aufgab und die meisten der betroffenen Arbeitnehmer in einem neuen Produktionszweig beschäftigte.

Zur Analyse dieses Falles muß ich zunächst in den Teilen 1 und 2 die Herstellungsbedingungen von PCP skizzieren und auf die Geschichte Rheinfeldens eingehen.[3] Der dritte Teil befaßt sich mit den Besonderheiten der örtlichen Chemieindustrie als Arbeitgeber. Dies sind die notwendigen Voraussetzungen für die dann folgende Rekonstruktion des Konfliktes im vierten, fünften und sechsten Teil. Im letzten Abschnitt gehe ich auf die Situationsdeutung der

---

2 Überschrift in der *tageszeitung* vom 19.2.1982.

3 Meine Gesprächspartner in Rheinfelden waren der Vorsitzende des Betriebsrates der früheren Dynamit Nobel AG und sein Stellvertreter, der Erste Bürgermeister Rheinfeldens, die Vorsitzenden der Fraktionen von CDU und SPD im Gemeinderat, der Stadtrat der Grünen, ein Mitglied der Bürgerinitiative BUR, ein ehemaliger Redakteur der Badischen Zeitung, ein früheres Mitglied des Umweltausschusses des Gemeinderates sowie ein SPD-Abgeordneter im baden-württembergischen Landtag, der wesentlichen Anteil an der Beendigung des Konfliktes hatte. Der ehemalige Werksleiter bedauerte, wegen Krankheit absagen zu müssen. Der Anfang der achtziger Jahre zuständige Leiter der Verwaltungsstelle der IG Chemie, Papier, Keramik war aus gesundheitlichen Gründen nicht erreichbar. Daher wurde ich an den Vorsitzenden des Betriebsrates bei Dynamit Nobel als Vertreter der IG Chemie verwiesen.

lokalen politischen Akteure ein, die sich mit Ausnahme der Grünen in ihrem umweltpolitischen Engagement sehr zurückhielten.

2.1. Pentachlorphenolherstellung bei der Dynamit Nobel AG Rheinfelden

Seit den sechziger Jahren stellte die zur Flick-Gruppe gehörende Firma Dynamit Nobel in Witten die Pestizide *Witophen P* (PCP) und *Witophen N* (PCP-Na) her. 1968 wurde die Produktion von Pentachlorphenol nach Rheinfelden in Südbaden verlagert. Von 1970 an stellte Dynamit Nobel dort auch das Alkalisalz PCP-Na her. PCP wurde zum allergrößten Teil als Holzschutzmittel verwendet, PCP-Na diente vor allem als Fungizid und Bakterizid in der Papier- und Zellstoffindustrie und als Desinfektionsmittel. Der Verband der Chemischen Industrie (VCI) erstellte 1978 für das nordrhein-westfälische Ernährungsministerium ein Gutachten über Pentachlorphenol. In diesem Gutachten machte der Verband kein Hehl aus der auch für den Menschen gefährlichen Toxizität des Stoffes. Dennoch hielt der VCI Pentachlorphenol vor allem im Holz- und Bautenschutz für unverzichtbar. »Wegen seines breiten Wirkungsspektrums kann PCP hier von keinem anderen Mittel ersetzt werden.« (VCI 1978, S.4) Die Übersicht auf der folgenden Seite zeigt die Verwendung von PCP bzw. PCP-Na in der Bundesrepublik Deutschland gegen Ende der siebziger Jahre.

Den Rohstoff für die PCP-Produktion bezog Dynamit Nobel von der Firma C.H. Boehringer & Sohn. Im Boehringer-Werk Hamburg-Moorfleet wurde das Pflanzenschutzmittel *Lindan* (Hexachlorcylohexan, HCH) hergestellt. Ein Reststoff der HCH-Produktion war Tetrachlorbenzol TCB bzw. dessen Destillat Tetraöl[4], das zur Herstellung von PCP verwendet wurde. In Kesselwagen wurde TCB von Hamburg nach Rheinfelden gebracht. In der ersten Hälfte der siebziger Jahre nahm Dynamit Nobel von Boehringer jährlich bis zu 1.500 t Tetraöl ab. Durch das Tetraöl aus Hamburg wurde

4 Das destillierte Tetrachlorbenzol wird synonym als *Tetraöl* und als *Tetra techn.* bezeichnet.

Verwendung von Pentachlorphenol und Pentachlorphenolnatrium

Einsatzgebiet	Verbrauch von PCP an der PCP-Produktion	Verbrauch von PCP-Na an der PCP-Na-Produktion
Holz- und Bautenschutz	88%	38%
Lederschutz	3%	1%
Farbkonservierung	1%	7%
Textilindustrie	5%	1%
Klebstoffindustrie	1%	8%
Papier-Zellstoff		22%
Sanitärbereich	3%	23%

Quelle: Karmaus 1989, S. 8; vgl. Umweltbundesamt 1987.

Dynamit Nobel in die Lage versetzt, im Rahmen der PCP-Produktion Chlor zu verwerten.[5] Chlor entsteht als Nebenprodukt von

5 Pentachlorphenol kann in zwei Verfahren produziert werden: »a) Chlorierung von Phenol. Dazu wird Chlor in Phenol eingeleitet, das geringe Mengen Aluminiumchlorid, Jod oder Eisenchlorid als Katalysator enthält. Bei Temperaturen unterhalb 200°C entstehen so Pentachlorphenol und Chlorwasserstoff. b) Hydrolyse von Hexachlorbenzol. Dabei wird Hexachlorbenzol mit wässriger Natronlauge zu Pentachlorphenol in Form einer wässrigen Lösung seines Natriumsalzes und Kochsalz umgesetzt. Die Reaktion verläuft bei Temperaturen zwischen 220 und 240°C, entsprechend einem Druck von 20-25 bar.« (VCI 1978, S. 3)
In beiden Verfahren konnte die Dynamit Nobel AG ihr Chlor einsetzen: Im erstgenannten Verfahren wurde Phenol direkt zu PCP aufchloriert. Für die Hydrolyse von HCB war es notwendig, zunächst das von Boehringer bezogene *Tetra techn.* mit Chlorgas zu versetzen, bevor PCP-Na entstehen konnte. Auch Boehringer hatte Interesse daran, daß Dynamit Nobel die Rückstände aus der HCH-Produktion abnahm. Die Möglichkeiten zur Ablagerungen der Produktionsrückstände auf Deponien wurden geringer, und die Verbrennung auf See war teuer, so daß der Verkauf von TCB sich für Boehringer als die

Elektrolyseverfahren, die in den anderen Produktionsbereichen bei Dynamit Nobel eine zentrale Rolle spielen. Der Betriebsratsvorsitzende[6] beschreibt den Zusammenhang:

> »Dynamit Nobel ist eine Chemiefirma mit einer Grundelektrolyse. Für alle Produkte brauchen wir diese Elektrolyse und die erzeugt als Rückstand Chlor. Dieses Chlor muß weg. Und wenn man das Chlor nicht unterbringen kann, muß man die Elektrolyse runterfahren und damit verliert man natürlich auch andere Produktionsteile, in denen PCP gar nicht hergestellt wurde.« (Betriebsrat Dynamit-Nobel; Interview)

Die Reststoffverwertung von Chlor erwies sich für Dynamit Nobel bald als lukratives Geschäft. 1974 »hat Dynamit Nobel an Pentachlorphenol schon eine Kleinigkeit verdient. Man ist soeben aus den roten Zahlen heraus.« (Aktennotiz G. Konrad/Boehringer, Besuch bei Dynamit Nobel, Troisdorf, vom 20.1.1975)[7]

Dynamit Nobel war der einzige Hersteller von PCP in der Bundesrepublik. Nach eigenen Angaben wurden zwischen 4.000 t (1974) und 4.500 t (1980) produziert (Umweltbundesamt 1987, S. 28). 200 t wurden ständig auf dem Werksgelände gelagert (DER SPIEGEL 14/1983, S. 58). Das Unglück in der italienischen Firma ICMESA in Seveso am 10. Juli 1976 schreckte die Betriebsleitung in Rheinfelden auf, denn der eigene Herstellungsprozeß wies Ähnlichkeiten mit dem von ICMESA auf. Anfang August 1976 warnte auch die Werksleitung von Boehringer die Rheinfelder Kunden, weil sie den von Dynamit Nobel angewandten Verseifungsprozeß zur Herstellung von PCP für »nicht unriskant« hielt (Brief von Boehringer an Dynamit Nobel vom 10.8.1976). Ende des Monats besprachen Ver-

---

interessanteste Variante zur Abfallbeseitigung anbot (Boehringer Werksleitung, Notiz vom 9.6.1975.

6 Er ist neben seiner Tätigkeit bei Dynamit Nobel auch Stadtrat der SPD im Gemeinderat.

7 Die Auszüge aus dem Briefwechsel zwischen Boehringer und Dynamit Nobel sowie aus Aktennotizen der Firmen wurden durch den Hamburger Untersuchungsausschuß zum Fall Boehringer bekannt und sind in der Septemberausgabe 1984 des Rheinfelder Stadtmagazins Zittig abgedruckt (vergleiche auch Karmaus 1989).

treter von Boehringer und Dynamit Nobel das Problem vor Ort. Die Werksleitung Hamburg notierte zum Herstellungsverfahren:

> »Die eigentliche Reaktion dauert bei ca. 230 Grad Celsius nur 27 Minuten ... Das Verseifungsprodukt enthält ca. 50 ppm Octachlordibenzodioxin (OCDD), 1 bis 2 ppm der verschiedenen Isomeren Hexachlordibenzodioxin (HCDD) sowie im Bereich der Nachweisgrenze eine geringe Menge von TCDD. Diese Mengen werden nicht ausgeschleust und finden sich im vollen Umfang im Endprodukt. ... Interessant ist die schon früher behauptete, inzwischen erhärtete Behauptung von Dynamit Nobel, daß auch in dem auf saurem Wege aus Phenol und Chlor erhaltenen Pentachlorphenol Dioxine enthalten sind. ... Die Frage, inwieweit es nicht besser wäre, die hohe Reaktionstemperatur zu meiden, um ein dioxinärmeres PCP herzustellen, kann in Zukunft doch aktuell werden.« (Besuchsbericht, Werksleitung Boehringer vom 31.8.1976)

An dieser Notiz ist zweierlei bemerkenswert. Zum einen bleibt kein Zweifel, daß das Produkt, die Produktionsprozesse und Produktionsrückstände in Rheinfelden verschiedene Arten von Dioxinen und Furanen freisetzten. Zum zweiten wird deutlich, daß diese Tatsache der Werksleitung von Dynamit Nobel schon 1976 bekannt war.

Insbesondere durch die Anwendung als Holzschutzmittel wurden die negativen Seiten von Pentachlorphenol bekannt. Für die Anwendung von *Witophen P* und *Witophen N* machte Dynamit Nobel die Verbraucher in einem Merkblatt auf die »Verordnung über gefährliche Arbeitsstoffe« mit (unter anderem) folgenden Gefahrenhinweisen und Sicherheitsratschlägen aufmerksam: ernste Vergiftungsgefahr beim Einatmen, Verschlucken oder bei Berührung mit der Haut; von Nahrungsmitteln fernhalten; Staub und Dämpfe nicht einatmen; Berührung mit Haut und Augen vermeiden; bei der Arbeit wirksames Atemschutzgerät und undurchlässige Handschuhe tragen[8]. Schon in den siebziger Jahren wurden Gesundheitsschäden festgestellt, die nach der Anwendung von PCP vor

8 Vgl. das Technische Merkblatt der Dynamit Nobel AG zu *Withopen P* und *Withopen N*.

allem in Innenräumen aufgetreten waren.[9] Das Bundesgesundheitsministerium hatte 1977 Untersuchungen über die Auswirkungen von PCP veranlaßt, führte die festgestellten Krankheitssymptome allerdings auf individuelle Überempfindlichkeiten zurück (Koch, Vahrenholt 1980, S. 192ff). Das Umweltbundesamt in Berlin warnte 1980 vor möglichen Gesundheitsschäden. Pentachlorphenol

> »ist ein starkes Gift, das bei unsachgemäßer Anwendung unter anderem nicht zu behebende Gesundheitsschäden wie Leberzirrhose, Knochenmarksschwund und Nervenschädigungen hervorrufen kann.« (Umweltbundesamt 1980).

Das PCP-Gutachten des Verbandes der Chemischen Industrie aus dem Jahr 1978 hielt fest, daß die orale Aufnahme von 29 mg je Kilogramm Körpergewicht für den Menschen tödlich sein könne (VCI 1978, S. 3). Rechnet man diese Dosis auf einen 70 Kilo schweren Menschen um, so könnten 2 g PCP zum Tod führen. 1989 wurde die Anwendung von Pentachlorphenol in der Bundesrepublik verboten.

2.2. Rheinfelden/Baden

Vis-à-vis des heutigen Industriestandortes Badisch-Rheinfelden liegt am anderen Rheinufer das schweizerische Örtchen mit demselben Namen. Rheinfelden in der Schweiz wird geprägt durch den traditionsreichen Kurbetrieb mit heilenden Kochsalzquellen. Noch lange vor der Gründung Badisch-Rheinfeldens wurde ein Eisenbahnanschluß auf deutscher Seite den Hochrhein entlang verlegt. Die Station für das schweizer Städtchen hieß entsprechend »bei Rheinfelden« und der Bahnhof »lag mitten in der Prärie. Er ist auf der Südseite der Bahnlinie angebaut, weil er für die schweizerische Stadt war.« (Bürgermeister von Rheinfelden/SPD; Interview) Wie der

9 Die zahlreichen Fälle führten zur Gründung der Interessengemeinschaft der Holzschutzmittel-Geschädigten, die heute noch gegen die früheren Hersteller prozessiert.

Erste Bürgermeister[10] von badisch Rheinfelden meint, liegt der Bahnhof »also heute total falsch, weil die Stadt im Norden ist.«

Emil Rathenau, der Vater von Walter Rathenau, war Anfang der neunziger Jahre des vorigen Jahrhunderts Kurgast in der Schweiz gewesen. Der damalige AEG-Vorsitzende erkannte die Möglichkeit, den Rhein als Energiequelle zu nutzen und initiierte den Bau des ersten von 15 Wasserkraftwerken am Hochrhein. Damit legte er den Grundstein für die industrielle Entwicklung der Region. Der heutige Erste Bürgermeister skizziert die Folgen. Es gab

> »damals ja noch keine Stromverbraucher, denn die paar Bauern hier hatten keinen Bedarf an Strom. Also wurden die Stromverbraucher gleich mit angesiedelt. Das waren Industriefirmen, deren Produktionsverfahren auf einem enormen Stromverbrauch beruhten.« (Bürgermeister von Rheinfelden/ SPD; Interview)

Chemiefirmen ließen intensive Stromnutzung erwarten, denn die Salzstöcke am Hochrhein boten sich für die Elektrolyse, also die elektrische Zersetzung von Salzlauge an. Die Degussa, die Aluminiumhütte und die Dynamit Nobel AG waren die ersten Firmen im späteren badischen Rheinfelden. Sie siedelten sich am Ufer in unmittelbarer Nähe zum Kraftwerk an, weil Strom noch nicht über längere Strecken transportiert werden konnte. Noch heute laufen Teile der Bahnlinie über die Firmengelände. Parallel dazu zieht sich eine alte Landstraße von Basel den Hochrhein hinauf, die inzwischen Bundesstraße und Durchgangsstraße in Badisch-Rheinfelden ist. Diese B 34, sowie das Industrieareal und die Bahnlinie riegeln die Stadt vollkommen vom Rhein ab. Das Ufer ist auf badischer Seite bis heute industriell genutzt. Freizeitanlagen oder Erholungsgebiete am Wasser wie in Rheinfelden/Schweiz gibt es hier nicht.

Rheinfelden in Südbaden wurde erst 1898 gegründet, 1925 bekam der Ort Stadtrechte. Auf der Gemarkung Rheinfeldens lagen außer den Dörfern Warmbach und Nollingen mit wenigen tausend Einwohnern nur die drei Chemiebetriebe. Die vor rund 100 Jahren angesiedelten Industriebetriebe und steigende Bevölkerungszahlen in

10 Nach der Süddeutschen Ratsverfassung die in Baden-Württemberg und Bayern gilt, wird der (Ober-)Bürgermeister in direkter Wahl vom Volk gewählt (Wehling 1982, S. 230ff.). Der Erste Bürgermeister ist ihm beigeordnet und wird vom Gemeinderat gewählt.

der zweiten Hälfte dieses Jahrhunderts prägen die Stadt bis in die Gegenwart. Wesentlichen Anteil an dem raschen Aufbau der Stadt nach dem 2. Weltkrieg hatte der Oberbürgermeister Rheinfeldens. 1948 wurde ein parteiloser Vertreter der »Freien Wähler« zum Oberbürgermeister gewählt und blieb 40 Jahre im Amt. Nach Ende des Krieges gewann die Stadt spürbar Einwohner hinzu. Für die Chemieindustrie, für Wohnungsbauprogramme und die industrielle Entwicklung wurden Arbeitskräfte gebraucht. Zunächst kamen Flüchtlinge aus dem Osten. Ende der sechziger Jahre profitierten die Chemiebetriebe in Rheinfelden von dem großen Zechensterben in Nordrhein-Westfalen. Die Firmen schickten Werber ins Ruhrgebiet, die versuchten, Arbeitnehmer für die expandierende Chemieindustrie in Südbaden zu gewinnen. Aufgrund dieser Entwicklung zählte Rheinfelden Mitte der siebziger Jahre knapp 15.000 Einwohner. Durch die Gemeindereform kamen die Ortschaften Herten, Karsau-Beuggen und verschiedene Dörfer auf dem Dinkelberg hinzu. Seitdem schwankt die Einwohnerzahl zwischen 27.000 und 28.000.

2.3. Die Chemiebetriebe als Arbeitgeber in Rheinfelden

Die drei großen Chemieunternehmen am Ort beschäftigen je rund 1.000 Arbeitnehmer. Der Stromlieferant, die Kraftübertragungswerke Rheinfelden KWR, bietet weitere 500 Arbeitsplätze. Mehr als ein Drittel der 11.700 Arbeitnehmer Rheinfeldens war (und ist) in Chemiebetrieben beschäftigt (Statistisches Landesamt Baden-Württemberg 1989, S. 140). Für den Ersten Bürgermeister zieht sich die Verbundenheit mit den Großbetrieben durch das Familien- und Geschäftsleben der ganzen Stadt:

> »Wenn an jedem Arbeitsplatz eine Familie mit nur 3 Personen hängt, dann sind das schon 9.000 Leute. Nur bei diesen drei Werken. Rechnen Sie das KWR mit 500 Arbeitsplätzen noch dazu, dann sind es schon 10.500. Dann haben Sie aber noch keine Spedition, noch keine Schlosserei, noch keine Bauunternehmung, die hier baut.« (Bürgermeister von Rheinfelden/SPD; Interview)

Die Attraktivität der Chemie-Arbeitgeber ist verständlich. Die Arbeitnehmer haben durch die Art ihrer Tätigkeit und durch das

Schichtsystem bei jedem der drei Chemiebetriebe einige Vorteile. So sieht der Tarifvertrag für die Chemieindustrie eine Reihe von Zulagen für schwere körperliche Arbeit vor. Der Fraktionsvorsitzende der SPD im Gemeinderat ist im Hauptberuf Handwerker bei Dynamit Nobel. Er schildert, daß verschiedene Aufschläge fester Bestandteil des Lohnes waren:

> »Wir haben das Glück, unsere Erschwerniszulagen nach einem sogenannten Katalog selbst festlegen zu können. Wenn ich in einem Betriebsteil beschäftigt bin, wo der Lärm groß ist, kann ich 40, 50 Pfennig pro Stunde zusätzlich aufschreiben für Lärm. Je nachdem wo man war, mußte man eine Hutmaske aufziehen. Das war noch einmal 1 Mark 50. Also, da hat es sich natürlich schon rentiert, in so einem Dreckbetrieb zu arbeiten.« (Fraktionsvorsitzender/SPD; Interview)

Viele Arbeitnehmer arbeiten im Schichtbetrieb. Ein großer Teil der Beschäftigten kann daher in der Freizeit einem zweiten Job nachgehen. Die Landwirtschaft im Raum Rheinfelden stellt eine der meistgenutzten Zweiteinkommensquellen dar. Zahlreiche Höfe werden von Nebenerwerbsbauern geführt, die bei Dynamit Nobel »schichten«. Ähnliche Erfahrung gibt es mit Handwerkern, die ihren eigenen Betrieb aufgaben, zu Dynamit Nobel ins Arbeitsverhältnis überwechselten und seitdem nach Feierabend oder an den schichtfreien Tagen in ihrem alten Beruf schwarz arbeiten (Bürgermeister von Rheinfelden/SPD; Interview).

Die Arbeitnehmer haben in der Regel nicht nur gesicherte Beschäftigungsverhältnisse, sie verdienen auch gut. Arbeitslosigkeit war für Politiker in Rheinfelden kein Thema.[11] Das positive Urteil des SPD-Fraktionsvorsitzenden über die Situation auf dem regionalen Arbeitsmarkt kommt nicht überraschend:

> »... wir hatten noch nie Arbeitsplatzprobleme in Rheinfelden. Ganz im Gegenteil. Von Grenzach bis Rheinfelden ist immer ein Mangel an Arbeitskräften gewesen. ... Immer. Wir hatten theore-

11 Zu Beginn der neunziger Jahre hat sich die Lage auf dem Arbeitsmarkt auch in Südbaden verschlechtert. Der Leiter des Arbeitsamtes Lörrach, zu dessen Bereich Rheinfelden gehört, fürchtete, 1992 »habe ich hier vielleicht schon ein Fünf vor dem Komma.« (Wirtschaftswoche Nr. 48/1991, S. 16)

tisch nicht einen Arbeitslosen hier, auch weil die Schweiz noch nebenan ist.« (Fraktionsvorsitzender/SPD; Interview)

Der Bürgermeister hält Beschäftigungsverhältnisse in der Schweiz für eine attraktive Alternative:

»Die Leute dort müssen mehr arbeiten als bei uns, aber sie kriegen bedeutend mehr bezahlt, und sie haben den Währungsschnitt noch, der bis vor kurzem ja bei 20% zusätzlich war.« (Bürgermeister von Rheinfelden/SPD; Interview)

Die Pendlerbeziehungen mit der Schweiz haben eine lange Tradition. Schon vor dem 1. Weltkrieg wechselten Arbeitnehmer auf die andere Seite des Rheins.

»Nach dem zweiten Weltkrieg bis heute hat die Zahl der Grenzgänger wieder stetig zugenommen. Viele Familien verdienen seit Generationen ihren Lebensunterhalt bei schweizer Arbeitgebern.« (Arbeitsamt Lörrach, Brief vom 13.3.1991)

Am Stichtag der Volkszählung 1987 gab es 1.363 Pendler von Rheinfelden in die Schweiz (Statistisches Landesamt Baden-Württemberg, Brief vom 10.5.1991). Doch gerade die Arbeitspendler in die Schweiz machen dem Bürgermeister der badischen Stadt Probleme. Die Arbeitsplätze liegen in der Schweiz, gleichwohl muß die gesamte städtische Infrastruktur für diese Arbeitnehmer, die auf der deutschen Seite wohnen, zur Verfügung stehen, »von der Straße, über den Kanal, über die Müllabfuhr, über die Kindergärten, die Schulen usw. Für Leute, die im Ausland arbeiten!« (Bürgermeister von Rheinfelden/SPD; Interview)[12]

---

12 Der implizite Vorwurf, der aus dieser Bemerkung spricht, daß nämlich die Pendler keinen steuerlichen Beitrag zu den Infrastrukturinvestitionen der Stadt leisten, trifft jedoch nicht zu. Nach Art. 15 Abs. 1 des Doppelbesteuerungsabkommens zwischen der Bundesrepublik Deutschland und der Schweiz vom 11.8.1971 können Einkommen aus unselbständiger Arbeit von Arbeitnehmern, die in dem einen Land (z.B. Deutschland) wohnen und in dem anderen Land (z.B. Schweiz) arbeiten, an der Quelle (Schweiz) besteuert werden. Nach Art. 15 Abs. 4 gilt diese Regelung allerdings nicht für Grenzgänger. Diese Einkünfte werden daher gemäß Art. 24 Abs. 1 nicht von der Bemes-

2.4. Der PCP-Konflikt

Die in knapp 100 Jahren gewachsene Verbundenheit mit der Chemieindustrie und die von den Bürgern und der Stadtverwaltung perzipierte Angewiesenheit auf die drei großen Betriebe bildet die Basis für den Umweltkonflikt, der in Rheinfelden Anfang der achtziger Jahre zum Ausbruch kam. Im Lokalteil brachte die Badische Zeitung Ende September 1981 einen Artikel über Klagen von schweizer Nachbarn. Sie fühlten sich durch Dämpfe und Abgase belästigt, deren Quelle bei Dynamit Nobel vermutet wurde. Ein schweizer Bürger warnte: »Das darf man bei Gott nicht einatmen. Das beißt in den Augen. Das kratzt im Hals!« (Badische Zeitung vom 28.9.1981) Die Betriebsleitung des Rheinfelder Werkes wies die Vorwürfe beschwichtigend zurück. Auch die Werksleitung wolle nicht »in einer Atmosphäre leben, die gesundheitsschädlich ist.« (Badische Zeitung vom 29.9.1981) Der Betriebsrat hielt zwei Sondersitzungen ab und wandte sich dann ebenfalls an die Öffentlichkeit. Für die Vertreter der Arbeitnehmer gab es keinen Zweifel an der Qualität und Sicherheit der Produktion bei Dynamit Nobel. Die Beschäftigten seien regelmäßig ärztlich untersucht worden, ohne daß es Hinweise auf Gesundheitsschäden durch die Produktionsverfahren gegeben hätte. Der Betriebsrat sah in dem Pressebericht einen Angriff auf die Sicherheit der Arbeitsplätze und kam daher zu dem Schluß:

> »Nicht Abgase oder schädliche Stoffe gefährden unsere Arbeitsplätze in Rheinfelden, weil wir hier guten Mutes sind, sondern die unsachliche und vergiftende Darstellung in der Badischen Zeitung.« (Badische Zeitung vom 1.10.1981)

Der Betriebsrat war in Sorge, daß die Firmenleitung in Troisdorf bei anhaltendem Aufruhr am Hochrhein den PCP-Betriebsteil durch Stillegung aus der öffentlichen Schußlinie nehmen würde, und nahm damit eine mögliche Drohung der Firma vorweg. Der heute noch

---

sungsgrundlage der deutschen Steuer ausgenommen. (Flick, Wassermeyer, Wingert 1981/84) amtierende Betriebsratsvorsitzende legte den Kollegen auf der nächsten Betriebsversammlung den Boykott der Zeitung nahe:

»Wir haben daraufhin auf einer Betriebsversammlung unsere Stellungnahme abgegeben und natürlich – unbedarft, wie Betriebsräte sind, die sind immer etwas freier – auch gesagt, es liegt an Euch, ob ihr Euch an eine Zeitung haltet, die in dieser Richtung Bild-Zeitungsstil macht.« (Betriebsrat Dynamit Nobel; Interview)

Die Arbeitnehmer reagierten umgehend auf den Hinweis. Für die Badische Zeitung und deren Lokalredakteur stellten sich katastrophale Folgen ein.

»Da gingen an einem Tag 200 Abbestellungen bei den Zeitungen ein. Das müssen Sie sich mal vor Augen führen, was das in einer Kleinstadt wie hier bedeutete, wo die Zeitung ca. 6.000-6.500 Leser hatte. An einem Tag kommen 200 solche Waschzettel, die vorformuliert, die abgezogen, kopiert sind und unten drunter ist jeweils nur eine Unterschrift von irgendeinem Arbeiter. Die lagen dann an den Werkstoren aus. Initiiert hat das die Gewerkschaft. ... Ich hab diese Formblätter hier: *Der Redakteur ... vernichtet unsere Arbeitsplätze in Rheinfelden. Daher bestellen wir heute geschlossen diese Zeitung ab.* Punktum.« (Redakteur Badische Zeitung; Interview)

Nur einige wenige Gewerkschaftsmitglieder, die weder bei Dynamit Nobel beschäftigt waren noch zur Rheinfelder Ortsgruppe gehörten, griffen den Betriebsrat an.

»Am meisten verwundert es uns als Mitglieder der IG Chemie, daß in dieser Auseinandersetzung der Betriebsrat weitaus schärfer reagiert als die Betriebsleitung der Dynamit Nobel. ... Wir haben ... den Eindruck, daß sich der Betriebsrat hier zum Sprachrohr der Geschäftsleitung macht ...« (Leserbrief in der Badischen Zeitung vom 9.10.1981)

Der Betriebsrat verwies dagegen auf das Votum der Belegschaft, deren Interessen er vertrete (Badische Zeitung vom 14.10.1981).

Die Badische Zeitung und der Südkurier berichteten weiter über Produktionen und mögliche Emissionen der Chemiebetriebe in Badisch-Rheinfelden. Dabei unterliefen den Journalisten, die selbst keine Chemiker waren, immer wieder Fehler in der Berichterstattung. Dynamit Nobel konnte auf die Vorwürfe mit formellen Richtigstellungen reagieren, ohne in der Sache argumentieren zu müssen.[13]

Erste Untersuchungen von schweizer Behörden stellten im Raum Rheinfelden erhöhte PCB-Werte fest. Wieder ergriff der Betriebsratsvorsitzende das Wort und dementierte einen Zusammenhang zwischen den Funden und Dynamit Nobel (Baseler Zeitung vom 13.1.1982). Er kritisierte die Untersuchungsmethoden und »ließ auch wissen, daß hier mit dem 'Rufmord ohne Beweise' nicht 60 sondern 200 Arbeitsplätze gefährdet werden.« (Badische Zeitung vom 23.1.1982) Er spielte darauf an, daß neben den 60 direkt im PCP-Betrieb beschäftigten auch andere Arbeitnehmer der Firma, die Beschäftigten in Chlorbetrieben oder die Wartungskräfte, von einer Stillegung betroffen sein würden (Betriebsrat Dynamit-Nobel; Interview).

Das Gewerbeaufsichtsamt in Freiburg war für die Betriebsgenehmigungen bei Dynamit Nobel zuständig und nahm – auf Anfrage – ein halbes Jahr nach den ersten Berichten Stellung. Das Amt bestätigte, daß TCDD-Spuren unterhalb der Nachweisgrenze in Kuhmilch gefunden worden seien (Südkurier vom 2.2.1982), ohne jedoch weiterreichende administrative Schritte einzuleiten. Dies, so meinte man auf schweizer Seite im Aargauer Gewerbeaufsichtsamt, »könnte wirtschaftliche und beschäftigungspolitische Gründe haben.« (Baseler Zeitung vom 20.2.1982)

---

13 Der Südkurier schrieb am 18.12.1981 über PCB-Funde in der Umgebung Rheinfeldens und nannte als Verursacher den *PCB*-Produzenten Dynamit Nobel. Dynamit Nobel versandte eine Pressemitteilung, das Werk Rheinfelden sei nicht Produzent von polychlorierten Biphenylen (Südkurier vom 17.12.1981, Badische Zeitung vom 19.12.1981, Aargauer Zeitung vom 21.12.1981). Auf die Kernfrage, ob die gefundenen PCBs unter Umständen mit der *PCP*-Produktion der Dynamit Nobel zusammenhingen, ging die Firma nicht ein. Drei Monate später wurde im Zusammenhang mit einem Gutachten des Bremer Umweltinstituts für die Analyse und Bewertung von Schadstoffen festgehalten, daß polychlorierte Biphenyle »auch als unerwünschtes Nebenprodukt entstehen, etwa bei der Durchführung von Chlorierungsprozessen« (Badische Zeitung vom 3.3.1982).

Im Februar und März 1982 erreichte die Diskussion um die PCP-Produktion bei Dynamit Nobel durch verschiedene Ereignisse einen ersten Höhepunkt:

- Das Sozialministerium in Stuttgart schaltete sich ein und veranlaßte umgehende Maßnahmen zur Klärung der Situation. An mehreren Stellen rund um das Werk sollte die Luftbelastung gemessen werden. Die Sicherheitsvorkehrungen für Brandfälle im Werk sollten von Sachverständigen beurteilt werden. Es wurden Pflanzen- und Bodenuntersuchungen angekündigt. Die Firma erklärte sich bereit, eigene Sicherheitsanalysen durchzuführen. Obwohl das Ergebnis dieser Maßnahmen erst klären sollte, ob in Rheinfelden ein »zweites Seveso« möglich sei, betonte der zuständige Staatssekretär, »daß diese Frage heute schon mit Sicherheit mit 'Nein' beantwortet werden könne.« (Südkurier vom 26.2.1982)
- Rund 170 Bürger beider Ortschaften gründeten eine Bürgerinitiative Umweltschutz Rheinfelden. Zu den Zielen der BUR gehörte die »Beseitigung der Umweltbelastung in und um Rheinfelden« (Protokoll der Gründungsversammlung vom 26.2.1982). Das erste Treffen befaßte sich mit den Dynamit Nobel zugeschriebenen Belastungen aus der PCP-Produktion.

Im Auftrag der Grünen hatte das Bremer Umweltinstitut Rheinfelder Gemüse auf Rückstände hin untersucht. Die Gutachter maßen tausendfach erhöhte PCB-Werte und stellten fest:

> »Der durchschnittliche Verzehr von wöchentlich zwei bis drei Kilogramm Vegetabilien ... müßte bei den hier vorgefundenen Gehalten auf wöchentlich zwei bis drei Gramm reduziert werden.« (Badische Zeitung vom 2.3.1982).

Diese alarmierenden Analyseergebnisse und die vom Gewerbeaufsichtsamt bestätigten Dioxinfunde veranlaßten die Werksleitung der Dynamit Nobel selbst zu einer Reaktion. Die Firma verteilte eine *Nachbarschaftsinformation* an alle Haushalte in Rheinfelden.

> »Von den eingesetzten Rohstoffen und von unseren Produktionsanlagen zur Herstellung der Pentachlorphenole geht keine auch nur im entferntesten mit Seveso vergleichbare Gefährdung für die Bevölkerung aus. ... In unseren Verfahren zur Herstellung von

PCP (Pentachlorphenol), die sich von dem Produktionsverfahren in Seveso wesentlich unterscheiden, kann das TCDD nicht entstehen.« (Nachbarschaftsinformation vom 4.3.1982, zit. nach Baseler Zeitung vom 8.9.1984, vergleiche auch Badische Zeitung vom 6.3.1981)[14]

Alle Beteiligten betonten ihren Wunsch, die Diskussion zu versachlichen. Dennoch nahmen die Emotionen in der Auseinandersetzung weiter zu. Als einige Stadträte das Werk besuchten, demonstrierten rund 100 Mitarbeiter vor den Werkstoren von Dynamit Nobel. Die mitgebrachten Transparenten richteten sich gegen den Redakteur der Badischen Zeitung und einen Stadtrat der Grünen, der sich für die Stillegung des PCP-Betriebes einsetzte: »Dumm schreiben und reden – Arbeitsplätze gehen flöten.« (Südkurier vom 6.3.1982) Der Südwestfunk übertrug eine Radiosendung aus Rheinfelden. Werksleiter, Betriebsrat, Oberbürgermeister, der Stadtrat der Grünen, Vertreter des Gewerbeaufsichtsamtes Freiburg und des Stuttgarter Sozialministeriums waren im Studio vertreten. Der Moderator brachte eines der Hauptanliegen der Grünen in die Diskussion, nämlich mögliche Unfall- und Brandgefahren bei Dynamit Nobel. Sowohl der Werksleiter als auch der Vertreter des Gewerbeaufsichtsamtes betonten, ein Brand bei Dynamit Nobel sei mit absoluter Sicherheit auszuschließen. Der Moderator hatte Zweifel an dieser unverrückbaren Überzeugung:

Moderator: »Sind für Sie also tatsächlich keine Unfälle denkbar? Also wirklich unvoraussehbare Dinge, die passieren können.«
Werksleiter: »Ich würde dieses ganz klar verneinen.«
Moderator: »Frage ans Gewerbeaufsichtsamt. Sehen Sie das genauso?«
Gewerbeaufsichtsamt: »Ich möchte ergänzen, ... insofern als man die Chemikalien, ... die bei der Degussa gebrannt haben, mit denen, die bei der Dynamit vorhanden sind, überhaupt nicht vergleichen kann. ... Es kann also ein solcher Brand bei der Dynamit Nobel, auch wenn er punktförmig wäre wie in der Degussa, nicht ausbrechen.«

---

14 Wie oben erwähnt, war im Schriftverkehr zwischen Dynamit Nobel und Boehringer kurz nach der Katastrophe in Seveso festgehalten worden, daß die Herstellungsverfahren bei Dynamit Nobel und ICMESA Ähnlichkeiten aufwiesen und daß die Werksleitung von Dynamit Nobel von sich aus darauf hingewiesen hatte, daß bei der Produktion Dioxine entstanden.

Moderator: »Ich versuche, mit Wahrscheinlichkeiten zu rechnen, weil eine Katastrophe, das haben Sie mir ja bestätigt, möglich ist, wenn PCP Hitze ausgesetzt ist. Dann entstehen diese Gifte der Sevesoklasse – und da muß ich sagen: Sabotage ist möglich, ein Flugzeugabsturz ist möglich, eine Explosion ist möglich.«
Gewerbeaufsichtsamt (bezieht sich auf früheres Gespräch mit dem Moderator): »... Dann fragten Sie mich: 'Wenn aber dieses Lager so erhitzt ist, ...' Das ist für mich keine Diskussionsgrundlage, weil es rein theoretisch ist und mit der Praxis hier nichts mehr zu tun hat.«
Moderator: »Aber mit solchen theoretischen Annahmen rechnet man ja beispielsweise bei Kernkraftwerken. Deshalb gibt es einen Berstschutz.«
Gewerbeaufsichtsamt: »Ja, Berstschutz gibt es bei der Chemie auch. Wenn Sie irgendwelche Druckbehälter haben, in denen Reaktionen unter Druck ablaufen, dann müssen Sie Sicherungen haben. Und eine solche Sicherung ist z.B. ein Berstschutz.«
Moderator: »... Berstschutz gibt es aber nicht bei der Lagerhalle von PCP.«
Gewerbeaufsichtsamt: »Weil hier keiner notwendig ist.«
Moderator: »Und wenn ein Flugzeug drauffällt, Kerosin ausläuft und in Brand gerät?«
Gewerbeaufsichtsamt: »... Den Flugzeugabsturz auf das Lager von PCP, PCP-Na, den muß man außer Betracht lassen. Ich hatte Ihnen auch schon einmal was von der Störfallverordnung gesagt. Die Störfallverordnung definiert genau, unter welchen Kriterien hier ein Flugzeugabsturz anzunehmen ist. Bei der Dynamit Nobel mit Sicherheit nicht. Also muß er außer Betracht gelassen werden.« (SWF 1 vom 22.3.1982)[15]

Vor dem Rathaus verfolgten einige Bürger die Diskussion. Sie schlossen sich vehement den Argumenten des Betriebes und der Behörden an.

Reporterin: »Sie als Betroffene, als Rheinfelder, wie beurteilen Sie denn diese ganze Geschichte?«
1. Bürger: »Wir finden, daß das übertrieben ist, was der (Stadtrat der Grünen) da macht. Wir schaffen direkt in diesem Betrieb z.B. PCP- und PCB-Betrieb und da ist überhaupt nichts dran an der ganzen Sache.«

---

15 Drei Monate später, im Juni 1982, ereignete sich in einem anderen Betriebsteil von Dynamit Nobel einer jener schweren Unfälle, die der Werksleiter und das Gewerbeaufsichtsamt definitiv ausgeschlossen hatten. Eine Vakuumpumpe explodierte, ein Arbeiter starb, zwei weitere wurden schwer verletzt. »Der Betriebsleiter: Theoretisch durfte das nicht passieren.« (DER SPIEGEL 14/1983, S. 56)

Reporterin: »Sie haben gerade heftig genickt. Würden Sie das, was Ihr Vorredner gesagt hat, auch befürworten?«
2. Bürger: »Das bestätige ich, was der Mann gesagt hat.«
Reporterin: »Sind Sie denn hier in Rheinfelden ansässig? Wohnen Sie hier, leben Sie hier, kriegen Sie das alles mit?«
2. Bürger: »Ja, ich krieg alles mit. Aber Verschiedenes muß ich halt feststellen. Ich hab' auch 43 Jahre in der Dynamit gearbeitet und bin heut fast 80 Jahre alt und fühl mich noch gut.«
Reporterin: »Fühlen Sie sich nicht gefährdet durch Chemie oder Umwelteinflüsse?«
2. Bürger: »Nein, durchaus nicht.«
Reporterin: »Darf ich vielleicht gerade noch einmal die weiterfragen, die hier in der Runde stehen?«
3. Bürger: »... In den sechziger Jahren war die Aluminium dran, dann kam die Degussa und heut kommt die Dynamit. Einer ist immer dran.«
4. Bürger: »Für die Sicherheit im Umgang mit chemischen Stoffen ... sind staatliche Stellen zuständig, und die nehmen ihre Arbeit sehr genau. Wir können unseren Beamten alles vorwerfen, nur (nicht), daß sie lasch oder nicht tüchtig genug wären. Also wenn Emissionen stattfinden, stattgefunden hätten, dann hätten die Behörden das rechtzeitig aufgedeckt und abgestellt.« (SWF 1 vom 22.3.1982)

Der umstrittene Lokalredakteur der Badischen Zeitung wurde mit einer Abfindung entlassen. Die Analysen und Diskussionen liefen von nun an mehr »hinter den Kulissen.« (Redakteur Badische Zeitung; Interview) Weder den Grünen noch der Bürgerinitiative BUR gelang es in der Folgezeit, eine breite Öffentlichkeit für die Gefährlichkeit der Pentachlorphenol-Produktion bei Dynamit Nobel zu interessieren oder zu mobilisieren. Im März 1983 traten die Grünen mit einem neuen Bericht über mögliche Chromosomenveränderungen an die Öffentlichkeit. Der Umweltschutzbeauftrage von Dynamit Nobel kritisierte, daß an alten Behauptungen festgehalten werde, und hatte den Betriebsrat wieder auf seiner Seite. »'Wer dies weiterhin tut, gefährdet dann eines Tages doch Arbeitsplätze' ... Betriebsrat und Werksleitung gingen mit diesen Darstellungen des Umweltschutzbeauftragten vollkommen einig.« (Südkurier vom 26.3.1983)

Im September 1983 wurden schließlich die Ergebnisse einer weiteren, schon Ende 1981 beschlossenen und durchgeführten Untersuchung veröffentlicht. In den Luft- und Bodenproben aus Rheinfelden/Schweiz fanden sich Hexachlorbenzol (HCB), polychlorierte Biphenyle (PCB), Pentachlorphenol (PCP) und verschiedene Dioxine und Furane. Das hochtoxische TCDD wurde in dieser Untersuchung nicht nachgewiesen, dafür die weniger giftigen Dioxine HCDD und OCDD. Im Bericht wurde die Vermutung geäußert, »daß ein Teil der Verunreinigungen im Zusammenhang mit der PCP-Produktion in Rheinfelden (BRD)« steht (Baseler Zeitung vom 18.10.1983).[16]

Nach dem jahrelangen Austausch von Expertisen über die Emissionen und deren Gefährlichkeit veranlaßte das baden-württembergische Arbeits- und Sozialministerium im Sommer 1984, daß die 1980 verabschiedete Störfallverordnung nach § 7 Abs. 1 des Bundes-Immissionsschutzgesetzes auf Dynamit Nobel anzuwenden sei.

> »Die Verordnung verpflichtet den Betreiber betroffener Anlagen, nach dem Stand der Sicherheitstechnik Vorkehrungen gegen das Auftreten von Störfällen und zur Eingrenzung von Störfallfolgen zu treffen. ... Die Störfallverordnung verlangt also angemessene betriebliche Katastrophenschutzplanung gegenüber der Behörde nachzuweisen, mit dem Ziel, das Risiko beim Umgang mit gefährlichen Stoffen herabzusetzen.« (Borries 1983, S. 82f.)

Das Werksgelände mußte vor dem Zutritt Unbefugter zusätzlich geschützt, Brand- und Explosionssicherung mußten verstärkt werden, weitere Kontrollmeßinstrumente waren zu installieren. Außerdem wurde Dynamit Nobel verpflichtet, eine Sicherheitsanalyse anzufertigen, die die Voraussetzungen für einen Störfall darlegte und dabei möglicherweise entstehende gefährliche Stoffe anführte. Die Grünen, die sich gemeinsam mit der Bürgerinitiative BUR die Durchsetzung dieser Verordnung als Erfolg ihrer Anstrengungen anrechnen konnten (DER SPIEGEL 22/1984, S. 75), verlangten nun erst recht die Stillegung der gesamten PCP-Produktion. Der baden-württembergische Umweltminister Weiser nahm zu der Diskussion um Dynamit Nobel Stellung. Zwar sei TCDD

> »aufgrund der zwischenzeitlich stark verfeinerten Untersuchungsmethoden erstmals in den Verkaufs- und Zwischenprodukten in

16 Zu den Ergebnissen im Detail siehe auch: Landtag von Baden-Württemberg 1984a, S. 4ff.

> Spuren nachgewiesen; jedoch gehen hiervon bei sachgemäßem Umgang mit PCP und PCP-Na keine gesundheitlichen Risiken aus.« (Landtag von Baden-Württemberg 1984c, S. 27)

Es gäbe daher auch keinen Grund für ein Produktionsverbot. Für den Fall, daß der PCP-Betrieb bei Dynamit Nobel dennoch stillgelegt werden sollte, werde sich auch die Landesregierung »um die Wiederbeschäftigung der freigesetzten Arbeitskräfte bemühen.« (ebd.)

Exkurs: Mülldeponie Karsau

Auf dem Gebiet Rheinfeldens gibt es

> »weit über 20 alte Deponien, davon sind 10 bis 15 Industriedeponien. Das heißt, die frühere I.G. Farben hat das Zeug hingekippt, wo sie lustig war. Und die schweizer Chemieindustrie hat ebenfalls bis in die jüngste Zeit hinein ordentlich Giftmüll nach Deutschland exportiert. Das Problem ist, daß in unmittelbarer Nähe zur gesamten Trinkwasserversorgung Rheinfeldens zwei äußerst problematische und giftige Deponien sind.« (Bürgermeister von Rheinfelden/SPD; Interview)

Die Industriemülldeponie Karsau ist eine davon.

Die Abfälle aus der PCP- und PCP-Na-Produktion von Dynamit Nobel wurden bei Produktionsaufnahme 1968/70 zunächst auf dem Betriebsgelände zwischengelagert. Um das Problem der endgültigen Lagerung der Produktionsabfälle zu lösen, gründeten Dynamit Nobel, die Aluminium-Hütte und die Degussa gemeinsam die Interessengemeinschaft Deponie Karsau und stellten beim Landratsamt Lörrach den Antrag auf wasser- und baurechtliche Genehmigung einer Industriemülldeponie zur Ablagerung der giftigen und gefährlichen Abfälle aus den jeweiligen Produktionen. Vor dem später eingerichteten Untersuchungsausschuß des Stuttgarter Landtages zu Gefährdungen durch Sondermüll sagte der Landrat des Kreises Lörrach aus:

> »Die Situation war die, daß die Firmen, die großen Industriebetriebe in Rheinfelden, die in dieser Interessengemeinschaft

> zusammengeschlossen waren, nach Möglichkeiten gesucht haben, Abfälle, die im Rahmen der Produktion anfielen, auf eine wirtschaftliche Art und Weise und auf eine sichere Weise irgendwo loszuwerden. Das ist ein verständliches Anliegen, und das Landratsamt, die Behörden überhaupt, haben sich dieser Aufgabe dann auch nicht verschlossen.« (Landtag von Baden-Württemberg 1987b, S. 51)

Ende 1970 erteilte das Landratsamt Säckingen für 15 Jahre die wasserrechtliche Erlaubnis und baurechtliche Genehmigung für den Betrieb einer Industriemülldeponie in Karsau. Die Betriebserlaubnis enthielt einen Abfallkataster, in dem die Abfälle aufgelistet waren, die in den Produktionsprozessen der drei Firmen entstanden und deren Ablagerung in Karsau genehmigt war. Die Deponie wurde im Juli 1971 in Betrieb genommen. Das Landratsamt stellte im Juli 1972 einen Antrag der Dynamit Nobel, die Liste um PCP-Na- und HCB-haltige Rückstände zu erweitern, zunächst zurück. Voraussetzung für die Genehmigung sei die Dichtigkeit der Deponie und die Untersuchung des Sickerwassers. Von 1973 an brachte Dynamit Nobel auch PCP-Na-haltige Abfälle auf die Deponie, obwohl der Firma bekannt war, daß diese Rückstände durch den Abfallkataster von 1970 nicht gedeckt waren. Im Untersuchungsausschuß wurde deutlich, daß auch die Behörden von diesem Vorgehen wußten und es bis 1976 stillschweigend duldeten.

> »Auf Nachfrage bestätigte Minister Weiser, daß jahrelang die Ablagerung PCP-Na-haltiger Abfälle geduldet worden (sei). ... Minister Weiser bemerkt, daß die Dinge damals wesentlich lockerer gehandhabt worden seien, als dies nunmehr der Fall sei. Offenbar sei davon ausgegangen worden, daß eine Genehmigung unter bestimmten Voraussetzungen zu gegebener Zeit erfolgen werde.« (Landtag von Baden-Württemberg 1987b, S. 59)

Das Landratsamt Lörrach erteilte im August 1976 eine Ablagerungsgenehmigung auf Widerruf. Bis dahin waren zwischen 1973 und 1976 mehr als 100 t PCP- und HCB-Abfall ohne behördliche Genehmigung auf die Müllkippe gekommen (ebd., S. 57ff). Auf Anfrage der SPD im Stuttgarter Landtag mußte der Minister bestätigen, daß Dynamit Nobel seit 1976 320 t Industrieabfälle auf die Deponie gebracht hatte, darunter 30 bis 45 t HCB, 4 bis 7 t PCP und bis zu

200 kg Dioxine und Furane. »Die Abfälle wurden ... möglichst gleichmäßig vermischt mit den übrigen auf der Deponie abzulagernden Abfällen deponiert.« (Landtag von Baden-Württemberg 1984b, S. 3) Täglich entstanden 20 t Sickerwasser, die seit 1974 mit Genehmigung des Landratsamtes Lörrach »direkt in den Rhein eingeleitet werden, sofern sein Cyanid-Gehalt 0,25 g/m³ nicht übersteigt.« (ebd.) Das Sickerwasser wurde zwar regelmäßig überprüft, ein Grenzwert beispielsweise für polychlorierte Biphenyle (PCB) war aber gar nicht festgelegt worden, weil den Behörden nicht bekannt gewesen war, daß PCB in den Abfällen erwartet werden mußte. Der zuständige Landrat konnte keine Versäumnisse entdecken, denn

> »die Einschätzung, daß von dieser Deponie aktuelle Gefährdungen auf die Bevölkerung oder auf das Grundwasser ausgegangen wären, hat sich eigentlich in dieser Form für uns nie gestellt.« (Landtag von Baden-Württemberg 1987b, S. 64)

Das Wasserwirtschaftsamt Lörrach wies das Landratsamt im April 1983 darauf hin, daß die festgestellten Mengen HCB im Sickerwasser ein tolerierbares Maß überschritten. Erst 10 Monate später reagierte das Landratsamt nach Abstimmung und in Einvernehmen mit dem Ernährungsministerium und untersagte Dynamit Nobel die Ablagerung von PCP-Na-haltigen Abfällen in Karsau mit sofortiger Wirkung.

2.5. Externe Konfliktlösung

Im Juni 1984 wurde der Hamburger *Lindan-Betrieb* von C.H. Boehringer & Sohn geschlossen. Aus den Akten des Untersuchungsausschusses zu diesem Fall ging hervor, daß auch die PCP-Produktion bei Dynamit Nobel hochriskant und den Beteiligten die Gefahr bekannt war. Ein Abgeordneter der SPD im Stuttgarter Landtag bekam entsprechende Hinweise aus Rheinfelden und nahm dies zum Anlaß, auf der von Dynamit Nobel belieferten Deponie Karsau nach Giftrückständen zu forschen. In einer Nacht-und-Nebel-Aktion zog er Boden- und Gewässerproben aus der Deponie, die das Seveso-Gift TCDD aus Drehfilterrückständen von Dynamit Nobel weit oberhalb der Nachweisgrenze enthielten. Vor dem Umweltausschuß in Rheinfelden bestritt Dynamit Nobel weiterhin, daß bei der PCP-Produktion das Sevesogift entstehen würde (Südkurier vom 28.7.1984). Dennoch leiteten die Untersuchungen, die der Abgeordnete auf der Deponie vorgenommen hatte, die Stillegung der Deponie ein. Nachdem die HCB-Grenzwerte wieder mehrfach überschritten worden waren, zog das Landratsamt im September 1984 die Erlaubnis zur Einleitung des Deponiesickerwassers in den Rhein zurück. Dynamit Nobel bekam die Auflage, das Wasser zu reinigen. Die Deponie Karsau wurde geschlossen.[17]

Die Aktion des Landtagsabgeordneten beschleunigte nicht nur das Ende der Industriemülldeponie. Mit den Rückstandsuntersuchungen begann auch die letzte Phase in der Auseinandersetzung um die PCP-Produktion von Dynamit Nobel in Rheinfelden. »Wenn es keine Abfallbeseitigung gibt, gibt es auch keine Produktion – das war immer so«, erklärte Minister Weiser den Zusammenhang (Süddeutsche Zeitung vom 12.9.1984). Der Stuttgarter SPD-Abgeordnete hatte die Verfahren zur Stillegung eingeleitet, zu denen sich die Lokalpolitiker nicht hatten entschließen können.

> »Eine Schließung der PCP-Küche dürfte nur von außen durchzusetzen sein. Zu erfolgreich haben die drei großen Chemie-Firmen am Ort ... in der Vergangenheit die Arbeitsplatzpsychose gefördert ...« (die tageszeitung vom 13.8.1984)

Da die städtischen Gremien von dieser Psychose erfaßt waren, konnte nur eine Instanz zur Lösung verhelfen, die ihren Sitz nicht in Rheinfelden hatte. Ende August fuhr

> »der jahrelang um Abwiegelung bemühte baden-württembergische Umweltminister Weiser persönlich nach Rheinfelden, um

17 Zur gleichen Zeit lehnten die Betreiber der hessischen Deponie Herfa-Neurode die Annahme des Sondermülls ab. Bis zum November wurde der Firma die Zwischenlagerung der Produktionsabfälle auf dem Rheinfelder Werksgelände genehmigt. Das Freiburger Regierungspräsidium verlangte bis zum Ablauf dieser Frist den Nachweis für eine gesicherte Entsorgung der Rückstände, anderenfalls müßte der Firma auch die Produktionsgenehmigung entzogen werden. Per Gerichtsentscheid erhielt Dynamit Nobel im Dezember 1984 dann doch die Erlaubnis, die Abfälle nach Hessen zu bringen.

> die Dynamit zur 'einvernehmlichen' Schließung ihrer PCP-Küche zu bewegen« (die tageszeitung vom 5.9.1984).

Der Vorstand von Dynamit Nobel in Troisdorf stimmte der Schließung zu, die PCP-Produktion sollte nach einer Frist von zwei Jahren beendet werden. Der Wegfall der Tetraöl-Lieferungen aus Hamburg war sicher förderlich für eine Einigung. Außerdem, so hieß es aus Troisdorf, könne man sich »eine jahrelange Negativpresse nicht leisten« (Müller o.J., S. 4). Es wurde vereinbart, den PCP-Betrieb bis Ende 1986 stillzulegen und eine Anlage zur Herstellung von Silizium als Ersatz aufzubauen. Alle Arbeitnehmer sollten nach der Umstellung, die eine amerikanische Firma vornahm, übernommen werden. Der Betriebsrat bemühte sich, den Übergang ohne große Arbeitsplatzverluste zu organisieren: Obwohl die Degussa bereits Silizium in Rheinfelden produziert,

> »haben wir diesen Vertrag trotzdem aus den Gründen der Arbeitsplatzsicherung abgeschlossen. Wir haben dann rechtzeitig als Betriebsrat unter schweren Umständen Zugeständnisse an die Firma gemacht. Wir haben z.B. lange Zeit von den Mitarbeitern Überstunden verlangt, weil wir Kündigungen vermeiden wollten und haben gesagt, wir müssen sehen, daß wir das jetzt so hinziehen, daß die normalen Abgänge nicht ersetzt werden.« (Betriebsrat Dynamit Nobel; Interview)

Durch die Einstellung der PCP-Produktion wurde zwar niemand entlassen, dennoch »gingen Arbeitsplätze in größerer Zahl verloren.« (Brief des Arbeitsamtes Lörrach vom 19.2.1991)

Drei Monate früher als geplant konnte Dynamit Nobel den Pentachlorphenol-Betrieb am 3. September 1986 schließen. Die Dynamit Nobel Zentrale in Troisdorf betonte, daß die Schließung durchgeführt wurde, obwohl man nach wie vor keine Umweltbelastung durch die PCP-Produktion erkennen könne. »'Die umweltpolitische Auseinandersetzung,' so wird in Troisdorf freimütig eingeräumt, 'hat letztendlich dazu geführt, daß wir es – auf gut deutsch gesagt – leid wurden.'« (die tageszeitung vom 5.9.1986) Bei Aufnahme der neuen Produktion verzichteten die Beschäftigten nur ungern auf die in der Umstellungsphase genossenen Mehrverdienste.[18]

2.6. Konfliktwahrnehmung und -bearbeitung auf politischer Ebene

Dem Verlaufsmuster vieler Umweltkonflikte entsprechend kam auch in Rheinfelden der Anstoß zur öffentlichen Auseinandersetzung mit negativen ökologischen Folgen industrieller Produktion aus den Reihen der Umweltschützer. Die Proteste betroffener Bürger wurden in der Anfangsphase nur von den Grünen in Rheinfelden ernst genommen. Sie unterrichteten die Zeitungen über mögliche Gefährdungen durch die PCP-Produktion. Im Gemeinderat von Rheinfelden/Baden waren die Grünen seit 1980 durch eine Stadträtin und einen Stadtrat vertreten. Der Stadtrat hatte aus einem Bericht über den Unfall bei Sandoz in Basel erfahren, daß Sandoz von Dynamit Nobel mit PCP beliefert wurde, und daß dieses PCP über 20 ppm Dioxine enthalten sollte. Seitdem war er federführend in der Organisation und Artikulation des Protestes gegen Dynamit

18 Im November 1986 stellte die Staatsanwaltschaft Lörrach das Ermittlungsverfahren gegen Manager von Dynamit Nobel wegen umweltgefährdender Abfallbeseitigung und Gewässerverunreinigung nach zwei Jahren ein. Von fünf beschuldigten leitenden Angestellten wurden zwar zwei als strafrechtlich verantwortlich erkannt. Zur Eröffnung des Verfahrens war es allerdings zu spät, weil die Verjährungsfristen bereits abgelaufen waren (Badische Zeitung vom 31.10./1.11.1986).
Im Frühjahr 1990 fand man bei der Dynamit Nobel Nachfolgefirma Hüls Dioxine in Staubproben vom Werksgelände. Der Umweltschutzbeauftragte der ehemaligen Dynamit Nobel, jetzt Hüls, erklärte vor dem Umweltausschuß der Stadt, »daß es sich bei dem in Staubproben gefundenen Dioxin um eine Altlast handele. Eine genaue Analyse soll das ergeben haben: der 'Finger-Print' sei identisch mit dem bis 1986 von Dynamit Nobel hergestellten Pentachlorphenols (PCP).« (Südkurier vom 10.3.1990) Im März 1991 wurden im Boden des ehemaligen Dynamit Nobel Geländes die bislang weltweit höchsten Dioxin-Konzentrationen gemessen – 10.000 mal so hoch wie in Seveso (DER SPIEGEL 13/1991, S. 272).

Nobel. Er initiierte den Widerstand gegen die PCP-Produktion und warnte insbesondere vor den möglichen Konsequenzen eines Brandes (Michal 1988, S. 96). Sein Ziel in der Auseinandersetzung war zunächst nicht die Schließung des PCP-Betriebes, sondern die Umstellung auf umweltverträgliche Produktionsweisen.

> »Wir wollen nicht die Stillegung des Betriebes vorantreiben, sondern Mindestforderungen entwickeln, die zu einer Verbesserung der Umweltsituation führen sollen.« (Badische Zeitung vom 26.3.1982)

Obwohl der Vertreter der Grünen sich in erster Linie für Maßnahmen zum Schutz der Umwelt engagierte, war auch für ihn unmittelbar klar, daß die Interessen der Arbeitnehmer an ihren Arbeitsplätzen in den Chemiebetrieben eine wichtige Rolle spielten. Als Sofortmaßnahme verlangten die Grünen die Anwendung der Störfallverordnung auf Dynamit Nobel. Sie sahen die Störfallverordnung für Dynamit Nobel als Kompromiß zwischen Umwelt- und Arbeitsplatzinteressen an, denn im Unterschied zur Produktionsstillegung hätte man durch die Sicherheitsauflagen keinen Verlust von Arbeitsplätzen befürchten müssen. Allerdings, so der Stadtrat, sei sein Einsatz für die Arbeitsplatzsicherheit in der Öffentlichkeit nicht wahrgenommen worden. Oft seien seine Stellungnahmen in den Zeitungen nur gekürzt abgedruckt worden, indem

> »man die umweltpolitischen Forderungen in der Presse gebracht, aber den Hinweis auf die Arbeitsproblematik zum Teil rausgeschnitten hat. Das ist eben nicht unser Part gewesen, den Part spielen andere.« (Stadtrat/Grüne; Interview)

Je mehr wissenschaftliche Untersuchungsergebnisse über die Emissionen und Gefahren bei Dynamit Nobel bekannt wurden, desto stärker wurde der Vertreter der Grünen zum Gegner der PCP-Produktion. Seine entschiedene Haltung brachte ihn zeitweise sogar in Gegensatz zu den Kollegen aus seiner eigenen Partei, die nicht dieselbe Radikalität aufbrachten. Seine Stadtratskollegin warf ihm vor, er kämpfe »mit der Angst der Bevölkerung um Wählerstimmen.« (Badische Zeitung vom 27.3.1982)

Durch die Grünen waren die Umweltschutzinteressen im Gemeinderat von Rheinfelden vertreten. Dynamit Nobel blieb durch sie über Jahre hinweg auf der politischen Tagesordnung der Stadt. Ihr Stadtrat brachte vor allem zwei Voraussetzungen mit, die für eine erfolgreiche Auseinandersetzung mit Dynamit Nobel von Vorteil waren. Er war Naturwissenschaftler, so daß die chemisch-technischen Details der PCP-Produktion und ihrer Folgen kein unüberwindliches Hindernis darstellten. Als Biologe konnte er beurteilen, ob die Argumente von Dynamit Nobel sachlich richtig waren, und er konnte in der Diskussion mithalten. Der zweite wesentliche Vorteil lag in der Tatsache, daß er bei keinem der drei Chemiebetriebe beschäftigt war. Sein Umweltengagement wurde daher nicht durch sein Interesse am eigenen Arbeitsplatz oder durch Rücksicht auf die Arbeitsplatzinteressen von Freunden und Kollegen beeinflußt.

Unter den Gemeinderäten der anderen Parteien fanden sich einige Arbeitnehmer der großen Chemiefirmen. 1981 waren mindestens sechs der 43 Gemeinderäte in Rheinfelden Angestellte der Dynamit Nobel, darunter der Fraktionsvorsitzende der SPD, der 1990 bereits seit 30 Jahren im Stadtrat politisch tätig und seit 39 Jahren bei Dynamit Nobel angestellt war. Dazu gehören ebenso der Stadt- und Kreisrat der SPD, der seit über 15 Jahren im Stadtparlament und seit mehr als 24 Jahren Vorsitzender des Betriebsrates bei Dynamit Nobel ist, und ein CDU-Stadtrat, »der im Telefonbuch gleich unter Dynamit Nobel eingetragen ist.« (die tageszeitung vom 13.8.1984) Er ist inzwischen der Fraktionsvorsitzende der CDU, seit zehn Jahren im Gemeinderat und seit 33 Jahren bei Dynamit Nobel. Die Tatsache, daß Arbeitnehmer von Dynamit Nobel (oder einer der anderen großen Firmen) aktive Stadtpolitik betreiben, ist als solche natürlich nicht zu bewerten. Die Standpunkte, die die bei Dynamit Nobel angestellten Stadträte im Streit um die PCP-Produktion vertraten, lassen allerdings vermuten, daß sich um die »Dynamit Nobel-Gemeinderäte« eine Art Lobby für die Interessen des Chemiebetriebes formierte:

Einige Gemeinderäte hielten den Grünen entgegen, daß die unterstellten Behauptungen über Gefährdungen der Umwelt durch die PCP-Produktion falsch seien. Alle Arbeitnehmer des PCP-Betriebes seien mehrfach ohne Befund untersucht worden (Badische

Zeitung vom 1.10.1981).[19] Weiter kritisierten die Stadtpolitiker häufig einen unsachlichen Argumentationsstil, durch den Arbeitsplätze gefährdet würden (Badische Zeitung vom 30.12.1981, Südkurier vom 1.3.1982). Gleichwohl verzichteten die etablierten Parteien selbst nicht darauf, die Emotionen in diesem Konflikt zu schüren. Bereits zu Beginn der Auseinandersetzung hielt der damalige CDU-Vorsitzende aus Rheinfelden im Kreistag des Landkreises Lörrach[20] einem Kreisrat der Grünen

> »die Sorge um die Arbeitsplätze entgegen. Er möge sich doch einmal eine Familie beim Weihnachtsfest vorstellen, die um den Arbeitsplatz des Vaters bangen müsse.« (Südkurier vom 18.12.1981)

Die Gemeinderäte der Freien Wähler, der CDU und der SPD zeichneten sich gleichermaßen dadurch aus, daß sie die Vorwürfe gegen Dynamit Nobel abwehrten. Als Vertreter der fünf Ratsmitglieder von Freien Wählern und FDP nahm nur der Oberbürgermeister Stellung. Er bemühte sich, zwischen den gegensätzlichen Positionen zu vermitteln. Sofern vorhanden, sollten Mißstände bei der Industrie »in Ordnung« gebracht werden, denn es müsse selbstverständlich Rücksicht auf den Kurort in der Schweiz genommen werden. Aber auch der Oberbürgermeister machte deutlich, wo seine Prioritäten lagen: »Die Sicherheit der Arbeitsplätze, das ist das Entscheidende.« (SWF 1 vom 22.3.1982)

Die 19 Räte der CDU-Fraktion im Gemeinderat beschlossen Mitte Februar 1982 eine Grundsatzerklärung zu den Umweltproblemen bei Dynamit Nobel. Die Diskussion solle versachlicht werden, auf die (Umwelt-)Bedürfnisse der Mitbürger müsse eingegangen werden, eine Gefährdung der Arbeitsplätze käme jedoch nicht in Betracht.

> »Wir fühlen uns verantwortlich für das Gesamte. Dies bedeutet Verantwortung für die Gesundheit unserer Bürger – ohne jedoch

---

19 Der Stadtrat der Grünen berichtete im Interview dagegen von mindestens zwei Arbeitern, die bleibende Gesundheitschäden durch die Arbeit im PCP-Betrieb davon getragen hätten, die sich aber scheuten, an die Öffentlichkeit zu gehen.

20 Rheinfelden gehört zum Kreis Lörrach.

die Sicherung der Arbeitsplätze unserer Industrie außer acht zu lassen.« (Südkurier vom 18.2.1982)

Die Versöhnungsstrategie der CDU zur Verwirklichung dieser Grundsätze bestand aus kaum mehr als Absichtserklärungen. Man schlug Meinungsaustausch, Informationsgespräche und weitere Messungen vor.

Bei den 13 Mitgliedern der SPD-Fraktion zeigten sich die Interessenidentitäten als Politiker und Angestellte der Chemiefirma besonders deutlich. Die Rheinfelder Sozialdemokraten machten das PCP-Problem zum Thema ihrer Jahreshauptversammlung 1982. Auf einer Sitzung, die diese Versammlung vorbereiten sollte, erklärte sich der SPD-Vorstand einstimmig solidarisch mit den Arbeitnehmern und dem Betriebsrat der Dynamit Nobel. Der Vorstand ging davon aus, daß

»der Betrieb selbst den Umweltgedanken ernst nimmt. ... Eine Kampagne, wie sie derzeit im Gange ist, sucht ihresgleichen und dient weder einer vernünftigen Umweltschutzdiskussion noch macht sie die Arbeitsplätze sicherer.« Die SPD vertrat ausdrücklich die Position des Betriebsratsvorsitzenden, »daß durch eine ständige, unsachliche und emotional geführte Diskussion Arbeitsplätze in einem bisher nicht vorstellbaren Ausmaß gefährdet sind.« (Südkurier vom 1.3.1982)

Daten aus bis dahin vorgelegten chemischen Untersuchungen hielt der Ortsvorstand der SPD für Vermutungen und verlangte »wissenschaftlich abgesicherte Ergebnisse«. Die SPD zog es vor, den Konflikt als Medienspektakel zu betrachten, und befreite sich dadurch von der Notwendigkeit, inhaltlich zu den konkreten Problemen Stellung nehmen zu müssen.

Es scheint, daß diejenigen Parteien, die aufgrund der Mehrheitsverhältnisse im Gemeinderat eine Lösung des Umweltproblems bei Dynamit Nobel hätten erwirken können, an der Bearbeitung des Konfliktes nicht wirklich interessiert waren. Die Abhängigkeit der Stadt von den Chemiearbeitgebern und die individuelle Verbindung mit Dynamit Nobel haben die angemessene Behandlung der ökologischen Probleme blockiert. Erst der Anstoß von außen machte die Berücksichtigung von Umweltinteressen möglich. Dies ist an drei Details deutlich geworden:

- Nur der beruflich und politisch nicht zum städtischen Establishment gehörende grüne Stadtrat konnte mit Unterstützung seiner Partei und einzelner Vertreter anderer Umweltorganisationen wie dem BUND oder dem Umweltausschuß des Gemeinderates von Rheinfelden die Beendigung der Umweltgefährdung durch die PCP-Produktion verlangen (Mitglied des Umweltausschusses; Interview).
- Die Mitglieder der IG Chemie, die nicht zur Ortsgruppe Rheinfelden gehörten, kritisierten, daß der Betriebsrat unternehmerische Positionen übernahm und »sich zum Sprachrohr der Geschäftsleitung macht.« Badische Zeitung vom 9.10.1981)
- Schließlich war jener SPD-Politiker, der die detaillierte Untersuchung der Deponie Karsau und später einen parlamentarischen Untersuchungsausschuß des Stuttgarter Landtages über »Gefährdungen durch Sondermüll« (Landtag von Baden-Württemberg 1987b) ins Rollen brachte, nicht Mitglied des Rheinfelder Ortsverbandes. Seine Initiative fand in Rheinfelden bei den Parteigenossen wenig Anerkennung:

> »Ich hab zunächst auch ganz große Konflikte mit dem SPD-Ortsverein gehabt. Die haben mir gesagt, ich soll am Kaiserstuhl graben und nicht bei ihnen. ... mit der Begründung, daß sie schon lange dort arbeiten, ohne krank geworden zu sein und daß es sich für einen Abgeordneten nicht gehört, über den Zaun zu steigen.« (Landtagsabgeordneter/SPD; Interview)

Die SPD in Rheinfelden war, so ihr Vorsitzender, »sauer, sauer, sehr sauer.« (Fraktionsvorsitzender/SPD; Interview)[21] Der Abgeordnete aus Stuttgart machte in dem Streit um seine Proben die

> »erstaunliche Erfahrung, wie stark sich Arbeitnehmer mit ihrem Unternehmen solidarisieren. Das berührt einen Arbeiter offensichtlich ganz existentiell, wenn man ihm sagen muß, daß er 40 Jahre lang in der Giftküche geschafft hat. Das will er nicht wahrhaben. Dann ist es ein Versagenserlebnis für ihn, fühlt er persön-

21 Die SPD sei allerdings nur wegen des Stils dieser Aktion verärgert gewesen. Hätte der Stuttgarter Genosse seine Aktion angekündigt, wäre er vom Ortsverein mit Sicherheit unterstützt worden, meinte der Fraktionsvorsitzende der Rheinfelder SPD im Gespräch.

> liche Betroffenheit und versucht so seine Arbeit und damit sich selbst zu rechtfertigen. Das war für mich eigentlich erstmals in Rheinfelden die große Erkenntnis, die ich hinterher an verschiedenen Stellen noch erlebt habe.« (Landtagsabgeordneter/SPD; Interview)

Als kurzes Fazit dieser Studie läßt sich festhalten: Die lokalen politischen Akteure verteidigten die Beschäftigungsinteressen der betroffenen Arbeitnehmer bei der Dynamit Nobel AG und fanden mit ihrer Haltung die Zustimmung der Öffentlichkeit. Ihr Einsatz für die Arbeitsplätze ließ ökologisches Engagement nur begrenzt zu. Die wachsende überregionale Publizität und die politische Intervention von außen machten Produktionsumstellungen im firmeneigenen Interesse notwendig. Da der PCP-Betriebsteil nicht ersatzlos stillgelegt wurde, sondern ein anderer Produktionsbereich aufgebaut wurde, konnten Arbeitsplatzverluste im wesentlichen vermieden und der politische Konflikt beigelegt werden.

3. »Daimler baut nicht um die Ecke«[22]

Die folgende Fallgeschichte behandelt die Ansiedlung eines Pkw-Montagewerkes der Firma Daimler-Benz in Rastatt. Obwohl Großprojekte dieser Art heute nur noch wenig Durchsetzungschancen haben, und die ökologischen Folgen der Ansiedlungspläne des Konzerns gravierend waren, konnte sich das Unternehmen – der politischen Unterstützung in Baden-Württemberg gewiß – gegen das relativ schwache Votum von Umwelt- und Naturschützern durchsetzen.

Ich skizziere zunächst die Pläne des Konzerns und analysiere im zweiten Teil die Interessen der Stadt Rastatt an der Ansiedlung. Dadurch erschließt sich die mächtige Position der Ansiedlungsbefürworter.[23] Im wesentlichen wurden gegen das Projekt zwei Typen von Bedenken geäußert: In Teil 3 streife ich das überregional diskutierte Subventionsproblem. Anschließend wende ich mich im vier-

---

22 Auf die Frage, ob der Zuschnitt des geplanten Werksgeländes geringfügig geändert werden könnte, um ein kleines Waldgebiet vor der Rodung zu bewahren, antwortete der damalige Daimler-Benz Vorstand Werner Niefer, Chef des Mercedes-Benz Pkw-Geschäftsbereiches, »Daimler-Benz baut Autos nicht um die Ecke.« (Niefer, zit. nach BENZ o.J., S. 3)

23 Die Diskussionen fanden in Rastatt mit dem Direktionsassistenten des Mercedes-Benz Werkes Gaggenau/Rastatt, dem Betriebsratsvorsitzenden dieses Werkes, dem Leiter der zuständigen IG-Metall Verwaltungsstelle in Gaggenau, dem ehemaligen Fraktionsvorsitzenden der SPD und dem amtierenden Fraktionsvorsitzenden der Freien Wähler im Gemeinderat statt. Außerdem konnte ich mit einem hauptamtlichen Mitarbeiter des baden-württembergischen Landesnaturschutzverbandes (und jetzigen Fraktionsvorsitzenden der SPD in Rastatt), mit dem früheren Vorsitzenden der Bürgerinitiative BENZ, dem Leiter des Stadtplanungsamtes und einem Verteter des Regionalverbandes Mittlerer Oberrhein sprechen. Der Oberbürgermeister von Rastatt beantwortete meine Fragen schriftlich. Mit dem Fraktionsvorsitzenden der CDU kam aus Termingründen kein Gespräch zustande.

ten und fünften Abschnitt dem Konflikt um die ökologischen Folgen der Ansiedlung und der im »Rastatter Kompromiß« gefundenen Lösung zu. Im letzten Teil nehme ich im Überblick die wesentlichen Argumente und Strategien der auf lokaler Ebene beteiligten politischen Akteure auf.

3.1. Standortsuche

Schon zu Beginn der siebziger Jahre hatte die Stadtverwaltung von Rastatt der Daimler-Benz AG[24] Baugrund im Westen der Stadt angeboten, um »die wenig strukturierte gewerbliche Wirtschaft durch weitere Industrieansiedlungen zu ergänzen und so das Arbeitsplatzangebot zu erweitern.« (Stadtplanungsamt Rastatt 1987a, S. 1) Der Automobilkonzern hatte damals einen Standort für die Ausweitung des 15 km von Rastatt entfernten Gaggenauer Werkes gesucht. Die Kapazitäten der dortigen Produktionsanlagen für Lkw-Getriebe waren aufgrund gestiegener Nachfrage ausgelastet. Rastatt stellte 50 Hektar zur Verfügung und die Daimler-Benz AG errichtete – in den Worten eines Mitarbeiters in der Gaggenauer Chefetage – eine »verlängerte Produktionshalle« (Direktionsassistent Daimler-Benz Werk Gaggenau; Interview). Diese Ansiedlung war nicht unumstritten gewesen. Der Regionalverband Mittlerer Oberrhein bezeichnete sie als eine Siedlungsfehlentwicklung (DER SPIEGEL Nr. 37/1986, S. 68). Selbst der damalige Erste Bürgermeister Rastatts, der heute Oberbürgermeister der Stadt ist, hielt den gewählten Standort für ungeeignet. Er erklärte öffentlich,

24 Es muß zwischen Daimler-Benz AG und Mercedes-Benz AG unterschieden werden. Der Konzern *Daimler-Benz AG* umfaßt Organisationsbereiche, wie z.B. Finanzverwaltung, Forschung und Technik, Materialwirtschaft, Personalwesen oder Vertrieb. Darüber hinaus sind die Unternehmen AEG, Dornier und MTU Teile des Konzerns und schließlich gehören die unter *Mercedes-Benz AG* firmierenden Geschäftsbereiche Nutzfahrzeuge und Personenkraftwagen dazu. Die Verhandlungen um die Ansiedlung eines *Mercedes-Benz* Werkes in Rastatt wurden von Vertretern der *Daimler-Benz AG* geführt.

> »wenn es nach ihm ginge, werde der 'Fehler' der Daimler-Benz-Ansiedlung im grünen Westen der Stadt dadurch wieder gutgemacht, daß die Stadt auf ihre Kosten das Werk ins Industriegebiet im Osten, dicht bei Autobahn und Bundesbahn, verlege.« (DER SPIEGEL Nr. 37/1986, S. 68)

Die gute Konjunktur im Nutzfahrzeugbereich, die Anlaß für die Errichtung des Getriebewerkes in Rastatt gewesen war, ließ in den achtziger Jahren nach (Sörgel 1986, S. 35). Die sinkende Nachfrage legte die Reduzierung von Produktionskapazitäten im Nfz-Bereich nahe. »Im Unterschied dazu ging der Kriseneinbruch am Beginn der 80er Jahre ... an der Daimler-Benz-Personenwagenfertigung nahezu spurlos vorüber.« (ebd., S. 21) 1985 wuchs die Pkw-Produktion mit mehr als 13% stärker als der Bundesdurchschnitt. Daimler-Benz bereitete Investitionen für ein weiteres Pkw-Werk neben den Standorten Sindelfingen und Bremen vor, um der wachsenden Nachfrage gerecht zu werden und Überschußkapzitäten bei den Nutzfahrzeugen umschichten zu können.

In einer Aussendung an alle Rastatter Haushalte faßte die Daimler-Benz AG die Konsequenzen der Entwicklung auf dem Fahrzeugmarkt für das Unternehmen zusammen:

> »Eine anhaltende Nachfrage nach Mercedes-Benz-Personenwagen und der im Durchschnitt je Fahrzeug ständig zunehmende Ausstattungsumfang – dies waren für uns die wichtigsten Gründe zu einer Überprüfung der Fertigungskapazitäten. Durch verschiedene Untersuchungen wurde dabei bestätigt, daß sich der positive Trend auch in Zukunft fortsetzen wird. Und daß es zum Pkw als Individual-Verkehrsmittel keine erkennbare Alternative gibt. ... Die Errichtung eines dritten Pkw-Montagewerkes wurde schließlich als beste Möglichkeit zur Kapazitätssteigerung angesehen. Aufgrund der Langfrist-Planung für Modellwechsel und für die erkennbare Kapazitätsentwicklung müßte dieses Werk 1990 seinen Betrieb aufnehmen können.« (Daimler-Benz AG 1987)

Der Plan für ein drittes Pkw-Montagewerk in Rastatt sah Investitionen von 1,8 Milliarden DM vor. Von 1990 an sollten in dem neuen Werk zunächst täglich bis zu 100 Wagen produziert werden. Die Teile würden in Sindelfingen hergestellt, lackiert und dann nach Rastatt zur Endmontage gebracht werden. Bis 1995, so die Planung, sollte die Tagesproduktion auf 375 Autos gesteigert werden und auch die Anlagen für den Rohbau und die Lackierung in Rastatt fertig gestellt sein. Nach Fertigstellung der dritten Ausbaustufe sollten bis zu 1.000 Pkw pro Tag produziert werden können (ebd.).

Die Suche nach einem geeigneten Standort spitzte sich bald auf Rastatt zu. Daimler-Benz hielt einen Ausbau des Sindelfinger Werksteils für ausgeschlossen. Da dort bereits 45.000 Mitarbeiter beschäftigt waren, schien ein weiterer Zuwachs die Grenze des organisatorisch Machbaren zu übersteigen. Als eine Möglichkeit war die Erweiterung des Bremer Werkes im Gespräch. Der Bremer Senat hatte frühzeitig Angebote zur finanziellen Förderung eines Ausbaus in der Hansestadt gemacht. Die dort vorhandenen Flächen erlaubten jedoch nur die Realisierung der 1. Ausbaustufe. Mehr als die Montagehalle hätte auf dem Werksgelände nicht untergebracht werden können (Direktionsassistent Daimler-Benz Werk Gaggenau; Interview). Die Produktionsstandorte des in die Krise geratenen Nutzfahrzeugbereichs liegen dagegen in Baden-Württemberg, nicht weit von Rastatt entfernt. Im Werk Gaggenau und im Betriebsteil Rastatt stellen an die 10.000 Arbeitnehmer den UNIMOG sowie Getriebe für Nutzfahrzeuge her. In Wörth, rund 45 km nördlich von Rastatt, und in Mannheim laufen Omnibusse und Lastwagen vom Band, so daß die Wahl eines Standorts in Baden-Württemberg schon aus Gründen des Produktionsverbundes nahelag (vergleiche Kruk, Lingnau 1986, S. 284).

Ein süddeutscher Standort bot in diesem Zusammenhang auch soziale Vorteile. Durch die Erweiterung der Pkw-Produktion in der Nähe der anderen Produktionsstätten konnte die Daimler-Benz AG die Produktionsstruktur an die Marktverhältnisse anpassen, ohne Entlassungen vornehmen zu müssen. Wegen der schwachen Konjunktur im Nutzfahrzeugbereich sollten überzählige Arbeitnehmer aus Gaggenau und Wörth in Rastatt eingesetzt und dort zugleich wachsende Kapazitätsengpässe im Pkw-Bereich beseitigt werden.

Über diese Fragen der Produktionsplanung und Personalpolitik hinaus legten die technischen Details des vorgesehenen Produktionsverfahrens die Wahl Rastatts nahe. Die Montage der Wagen sollte auf automatisch gesteuerten Transportschienen vorgenommen werden. Diese Schienenwege, auf denen die Autoteile an den Mechanikern vorbeifahren und zur Bearbeitung geschwenkt werden, benötigen mehr Platz als herkömmliche Produktionsbänder. Des weiteren war vorgesehen, die Karosserien mit Farben auf Wasserbasis zu lackieren. Das Wasserlackverfahren wird für weniger umweltbelastend gehalten als herkömmliche Lackierungen. Es erfordert jedoch längere Trocknungszeiten als Lackierverfahren, die auf der Basis sich schnell verflüchtigender Stoffe arbeiten. Da bei längeren Trocknungszeiten mehr Karosserien als früher gleichzeitig im Trocknungsprozeß sein werden, ist auch für diesen Produktionsabschnitt der Flächenbedarf besonders hoch. Angesichts des langfristigen Produktionsziels von maximal 1.000 Wagen pro Tag meldete Daimler-Benz Bedarf an einer Fläche an, die so groß war wie das Werksgelände in Sindelfingen.

Der Konzern benötigte für das Montagewerk eine Fläche von 170 Hektar und legte größten Wert auf klare Eigentumsverhältnisse. Diese Bedingung ergab sich aus den Erfahrungen, die Daimler-Benz in Boxberg gemacht hatte.[25] Die Stadt Rastatt schloß sich der Sicht des Investors an:

> »Enteignungen zur Verwirklichung der Industrieansiedlung scheiden aus. Die Vollziehbarkeit der Planung ist deswegen nur gewährleistet, wenn der Grunderwerb in angemessenem Zeitrahmen möglich ist. Den Eigentumsverhältnissen kommt deshalb große Bedeutung für die Eignung eines Standortes zu.« (Stadtplanungsamt Rastatt 1987a, S. 7)

In Rastatt war westlich der Stadt rund um das bestehende Getriebewerk von Daimler Benz ein Areal in der gewünschten Größe vorhanden. Es befand sich überwiegend im Besitz der Öffentlichen Hand.

---

25 In der Nähe von Boxberg hatte Daimler-Benz eine Teststrecke errichten wollen. Rund ein Drittel des dafür ausgewählten Gebietes gehörte zwölf Familien, die auf keinerlei Tausch- oder Kaufangebote der Firma eingingen (DER SPIEGEL Nr. 35/1985, S. 59ff). Der Versuch, die Eigentümer gerichtlich enteignen zu lassen, schlug fehl. Die betroffenen Bauern erreichten im März 1987 ein Urteil des Bundesverfassungsgerichtes zu ihren Gunsten. Die Richter sahen sich zu dem Schluß veranlaßt, »daß der Gesetzgeber eine Enteignung zur Verbesserung der Wirtschaftsstruktur und zur Schaffung von Arbeitsplätzen nicht zugelassen hat.« (Frankfurter Rundschau vom 2.4.1987)

»Die Eigentumsverhältnisse am Standort Oberwald sind außerordentlich günstig, sie lassen eine zeitgerechte Verwirklichung der Bauleitplanung erwarten. Die Daimler-Benz AG ist Eigentümerin von 50 ha, auf den Erwerb von weiteren 30 ha in dem bereits bebauungsplanmäßig ausgewiesenen Gewerbegebiet besteht eine Option. Die übrigen Flächen stehen im Eigentum des Landes Baden-Württemberg und der Stadt Rastatt. Nur eine Teilfläche im südwestlichen Planbereich von ca. 12 ha steht im Eigentum von Privatpersonen. Die Stadt Rastatt hat davon inzwischen ca. die Hälfte erworben. Die Stadt setzt ihre Bemühungen um freihändigen Erwerb fort. Auch wenn er auf Schwierigkeiten stoßen sollte, ist jedenfalls die Verwirklichung der ersten bis 1995 geplanten Baustufe nicht gefährdet.« (Stadtplanungsamt Rastatt 1987a, S. 9)

Alle Details sprachen aus der Sicht des Konzerns für den Standort Oberwald: Die Entfernung zu den anderen Produktionsstandorten in der Region war gering. Personelle Kapazitäten aus dem Raum Gaggenau und Wörth konnten ohne große Schwierigkeiten für den Pkw-Bau in Rastatt eingesetzt werden. Die günstigen Eigentumsverhältnisse schlossen ein Fiasko wie in Boxberg weitgehend aus, und auch der Zuschnitt des Geländes entsprach den Ansprüchen.

Der Gemeinderat stimmte im August 1986 den Ansiedlungsplänen zu. Um in dem von Daimler-Benz gesetzten engen Zeitrahmen bleiben zu können, wurde sofort mit der Vorbereitung der notwendigen Entscheidungen zur Bereitstellung der Flächen begonnen. Die Stadt räumte sich unverzüglich das Vorkaufsrecht für die fraglichen Grundstücke ein. Bereits im Juli hatte der Gemeinderat beschlossen, das Gebiet am Oberwald als Industriegebiet auszuweisen. Diese Umwidmung in der Flächennutzung lag allerdings nicht im Zuständigkeitsbereich der Rastatter Stadtverwaltung. Übergeordnete Instanz, die das Gebiet am Oberwald zur industriellen Nutzung freigeben konnte, war der Regionalverband Mittlerer Oberrhein RVMO.[26] Der RVMO mußte dazu den Regionalplan des Groß-

26 Ein Regionalverband ist zuständig für die Festlegung der grundsätzlichen Nutzungsart eines Gebietes. Der Regionalverband Mittlerer Oberrhein erstellt den Regionalplan für das Gebiet zwischen Bühl im Süden, Philipsburg im Norden, Pforzheim im Osten und dem Rhein im Westen. Die Vorgaben eines Regionalplans werden in den kleinräumigeren, tiefer gegliederten Bauleitplanungen: den Flächennut-

raums Karlsruhe für die Gegend westlich von Rastatt ändern, denn die in Aussicht genommene Ansiedlungsfläche galt als schützenswert.

»Dieses Gebiet war als Grünzone ausgewiesen, Erholungsbereich, teilweise schutzbedürftig, mit dem Attribut 'von höchster ökologischer Bedeutung'. Es war nicht etwa so, daß das ganze Gebiet in der Rheinniederung, in den schönen Auewäldern lag. Aber in Grenzbereichen waren Räume tangiert, die wir in unserem Regionalplan als besonders schutzbedürftig dargestellt hatten. Ohne eine Änderung des Regionalplans wären die Baugenehmigungsbehörden und die Gemeinde nicht befugt gewesen, den Flächennutzungsplan zu ändern und einen Bebauungsplan zu erlassen, der es in diesem Bereich zugelassen hätte, eine solche Bebauung vorzunehmen.« (Vorsitzender der SPD-Fraktion im RVMO[27]; Interview)

Bevor die Stadt detaillierte technische und finanzielle Planungen in Angriff nehmen konnte, mußte mit der Änderung des Regionalplans die rechtliche Grundlage dafür geschaffen werden. Die Gemeinde Rastatt[28] stellte an den Regionalverband den Antrag, den Regionalplan für das Gebiet am Oberwald zu ändern. Die Stadt Rastatt mußte den RVMO wegen der Terminvorgaben des Automobilkonzerns ersuchen, die Anpassung außerhalb des für Neufassungen üblichen 5-Jahres-Turnus vorzunehmen.

»Was problematisch war, das war die Eile. Das Ganze wurde uns als außerordentlich eilbedürftig dargestellt, weil Daimler-Benz eine sehr schnelle Entscheidung treffen mußte – so die Darstel-

---

zungs- und den Bebauungsplänen, konkretisiert (RVMO 1988, S. 29ff.).

27 Der Regionalverband Mittlerer Oberrhein besteht aus 72 von den Kreistagen und Gemeinderäten der Region gewählten Mitgliedern. Der Verband wählt sich einen Vorsitzenden und dessen Stellvertreter. Vorsitzender des RVMO ist der Landrat von Karlsruhe (CDU), sein Stellvertreter ist der Vorsitzende der SPD-Fraktion im RVMO. Mit ihm konnte ich über die Ansiedlung des Pkw-Werks aus der Sicht des Verbandes sprechen.

28 Der Oberbürgermeister von Rastatt ist Mitglied im Planungsausschuß des RVMO, der für Regionalplanänderungen zuständig ist (RVMO 1988, S.33).

lung. Man hat immer wieder gewinkt mit der möglichen Ansiedlung von Daimler-Benz in Bremen ...« (Vorsitzender der SPD-Fraktion im RVMO; Interview)

Nachdem der Regionalverband innerhalb eines Monats der verlangten Änderung zugestimmt hatte, faßte das Stadtplanungsamt den Flächennutzungsplan und den Bebauungsplan für das Gelände am Oberwald neu.

3.2. Rastatter Interessen an der Ansiedlung einer Montagehalle

Der Gemeinderat von Rastatt war schon im Frühjahr 1986 über die Absichten des Konzerns informiert worden. Nach Ansicht des Oberbürgermeisters waren die Ansiedlungspläne von Daimler-Benz in Rastatt »wie ein Sechser im Lotto ...« zu bewerten (Stadt Rastatt, o.J.). Stadtverwaltung und Oberbürgermeister begründeten ihre unbedingte Unterstützung der Absichten des Großkonzerns mit der wirtschaftlich angespannten Lage in Rastatt: Rastatt läge in einem strukturschwachen Gebiet, so daß die Investitionen von Daimler-Benz zur Stärkung der regionalen Wirtschaftskraft beitragen würden. Zudem leide die Stadt unter außerordentlich hoher Arbeitslosigkeit. Auch unter diesem Aspekt versprach man sich von der Ansiedlung spürbare Entlastungswirkungen. Beide Argumente will ich kurz überprüfen.

1. Strukturschwäche

Rastatt ist eine nordbadische Kleinstadt mit knapp 40.000 Einwohnern. Sie liegt rund 5 km vom Rhein entfernt in Höhe der Staustufe bei Iffezheim. Der Landkreis Rastatt umfaßt die Kreisstadt selbst und 22 weitere Gemeinden[29] mit zusammen etwa 195.000 Menschen. 1987 waren von den 83.500 Erwerbstätigen 40% im Verarbei-

29 Baden-Baden (50.000 Einwohner) liegt zwar im Landkreis Rastatt, gehört aber im Rahmen der Kreisverwaltung nicht dazu.

tenden Gewerbe tätig.[30] Ebenfalls ca. 40% der Beschäftigten im Kreis Rastatt waren in Betrieben mit mehr als 1.000 Arbeitnehmern beschäftigt, in Baden-Württemberg insgesamt knapp 37%.

Die Entwicklung der Investitionen im Verarbeitenden Gewerbe erreichte anfangs der achtziger Jahre zwar nicht den baden-württembergischen Durchschnitt, doch von 1986 an erlebte Rastatt einen bemerkenswerten Investitionsschub.[31]

Investitionen im Verarbeitenden Gewerbe (in 1.000 DM)

Jahr	Rastatt		Baden-Württemberg	
	Verarbeitendes Gewerbe	Davon: Investitionsg. Produzierendes Gewerbe	Verarbeitendes Gewerbe	Davon: Investitionsg. Produzierendes Gewerbe
1984	247.151	147.684	11.031.277	6.891.883
1985	233.874 (-5,4%)	142.741 (-3,3%)	12.038.854 (+9,1%)	7.831.595 (+13,6%)
1986	388.554 (+66,1%)	230.275 (+61,3%)	14.117.035 (+17,3%)	8.947.504 (+14,2%)
1987	429.649 (+23,4%)	300.123 (+30,3%)	14.801.851 (+4,8%)	9.565.037 (+6,9%)

Quelle: Statistisches Landesamt von Baden-Württemberg, verschiedene Jahrgänge, Tabelle 7.

30 Diese und die folgenden Wirtschaftsdaten stammen, sofern nicht anders angegeben, aus den Veröffentlichungen des Statistischen Landesamtes Baden-Württemberg zum Verarbeitenden Gewerbe (Statistisches Landesamt Baden-Württemberg, verschiedene Jahrgänge).

31 Dieser Zuwachs kann nicht auf die Auswirkungen der Daimler-Benz Ansiedlung zurückgeführt werden, die erst nach 1987 realisiert wurde.

Die Gesamtinvestitionen im Verarbeitenden Gewerbe stiegen in Rastatt zwischen 1985 und 1986 um mehr als 150 Millionen DM. Zwei Drittel dieser Summe wurden von Betrieben mit mehr als 1.000 Beschäftigten investiert. 1984 und 1985 hatte die Investitionssumme je Beschäftigten in Rastatt noch unter dem Landesdurchschnitt gelegen, in den folgenden Jahren wuchs sie darüber hinaus:

Investitionen je Beschäftigten (in DM)

Jahr	Rastatt	Baden-Württemberg
1984	7.488	8.051
1985	7.016	8.569
1986	10.072	9.881
1987	12.684	10.292

Quelle: Statistisches Landesamt von Baden-Württemberg, verschiedene Jahrgänge, Tabelle 8.

Die Investitionszahlen zeigen, daß sich der Kreis Rastatt im Landesvergleich gut behaupten konnte. Gerade als 1986 die Diskussion um die Ansiedlung des Pkw-Werkes an die Öffentlichkeit gelangte, entwickelte sich die Investitionstätigkeit in Rastatt wesentlich stärker als im Landesdurchschnitt, so daß die Stadt »beileibe nicht als strukturschwaches Gebiet anzusehen« war (Sörgel 1986, S. 137). Rastatt gehört nicht zu den Fördergebieten im Sinne der Gemeinschaftsaufgabe Förderung der regionalen Wirtschaftsstruktur, wird also auch im Bundesvergleich nicht als besonders benachteiligt oder unterentwickelt eingeschätzt.[32] Trotz des positiven Trends in der wirtschaftlichen Entwicklung herrschte Mitte der achtziger Jahre Unzufriedenheit mit der Lage auf dem Arbeitsmarkt in der Region.

32 Bremen dagegen war für die Zeit vom 1. Januar 1984 bis Ende Dezember 1987 als Fördergebiet im Sinne der Gemeinschaftsaufgabe aufgenommen worden. Für förderungswürdige Investitionen wurde daher in Bremen eine Investitionszulage von 8,75% der Investitionssumme und ein Investitionszuschuß von weiteren 6,25% gewährt (Landtag von Baden-Württemberg 1986a, S. 2).

2. *Arbeitsmarktprobleme*

Immer wieder klagte die Stadt über eine besonders schwierige Arbeitsmarktsituation und die für baden-württembergische Verhältnisse außerordentlich hohen Arbeitslosenzahlen. »Erinnern wir uns daran, daß gerade der Arbeitsamtsbezirk Rastatt in unserem Land Baden-Württemberg zu denen gehört, die die höchsten Arbeitslosenquoten aufweisen.« (Stadt Rastatt o.J.) »Wir brauchen das Pkw-Werk Rastatt, um die vorhandenen Arbeitsplätze zu sichern, und um die hohen Arbeitslosenzahlen in unserer Region zu senken«, betonte auch die Belegschaft in Gaggenau in einem Flugblatt (Betriebsrat, o.J.). Werner Niefer, damals Vorstandsvorsitzender der Mercedes-Benz AG, übte sich in Zweckpessimismus und meinte, »daß in Rastatt die höchste Arbeitslosenzahl ist von nahezu 10%.« (Niefer, zitiert nach report-Sendung vom 16.8.1988) Daimler-Benz galt und gilt zwar als stabiler und sicherer Arbeitgeber: »Daimler entläßt nicht« (Fraktionsvorsitzender/SPD, Vertreter des LNV;[33] Interview). Dennoch betonte die Stadtverwaltung ebenso wie der Betriebsrat, daß neben der Aufgabe, neue Arbeitsplätze zu schaffen, auch die Sicherung von vorhandenen Arbeitsplätzen notwendig sei. »Würde das Pkw-Werk an anderer Stelle errichtet, wäre der Fortbestand des bestehenden Werkteils auf Dauer nicht gesichert.« (Stadtplanungsamt Rastatt 1987a, S. 8) Zur Verbesserung der Lage auf dem Arbeitsmarkt durch die Schaffung von neuen Arbeitsplätzen und die Sicherung von bestehenden Beschäftigungsverhältnissen schien das geplante Werk bestens geeignet.

Der Arbeitsamtsbezirk Rastatt verzeichnete Mitte der achtziger Jahre tatsächlich eine für Baden-Württemberg überdurchschnittlich hohe Arbeitslosigkeit.

Diese Übersicht scheint die Klagen über die vergleichsweise hohe Arbeitslosigkeit in Rastatt zu bestätigen. In den Statistiken des

---

33 Der frühere Stadtrat der SPD wurde nach dem Ansiedlungskonflikt zum Fraktionsvorsitzenden seiner Partei im Gemeinderat gewählt, als sein Vorgänger aus Altergründen ausschied. Er ist hauptamtlich im Landesnaturschutzverband Baden-Württemberg tätig und setzte sich gegen die Ansiedlung des Werkes *an dem von Daimler-Benz vorgesehenen* – und später realisierten – Ort ein.

Arbeitsamtes Rastatt wird zwischen dem Hauptamtsbezirk Rastatt und den Dienststellen Baden-Baden, Bühl und Gaggenau unterschieden. In den drei Dienststellen bewegt sich die Arbeitslosigkeit immer auf relativ niedrigem Niveau. Baden-Baden ist stark durch das Dienstleistungsgewerbe im Kur- und Casinobetrieb geprägt. Der Arbeitsmarkt wird dort durch saisonale Schwankungen in der Beschäftigung bestimmt. In Gaggenau und im Murgtal, das zur Dienststelle Gaggenau gehört, dominieren die Daimler-Benz AG und der Küchengerätehersteller *Gaggenau*. Von 22.000 Erwerbstätigen im Bereich dieser Arbeitsamt-Dienststelle arbeiteten Mitte der achtziger Jahre allein 7.500 für die dortige Daimler-Benz Niederlassung (ohne die Beschäftigten des Werksteils Rastatt). In Bühl schließlich ist eine Niederlassung der Firma Bosch ansässig, die Autozubehör (Scheibenwischer, Sicherungen, Batterien usw.) an Daimler-Benz liefert. Im Vergleich schneidet die Hauptstelle Rastatt selbst traditionell am schlechtesten ab.[34]

Arbeitslosenquoten in Rastatt und Baden-Württemberg (Jahresdurchschnitte)

Jahr	Arbeitsamtsbezirk Rastatt	Baden-Württemberg
1980	2,6	3,3
1981	3,7	3,3
1982	5,4	4,8
1983	6,4	5,9
1984	6,2	5,6
1985	6,1	5,4
1986	5,8	5,1
1987	5,9	5,1
1988	5,9	5,0

Quelle: ANBA Jahreszahlen 1988, S. 40, Arbeitsamt Rastatt, Sachgebiet Statistik.

34 Informationen des Arbeitsamtes Rastatt.

Ein Teil der überdurchschnittlich hohen Arbeitslosigkeitsquoten für Rastatt-Stadt ist Ergebnis eines statistischen Artefakts, hinter dem nicht wirklich arbeitsuchende Rastatter stecken. In Rastatt liegt die *Zentrale Aufnahmestelle für Aussiedler* ZASt, früher hieß sie *Landesaufnahmestelle für Aussiedler*, in den Arbeitsmarktstatistiken wenig sensibel als LASt abgekürzt. Es handelt sich um eine erste Anlauf- und Sammelstelle für Aus-, Um- und Übersiedler, die aus osteuropäischen Ländern, vor allem aus Rumänien, Polen, der ehemaligen Sowjetunion und früher auch aus der DDR nach Deutschland kommen. Bis zur Öffnung der Mauer im November 1989 und noch 1990 nahm die Welle der Übersiedler laufend zu. Die Neuankömmlinge erledigen in Rastatt die notwendigen Formalitäten und können sich an Ort und Stelle sofort arbeitslos melden. Durch die Meldung beim Arbeitsamt eröffnet sich ihnen die Möglichkeit zum Bezug von Arbeitslosenhilfe. Je mehr Aussiedler aus dem Osten in das Aufnahmelager Rastatt kamen, desto stärker wirkten sich diese Zugänge negativ auf die Arbeitslosenquote aus. Zwischen 80% und 90% der neu gemeldeten Arbeitslosen eines Monats waren Aus- und Umsiedler. Es ist wichtig zu betonen, daß dadurch die Quote auf überdurchschnittlich hohem Niveau gehalten wurde, daß sich die Zahl der in Rastatt tatsächlich Arbeit Suchenden durch die Aussiedler jedoch kaum erhöhte. Denn das Zentrale Aufnahmelager in Rastatt war für die Aussiedler in der Regel nur eine Durchgangsstation. Sobald wie möglich wurden die meisten Aussiedler in andere Orte im Bundesgebiet weitergeleitet und verschwanden wieder aus der Statitik.[35]

Die Aus- und Umsiedler stellten also eine Art permanenten »Durchlaufposten« in der Statistik dar. Daher wurden für die Hauptstelle und den gesamten Arbeitsamtsbezirk immer zwei Arbeitslosenquoten veröffentlicht. »Die höchste Arbeitslosenzahl

35 Zwei Beispiele: »Im Monat Juni stellten sich ... 500 Aussiedler dem allgemeinen Arbeitsmarkt zur Verfügung. Am Monatsende waren es noch 160 Arbeitslose, die anderen Aussiedler erscheinen dann in Statistiken anderer Arbeitsamtsbezirke, weil Rastatt sie dorthin abgegeben hat.« (Badisches Tagblatt vom 4.7.1985) Im Juni 1990 stammten von 2.880 Personen, die sich arbeitslos meldeten, 2.060 aus der Zentralen Aufnahmestelle für Aussiedler, am Ende des Monats waren noch 400 in der Statistik (Arbeitsamt Rastatt 1990).

und -quote hat nach wie vor das Hauptamt mit 2.200 Erwerbslosen und einer Quote von 5,5 Prozent (ohne Aussiedler 4,5 Prozent).« (Arbeitsamt Rastatt 1990, S. 2) Wenn die LASt herausgerechnet wird, sinkt die monatliche Arbeitslosenquote der Hauptstelle um bis zu einem Prozentpunkt. Das heißt, die Aussiedler verschlechtern die Zahlen, belasten den Arbeitsmarkt jedoch kaum. Mit dieser Erkenntnis läßt sich zwar die Arbeitslosenquote nicht »kleinrechnen« und auch die Arbeitsmarktprobleme, die von der Rastatter Stadtverwaltung immer wieder angeführt wurden, werden dadurch nicht gelöst. Es kann aber vermutet werden, daß die Beschäftigungskrise in Rastatt phasenweise weniger dramatisch war, als in der Öffentlichkeit geschildert wurde. Dennoch ließen sich die hohen Arbeitslosenquoten gut als Argument im Wettbewerb um die Ansiedlung von Daimler-Benz nutzen.

Die Ansiedlung eines Pkw-Montagewerkes in Rastatt sollte die strukturellen und arbeitsmarktpolitischen Probleme der Stadt lösen. Die Beschäftigungszahlen, die diskutiert wurden, waren beachtlich. Der Vorstandsvorsitzende des Konzerns, Werner Breitschwerdt, sprach im Herbst 1986 von 7.000 Arbeitsplätzen in der Endstufe (Wirtschaftswoche Nr. 38/1986, S. 154, siehe auch DER SPIEGEL Nr. 7/1987, S. 90). Die Firmeninformation, die im Februar 1987 an die Rastatter Haushalte verteilt wurde, nannte ebenfalls 7.000 Arbeitsplätze bis 1995. Aufgrund der Multiplikatoreffekte der Ansiedlung im Dienstleistungs- und Zuliefererbereich könne jedoch mit »weit mehr« Arbeitsplätzen gerechnet werden (Daimler-Benz AG 1987). Daimler-Benz Firmensprecher Kleinert schürte die hochgesteckten Erwartungen der Stadt. Er betonte im Mai 1987:

> »... die Dimension, daß hier 7.000 und 8.000, ja über 10.000, und möglicherweise mit der Perspektive, 20.000 Arbeitsplätze eines Tages hier entstehen können, bedeutet doch für diese Raumschaft und für die Menschen in diesem Raum eine Perspektive über das Jahr 2000 hinaus.« (Kleinert, zitiert nach report-Sendung vom 16.8.1988)

In offiziellen Stellungnahmen und Pressemitteilungen nutzte die Stadt die von der Daimler-Benz AG angekündigten Effekte als Argumentationshilfe. In der geänderten Fassung des Flächennutzungsplanes vom Juni 1987 legte die Stadt für die Phase II des Ausbaus

1.000 Pkw-Einheiten pro Tag und ca. 18.000 Mitarbeiter als Orientierungsgrößen zugrunde (Stadtplanungsamt Rastatt 1987a, S. 56).

Die Stadt betonte nicht nur die Quantität, sondern auch die Qualität der Arbeitsplätze, um den Nutzen der Ansiedlung zu unterstreichen. »Im industriellen und gewerblichen Bereich können wohl keine besseren und humaneren Arbeitsplätze geboten werden als in diesem Falle.« (Stadt Rastatt o.J.) Welcher Art die besonders lobenswerten Arbeitsbedingungen in dem neuen Werk sein würden, blieb unklar. Aus den Ankündigungen des Konzerns ging hervor, daß durch das Transportschienenverfahren »menschengerecht gestaltete Arbeitsplätze eingerichtet« werden sollten (Daimler-Benz AG 1987).

Tatsächlich berührte die erwartete Qualität der Arbeitsplätze einen wichtigen Aspekt der Beschäftigung im neuen Werk. Mit den modernisierten Produktionsverfahren würden zugleich auch die Anforderungen an die Qualifikation der Arbeitnehmer wachsen. Die Stadt Rastatt hatte sich im Interesse an einer breiten Zustimmung zu der von ihr befürworteten Ansiedlung darauf konzentriert, der Bevölkerung die große Zahl und die positiven Eigenschaften der Arbeitsplätze nahezubringen. Ihr Argument war, daß viele Arbeitnehmer einen Arbeitsplatz in dem neuen Werk finden würden, und wer dort arbeiten würde, der könne mit optimalen Arbeitsbedingungen rechnen. Ob diese Vorzüge Rastatter Arbeitnehmern im allgemeinen oder gar Rastatter Arbeitslosen im speziellen zu gute kommen würden, war nicht so sicher.

Anders als die Stadtverwaltung ging die Firma Daimler-Benz nämlich nicht davon aus, die Fachkräfte für das neue Werk unter den Arbeitslosen des Arbeitsamtsbezirkes Rastatt finden zu können. Da in Rastatt unter anderem Kapazitätsüberhänge aus dem Nutzfahrzeugbereich aufgefangen werden sollten, würden zunächst Arbeitnehmer aus den Betriebsstätten Wörth und Gaggenau in Rastatt beschäftigt werden. Erst wenn diese Umschichtungen abgeschlossen sein werden, soll es zu Neueinstellungen kommen, wobei großer Wert auf die gute Ausbildung der Arbeitskräfte gelegt werden soll.

> »Wir werden dort zum großen Teil Fachkräfte brauchen, um einfach das Qualitätsniveau zu sichern, das wir denken, am Markt

> halten zu müssen. Wir werden zum geringen Teil Arbeitlose aus der Region einstellen können. Das kann in Rastatt sein. Wir denken da auch ein bißchen an den Elsaß. Nur, allzuviel Hoffnung für die arbeitslos gemeldeten Personen haben wir nicht.« (Direktionsassistent Daimler-Benz Werk Gaggenau; Interview)

Diese personalpolitischen Pläne des Konzerns lassen Zweifel an einer direkten Entlastung des Rastatter Arbeitsmarktes aufkommen.[36] Positive Beschäftigungseffekte erwartet man in der Direktionsetage in Gaggenau eher durch die Effekte im Sog der Ansiedlung.

> »Durch den Zuwachs an Beschäftigung und an Kaufkraft gibt es natürlich auch den Zuzug von Zulieferbetrieben, von anderen Unternehmen, Einzelhandelsunternehmen, wie auch immer. Und da denken wir, daß ein erhebliches Reservoir aus der Arbeitslosigkeit kommen kann.« (Direktionsassistent Daimler-Benz Werk Gaggenau; Interview)

Über das Ausmaß solcher sekundären Beschäftigungseffekte läßt sich nur spekulieren. Der Oberbürgermeister von Rastatt äußerte bereits Zweifel an den nennenswerten Auswirkungen durch Folgeansiedlungen rund um das Werk. »Das Lager der Zulieferer liegt heute auf der Straße, in Lastautos.« (zit. nach Badisches Tageblatt vom 3.1.1991)

Als Zwischenfazit läßt sich an dieser Stelle festhalten, daß sich sowohl die betriebswirtschaftlichen Interessen der Daimler-Benz AG als auch die wirtschafts- und arbeitsmarktpolitischen Prioritäten der Stadt Rastatt allem Anschein nach mit der Ansiedlung eines Pkw-Montagewerkes am Standort Rastatt-Oberwald gleichermaßen verbinden ließen. Ich habe versucht, die prinzipiellen Überlegungen des Konzerns und die grundlegenden Kalküle der Stadt nachzuvollziehen und anhand von weiteren Informationen abzuwägen. Ob die Rechnung dieser Beteiligten tatsächlich aufgeht, will ich nicht weiter

36 Selbst im Stadtplanungsamt »rechnet man damit, daß nahezu ein Viertel der neuen Beschäftigten aus dem Westen (sprich Elsaß) kommen wird. Jeweils knapp 20 Prozent kämen aus Rastatt sowie dem Umland im Norden und Osten.« (Rastatter Tageblatt vom 16.11.1990, siehe auch das Interview mit dem Firmensprecher Kleinert, abgedruckt in den Badischen Neuesten Nachrichten vom 26.8.1988)

verfolgen. Einige Hinweise insbesondere auf die unterschiedliche politische und unternehmerische Perzeption der Arbeitsplatzfrage, lassen Zweifel aufkommen.

3.3. Subventionen

Zwei wichtige Aspekte sind in der bisherigen Darstellung nicht berücksichtigt worden: die Subventions- und die Umweltfrage. Um die Wahl eines Standortes in Baden-Württemberg zu fördern, stellte die Landesregierung dem Daimler-Benz Konzern Subventionen in Millionenhöhe in Aussicht. Da die Einzelheiten der finanziellen Unterstützung des Großkonzerns lediglich einen Nebenaspekt der Ökologie-Ökonomie-Auseinandersetzung berühren, gehe ich nur kurz auf den Fall von »Subventionismus« (DER SPIEGEL Nr. 33/ 1986, S. 22) ein.

Die Kosten für die im Bebauungsplan genannten Maßnahmen zur Baureifmachung des Geländes, für die Erschließungsmaßnahmen und für die damit verbundenen infrastrukturellen Einrichtungen beliefen sich nach Schätzungen auf 150 Millionen DM. »Die Finanzierung erfolgt durch Mittel des Bundes, des Landes und des Landkreises, der Firma Daimler-Benz und Haushaltsmitteln der Stadt Rastatt.« (Stadtplanungsamt Rastatt 1987b, S. 92) Ursprünglich war eine Beteiligung von Daimler-Benz an diesen Aufwendungen nicht vorgesehen. Der Konzern hielt die baureife Zurverfügungstellung des Geländes für selbstverständlich.

> »Das sind in aller Regel übliche Bedingungen. Wenn eine Stadt oder Kommune einen Industriebetrieb ansiedeln will, dann bietet sie attraktives, erschlossenes Industriegelände an, baut also Straßen, Kanalisation, sorgt für Strom- und Wasseranschlüsse.« (Breitschwerdt, zit. nach Wirtschaftswoche Nr. 38/1986, S. 156)[37]

Entsprechend hatte Ministerpräsident Späth im August 1986 120-140 Millionen DM Landesunterstützung für eine Ansiedlung in Rastatt

37 Im Untersuchungsausschuß zur »Traumschiff-Affäre« des Ministerpräsidenten Lothar Späth gab Niefer an, ohne Baureifmachung durch das Land hätte die Ansiedlung in Rastatt nicht stattgefunden. Späth sei dies bekannt gewesen (Süddeutsche Zeitung vom 28.6.1991).

angekündigt. Die äußere Erschließung bis zum Betriebsgrundstück und die Baureifmachung der städtischen Grundstücke wurden mit 71,1 Millionen DM veranschlagt. Das Land bot an, ca. 80% dieser Kosten, also knapp 57 Millionen DM zu übernehmen. Für Straßenbaumaßnahmen rechnete man mit 47,9 Millionen DM und einem Landesanteil von ca. 40 Millionen DM. Die Baureifmachung von Landesgrundstücken würde mit 27,6 Millionen DM ganz aus dem Landeshaushalt zu bestreiten sein. Für ökologische Ausgleichsmaßnahmen wurden knapp 25 Millionen DM vorgesehen (Landtag von Baden-Württemberg 1987c, S. 2). Die Erschließungskosten für das Land summierten sich auf 125 Millionen DM.

Ministerpräsident Späth betonte, daß es sich nicht um Subventionen an die Firma, sondern um Zuschüsse an Rastatt handelte.[38] Er wies daraufhin, daß Investitionszuschüsse, die Bremen für einen Ausbau an Daimler-Benz geben könnte, über den Länderfinanzausgleich auf Baden-Württemberg zurückfallen würden.

> »Bezahlen müssen wir also so oder so ... Wir würden fast denselben Betrag aufwenden, wenn wir überhaupt nichts täten, sondern nur die Arbeitsplätze nach Bremen gäben.« (Späth, zit. nach Landtag von Baden-Württemberg 1986b, S. 4418).

Trotz der Argumente des Ministerpräsidenten vermutete die EG-Kommission verbotene staatliche Beihilfen des Landes Baden-Württemberg und leitete im Oktober 1986 ein Ermittlungsverfahren ein (Klemmer 1986, S. 550ff.). 9 Monate später wurde das Verfahren beendet, weil das Land ankündigte, die Erschließungsmaßnahmen *auf* dem Grundstück nicht zu finanzieren. Daimler-Benz würde »zunächst nutzloses landwirtschaftliches Gelände erwerben« (Badische Zeitung vom 30.7.1987) und die Aufwendungen für die Baureifmachung selbst tragen. Die Übernahme der Infrastrukturleistungen

38 Diese Zuschüsse erlaubten der Stadt wiederum, den Grundstückspreis je Quadratmeter für Daimler-Benz auf 10 DM zu senken (Süddeutsche Zeitung vom 6.8.1986, Stuttgarter Zeitung vom 27.8.1986). Dieser Preis rief den erbitterten Protest der benachbarten Gewerbetreibenden hervor. Sie hatten in derselben Gegend 30 DM an die Stadt bezahlt und mußten inklusive Erschließungskosten bis zu 100 DM pro Quadratmeter aufwenden (Badische Zeitung vom 9.8.1986 und 30.8.1986).

(Erschließung der Verkehrswege und der Ver- und Entsorgungsanlagen), die Räumung des Grundstücks auf Kosten von Stadt und Land sowie der Verkaufspreis für das Grundstück wurden von der Kommission genehmigt. Die Finanzierungshilfen beliefen sich noch auf knapp 100 Millionen DM (Süddeutsche Zeitung vom 30.7.1987). Die darüber hinausgehenden, ebenfalls zugesagten Aufwendungen in Höhe von rund 25 Millionden DM für ökologische Ausgleichsmaßnahmen konnten den Konflikt, der um die mit dem Bauvorhaben verbundenen Eingriffe in die Natur entbrannte, nicht entschärfen.

3.4. Ökologische Aspekte des Montagewerkes

Als Daimler-Benz im Frühjahr 1986 bekanntgab, ein Montagewerk am Rastatter Oberwald errichten zu wollen, kam es zu Protesten von Umweltschützern. Der Deutsche Bund für Vogelschutz DBV und der Landesnaturschutzverband LNV, der Bund für Umwelt und Naturschutz in Deutschland BUND sowie das Aueninstitut, die Umweltstiftung des World Wildlife Fund WWF, wandten sich gegen die Ansiedlung im Westen der Stadt.[39] Im August 1986 forder-

39 Zur selben Zeit halfen die Naturschutzverbände und die Rastatter Alternative Liste bei der Gründung von BENZ, der Bürgeraktion zur Erhaltung der Natur für die Zukunft. »Das Ziel der Bürgeraktion ist die Erhaltung der noch vorhandenen Natur- und Erholungsflächen in und um Rastatt und augenblicklich vorrangig die Erhaltung der Gebiete 'Oberwald, Riedkanal, Bruch und Ötigheimer Wald'. Gebiete, die bei der Errichtung des geplanten Pkw-Montagewerkes der Daimler-Benz AG unwiederbringlich zerstört oder stark in Mitleidenschaft gezogen würden.« (Brief des Vorsitzenden der BENZ vom 25.8.1986 an den Oberbürgermeister der Stadt Rastatt) BENZ ging in die Totalopposition gegen die Ansiedlung, hatte jedoch kaum Einfluß auf den Fortgang der Ansiedlungsplanung. »Die Bürgerinitiative hat im Endeffekt durch die Leute, die drin waren, eine Eigendynamik bekommen. Die Mehrzahl wollte überhaupt keine Ansiedlung mehr haben.« (Vorsitzender BENZ; Interview) Da die Aktion jedoch keine Resonanz in der Bevölkerung fand, verschwand sie kurze Zeit nach der Gründung wieder von der lokalpolitischen Bildfläche.

ten sie die Durchführung einer Umweltverträglichkeitsprüfung gemäß den Richtlinien der Europäischen Gemeinschaft. Es sollte geprüft werden, ob sich Alternativstandorte für die Ansiedlung eigneten.[40]

Die Kritik der Naturschutzverbände und Umweltschützer richtete sich nicht grundsätzlich gegen die Absicht von Daimler-Benz, in Rastatt zu bauen. Sie wandten sich gegen den Standort am Oberwald und plädierten für Alternativstandorte in der näheren Umgebung. Die Position dieser Gruppen schien von der Bevölkerung unterstützt zu werden. In einer Umfrage des EMNID-Instituts in Rastatt sprach sich die Mehrheit der Befragten für die Ansiedlung aus. Der Standort Oberwald westlich von Rastatt fand jedoch keine Mehrheit (Deutscher Bund für Vogelschutz u. a. 1986, S. 42). Zahlreiche Argumente sprachen gegen die Ansiedlung am Rand der Rastatter Rheinauen. Ich werde die Einwände anhand einiger Besonderheiten des Standortes und der Bauplanung des Konzerns diskutieren.

1. Die Rastatter Rheinauen

Seit Jahrtausenden hatten sich vom Rheinknie flußabwärts weiträumige Auengebiete zwischen den weitverzweigten Nebenarmen links und rechts des Rheins gebildet. Durch Korrekturen des Flußlaufs, Eindämmungen, landwirtschaftliche und industrielle Nutzung wurden die meisten dieser Auen seit Anfang des 19. Jahrhunderts zerstört. 1817 begann der Karlsruher Bauingenieur Johann Gottfried Tulla mit der Regulierung des Oberrheins. Durch die Begradigung des Flußes verkürzte sich der Lauf, das Wasser floß schneller, und der Fluß grub sich tiefer in sein Bett ein. Überschwemmungen der Uferflächen wurden seltener und der Grund-

40 Der baden-württembergische Landwirtschaftsminister Weiser kündigte daraufhin an, er werde eine Umweltverträglichkeitsprüfung veranlassen (Badische Neueste Nachrichten vom 21.8.1986) und beauftragte die Planungsgruppe Ökologie und Umwelt aus Hannover. Diese Gruppe gab den Auftrag vier Wochen später zurück. Die Mitarbeiter sahen sich außerstande, eine seriöse Umweltverträglichkeitsprüfung wie gefordert bis Mitte 1987 durchzuführen. Die Umweltverträglichkeitsprüfung fand nicht statt.

wasserspiegel der Ufergegenden sank. Mehrere, nach dem 1. Weltkrieg angelegte Staustufen trugen ebenfalls dazu bei, daß die jährlichen Hochwasser abnahmen. Von Basel bis zur letzten Staustufe bei Iffezheim versteppte das Ufergelände. Der 7 km lange und 1 km breite Streifen am rechten Rheinufer auf Rastatter Gemeindegebiet unterhalb von Iffezheim gehört zu den letzten Auen in Europa. Frankreich und die Bundesrepublik Deutschland vereinbarten 1982 per Staatsvertrag, den Plan für eine weitere Staustufe bei Au/Neuburg fallenzulassen. Durch diesen Verzicht wurde das Auengebiet gerettet und 1984 als *Rastatter Rheinauen* unter Naturschutz gestellt.

Das Naturschutzgebiet grenzt nicht unmittelbar an die Stadt. Zwischen der Aue und der Stadt Rastatt liegen in der Rheinsenke weitere ökologisch wertvolle Flächen. Der *Riedkanal*, der *Ötigheimer Wald* und der *Rastatter Bruch* zwischen Rastatt und dem Auengebiet gehören zwar nicht zum Naturschutzgebiet der Rheinaue, Teile dieser Pufferzone sollten jedoch in absehbarer Zeit als Landschaftsschutzgebiet oder Naturschutzgebiet ausgewiesen werden.

Die Ansiedlungspläne der Daimler-Benz AG in diesem Gebiet kollidierten mit dem anerkannt hohen ökologischen Wert dieser Flächen. Die Stadt Rastatt ging in der Änderung des Bebauungsplans darauf ein.

> »Das geplante Werksareal liegt in dem Teil der Rheinniederungen, der vor der Rheinkorrektur im vorigen Jahrhundert Überflutungsgebiet war. ... In der Umgebung der ehemaligen Rheinmäander entstanden Böden aus dem Lehmschlick früherer Überflutungen. ... Die Böden gelten aufgrund ihres hohen Nährstoffanteils und der guten Wasserhaltekapazität als besonders wertvoll für die land- und forstwirtschaftliche Nutzung. Sie besitzen eine hohe Sorbtionsfähigkeit, d.h. ein hohes Pufferungsvermögen gegenüber möglichem Schadstoffeintrag. Am Fuße des Gestaderandes kam es zur Ablagerung von relativ feinkörnigem Material. Diese Böden weisen zwar eine gute Nährstoffversorgung auf, ihre landwirtschaftliche Nutzbarkeit wird jedoch durch den geringen Grundwasserflurabstand eingeschränkt.« (Stadtplanungsamt Rastatt 1987b, S. 36)

Ein geringer Grundwasserflurabstand heißt, daß der Grundwasserspiegel dicht unter der Oberfläche liegt und daher Basis für Sümpfe und Feuchtgebiete ist. Als Baugrund barg dieses Gebiet wegen des hohen Grundwasserstandes große Probleme.

> »Teilweise stehen Kiessande bis fast zur Geländeoberfläche an; in großen Teilen werden jedoch nicht tragfähige Schluffen und Tone von sehr unterschiedlicher Mächtigkeit angetroffen.« (Stadtplanungsamt Rastatt 1987b, S. 88).

Ursprünglich wollte die Daimler-Benz AG den gesamten Boden austauschen lassen, damit eine stabilere Unterfütterung für die Bauten geschaffen würde. Um den Aufwand zur Baureifmachung, den die Firma nach der Subventionsentscheidung der EG-Kommission selbst tragen mußte, und die mit einem Austausch »verbundenen Eingriffe und Verkehrsbelästigungen zu reduzieren, werden teilweise Pfahlgründungen vorgesehen.« (ebd.) Allein für die Stabilisierung der 200 x 400 m großen Montagehalle wurden 2.200 Pfähle in den Boden gerammt. Der Bebauungsplan beschreibt die erwarteten ökologischen Folgen.

> »Die Verwirklichung des Bebauungsplans führt zu einer Bodenversiegelung und damit zu einem Flächenverlust von natürlich gelagertem Boden. ... Der Flächenverlust für Landschaftshaushalt und für Forstwirtschaft und Landwirtschaft kann nicht ausgeglichen werden. ... Durch die Überbauung gehen naturnahe und für die Rheinniederung charakteristische Biotope (Riedkanal, Waldflächen, Riedflächen) für seltene Tier- und Pflanzenarten sowie Vernetzungselemente als Grundlage des genetischen Ausgleichs verloren. Neben dem Verlust von Biotopen hat dies auch die Trennung und Isolierung von Biotopen außerhalb des Plangebietes zur Folge.« (Stadtplanungsamt Rastatt 1987b, S. 41)

Allein 14 Biotope wurden aufgelistet, die durch die Ansiedlung gefährdet oder zerstört wurden. Einer der umfangreichsten Eingriffe in die Natur war die Verlegung des Riedkanals, der mitten durch das Baugelände lief.

2. Verlegung des Riedkanals

Der vom Sandbach-Oos-Kanal zum Rhein fließende Riedkanal führte auf einer Länge von 1,2 km quer über das zukünftige Werksgelände. Die Stadtverwaltung betonte, daß der Kanal ein künstliches Gewässer sei, und versuchte mit diesem Hinweis, den ökologischen Wert des Kanals zu schmälern. Tatsächlich war der Riedkanal in den dreißiger Jahren als Arbeitsbeschaffungsmaßnahme zur Trockenlegung sumpfiger Flächen angelegt worden. Die früheren Feuchtgebiete hatten seitdem landwirtschaftlich genutzt werden können. Die Naturschützer widersprachen jedoch der These, der Riedkanal sei wegen seiner künstlichen Anlage ökologisch weniger bedeutungsvoll. Denn gerade in dem über das Werksgelände führenden Teil sei der Kanal in eine Altrheinschlute gelegt worden. Die Ankündigung der Stadt, zum Ausgleich die an diesem Teil des Kanalverlaufs entwickelte Tier- und Pflanzenwelt umzusiedeln, bezeichneten die Umweltschützer als arrogantes »Biotop-Management« (Deutscher Bund für Vogelschutz u. a. 1987a, S. 28).

> »Die Ansiedlung des Pkw-Montagewerkes bringt die Versiegelung großer, bisher überwiegend landwirtschaftlich genutzter Flächen mit sich, was bei Niederschlägen zwangsläufig zu höheren Abflüssen aus diesem Gelände führen wird. Diese können nur über den Riedkanal abgeleitet werden. ... Aufgrund der Eigenschaften und der Mächtigkeit der über dem Grundwasser lagernden Deckschichten ist davon auszugehen, daß im allgemeinen mit einer geringen bis mittleren Gefährdung erhöhten Schadstoffeintrags in das Grundwasser zu rechnen ist. Im Bereich Riedkanal und Rohrlachgraben ist die Gefährdung hoch bis sehr hoch, da der Grundwasserflurabstand unter 1 m liegt.« (Stadtplanungsamt Rastatt 1987b, S. 31, 36f.)

Wegen der erwarteten Verschmutzung des Gewässers durfte die neue Streckenführung nicht zu nahe an das westlich des Werksgeländes gelegene Ottersdorfer Wasserwerk herangeführt werden. Der neue Riedkanal wurde daher am östlichen Rand des Werksgeländes weitergeführt und geht in Höhe der Kreuzung mit der Landstraße L 77 wieder in den alten Lauf über. Die stillgelegten Arme des Kanals wurden zur weiteren Entwässerung und Grundwasserregulierung als Drainagegraben verlängert und müssen nun künstlich mit Frischwasser versorgt werden. Trotz der Beeinträchtigung der Wasserqualität soll der Kanal durch Verlegung an den Stadtrand zum Erholungsgebiet werden.

»Die 40-80 m breiten ... Grünflächen, mit denen das Werksgelände eingesäumt wird, ermöglichen es, sowohl die neuen Gewässer Riedkanal und Drainagegraben im naturnahen Ausbau als ökologisch wirksame Gewässer ausbilden zu können als auch die siedlungsnahen Bereiche von Rastatt und Ottersdorf erholungswirksam zu gestalten und eine Einbindung des Industriegeländes in die Landschaft zu erreichen.« (Stadtplanungsamt Rastatt 1987a, S. 37)

Die Umweltschützer waren überzeugt, daß der neue Kanal diese Aufgaben nicht würde erfüllen können. Der zwischen Werksgelände und Siedlungsbereichen eingezwängte neue Kanal könne höchstens als städtische Grünzone gelten. Als Basis für neue Biotopanlagen sei der verlagerte Riedkanal ungeeignet.

»Es muß damit gerechnet werden, daß die vom geplanten Werksgelände abfließenden Oberflächenwasser den Riedkanal und den vorgesehenen Drainagegraben erheblich belasten. Nach einer längeren Trockenperiode wird es mit den ersten Niederschlägen zu einem Schadstoffstoß kommen, der alle geplanten ökologischen Ersatzmaßnahmen in Frage stellt.« (Deutscher Bund für Vogelschutz u. a. 1987a, S. 29)

3. Nordwestumgehung durch den Ötigheimer Wald

Auf besonders großen Widerstand bei den Umweltschützern traf die Ankündigung, die Werkszufahrt durch den Ötigheimer Wald zu legen. Das Werksgelände liegt im Westen vor der Stadt. Die Autobahn A5 Karlsruhe-Basel führt im Osten an Rastatt vorbei, die Abfahrt Rastatt und der Zubringer, die B 462, liegen nordöstlich der Stadt. Die bisherigen Zufahrtstraßen zum Getriebewerk führen von der B 462 über die B 3 bzw. B 36 mitten durch Rastatt. Die Durchfahrt durch die Stadt zur Autobahn war als Anbindung für das neue Werk nicht geeignet. Die ohnehin schon starke Verkehrsbelastung in der Innenstadt wäre angesichts des zu erwartenden Verkehrsaufkommens durch die geplanten Produktionsleistungen unerträglich geworden. Um einen praktikablen Verkehrsanschluß zu gewährleisten, sah die Planung eine Nordumgehung vor. Von der Kreuzung des Autobahnzubringers mit der B 3 sollte eine Verbindungstraße durch den Ötigheimer Wald zum Werksgelände führen. Die genaue Streckenführung im Wald wurde in verschiedenen Varianten diskutiert. Am westlichen Rand des Waldes liegen ein Segelflugplatz, Freizeiteinrichtungen, ein Reitclub mit Weiden sowie Rastatter Wohnanlagen. Eine vielbefahrene Zubringerstraße nahe dem westlichen Waldrand würde die Nutzung dieser Gebiete einschränken und den Erholungswert beeinträchtigen. Bei der Anlage einer Trasse weiter in den Wald hinein, müßte der ökologische Schaden durch eine Zerschneidung des Forsts erheblich steigen. Im Flächennutzungsplan wurde schließlich eine Lösung favorisiert, bei der die Straße zwar durch den Wald, aber relativ nah am Rastatter Stadtrand verlaufen sollte. Brücken sollten die durch die Trasse getrennten Teile des Waldes wieder verbinden.

> »Im Zusammenhang mit entsprechenden Geländemodellierungen und der Anordnung von Grünbrücken lassen sich auch die Trennwirkung einer Straße und die damit verbundene Belastung des Nahbereichs weitgehend mindern.« (Stadtplanungsamt Rastatt 1987a, S. 28)

Der Ötigheimer Wald ist ein Altauwald. Es handelt sich um einen Erlenbruchwald mit alten Bachschluten. Die Bundesforschungsanstalt für Naturschutz bezeichnete ihn wegen seiner Einmaligkeit als »Gebiet von gesamtstaatlicher Bedeutung« (Deutscher Bund für Vogelschutz u.a. 1987a, S. 24). Die Umweltschutzverbände befürchteten negative Folgen für den Naturhaushalt und die Zerstörung des Schlutensystems. Die Wanderungswege der im Wald beheimateten Tiere würden zerschnitten und könnten durch die geplanten Brücken über die Trasse nicht erhalten werden.

> »Die Grünbrücken über die Straße sind ökologisch wertlos, landschaftsuntypisch und verschlingen 6 Hektar wertvoller Altholzfläche. Sie mindern den Zerschneidungseffekt nicht und werden vom Wild nicht angenommen.« (Deutscher Bund für Vogelschutz u.a. 1987a, S. 25)

4. Südanschluß durch den Rastatter Bruch

Da auch die Eisenbahnstrecke wie die Autobahn östlich der Stadt verläuft, entstand durch die Planung einer Transportschiene für die aus Sindelfingen anzuliefernden Montageteile ein ähnliches Problem. Ein Verbindungsgleis zur Bahnlinie mußte südlich der Stadt durch die Feuchtgebiete des *Rastatter Bruchs* gelegt werden.

> »Die Anbindung des Werksgeländes an den Bahnhof Rastatt wird über ... ein Industriegleis erfolgen, das nach Verlassen des Werksgeländes die K 3741 plangleich quert, dann entlang des Gemeindewaldes Oberwald auf Gemarkung Ottersdorf verläuft, die feuchte Senke, in die der Riedkanal eingebettet ist, dann mit einer 84 m langen Stelzenbrücke unter Schonung des Schilfbestandes kreuzt und über einen ca. 500 m langen Damm und auf dem Hochgestade an die DB-Strecke Rastatt-Wintersdorf anschließt.« (Stadtplanungsamt Rastatt 1987a, S. 32)

Die ökologischen Bedenken bezogen sich auch bei den geplanten Gleisanlagen auf den Zerschneidungseffekt einer Trassenlegung durch Feuchtgebiete im Tiefgestade. Der Lebensraum vieler Tiere würde zerstört, Krötenwanderwege unterbrochen werden. Die Konsequenzen eines 6 m breiten Dammes, der den Niveauunterschied zwischen Werksgelände und Eisenbahnlinie Rastatt-Wintersdorf auszugleichen hätte, schienen unkalkulierbar. Die Umweltschützer befürchteten unwägbare Folgewirkungen bei möglichen Gefahrguttransporten (Lacke, Öle u.a.) durch die Wasserschutzzone.

Trotz der zahlreichen Eingriffe in die Umwelt, die die Stadt Rastatt im Flächennutzungsplan und im Bebauungsplan selbst ausführlich diskutierte, konnte es bei den Befürwortern keinen Zweifel daran geben, daß der Nutzen der Ansiedlung größer sei als die ökologischen Schäden. Im Bebauungsplan wurden ökologische und ökonomische Interessen gegeneinander abgewogen.

> »Die Arbeitslosenquote im Raum Rastatt lag in den letzten Jahren deutlich über dem Landesdurchschnitt. Durch die Verwirklichung des Bebauungsplanes wird ein entscheidender Beitrag zur Steigerung der Wirtschaftskraft vor allem des mittelbadischen Raumes geleistet. Der Beschäftigungseffekt der Ansiedlung könnte – einschließlich der für mittelständische Zulieferbetriebe damit verbundenen Chancen – in einer Größenordnung von 20.000 Arbeitsplätzen liegen. Die Zurücksetzung des Biotopschutzes scheint auch deshalb vertretbar, weil sowohl im Bebauungsplanverfahren als auch im Planfeststellungsverfahren für die

> Teilverlegung des Riedkanals Ausgleichs- und Ersatzmaßnahmen vorgesehen sind, die geeignet sind, den Eingriff zumindest weitgehend auszugleichen.« (Stadtplanungsamt Rastatt 1987b, S. 58).

3.5. Erfolg und Mißerfolg der Umweltschützer

Angesichts der zu erwartenden umfangreichen Schäden ist es kaum verwunderlich, daß die in Aussicht gestellten Aufforstungsmaßnahmen und der »naturnahe« Ausbau des Riedkanals den Vertretern der Umweltinteressen als Maßnahmen nicht ausreichend erschienen. Sie teilten nicht die Ansicht der Stadtverwaltung, daß »ein solches Pkw-Werk städtebaulich gut einzuordnen (ist); es pflegt von sich aus eine großzügige Grüngestaltung und achtet in vorbildlicher Weise auf die Vermeidung von Lärm und Geruch.« (Stadt Rastatt o.J.)[41] Allerdings war angesichts des Schicksals der Bürgerinitiative BENZ absehbar, daß eine grundsätzliche Ablehnung der Ansiedlung erfolglos bleiben müßte. Die Umweltschutzverbände konnten den Druck nicht ignorieren, der von den hochgeschraubten Erwartungen an die Beschäftigungserfolge durch die Ansiedlung ausging. »Das Beschäftigungsargument hatten wir insofern ja immer im Hinterkopf, als daß die Verbände von sich aus Alternativen aufgewiesen haben.« (Fraktionsvorsitzender/SPD, Vertreter des LNV; Interview) Das Rastatter Aueninstitut veröffentlichte im Mai 1987 eine Untersuchung über drei Alternativstandorte im Raum Rastatt: Muggensturm, Durmersheim und Forchheim. Die Stadtverwaltung nahm diese Vorschläge auf und prüfte sie auf ihre Tauglichkeit.

> »Wir haben Alternativstandorte durchgecheckt, dazu waren wir ja gezwungen – das muß man in dem Fall auch sagen –, um gerichtsfest zu sein, wie das immer geheißen hat. Also um möglicherweise vor einem Verwaltungsgericht bestehen zu können.« (Stadtplanungsamt Rastatt; Interview)

---

41 Der Bebauungsplan sieht für die Grüngestaltung des Werks unter anderem einen hochstämmigen Baum erster Ordnung für jeweils 4 Pkw-Stellplätze auf dem Werksgelände vor (Stadtplanungsamt Rastatt 1987b, S. 22).

Die Umweltschützer hatten sich ernsthaft um die Darlegung und Bewertung von Alternativen bemüht. Die Stadt hingegen konnte keinen anderern Standort gutheißen, ohne die Ansiedlungspläne zu gefährden. In den Änderungen des Flächennutzungsplans und des Bebauungsplans wurden die drei Vorschläge der Umweltschutzverbände und ein Standort im Rastatter Gewerbegebiet Lochfeld folglich aufgeführt, beschrieben und abgelehnt.

> »Die zusammenfassende Bewertung der verschiedenen Standort-Alternativen ergibt keinen Vorrang zugunsten anderer Standorte. Für die Planung in Rastatt-Oberwald sprechen vor allem die Verfügbarkeit der Grundstücke und damit die Vollziehbarkeit der Planung ...« (Stadtplanungsamt Rastatt 1987a, S. 16).

Das Vorgehen des Stadtplanungsamtes wie die Begründung für die Beibehaltung der alten Standortplanung entsprach einer Situationsdeutung, die auch die Landesregierung vertrat. Vor dem Landtag betonte Ministerpräsident Späth:

> »Diese Strukturmaßnahme in diesem Raum ist für die Landesregierung so wichtig, daß sie sich nicht darauf einlassen kann, so lange über Alternativstandorte, die sie nach den Darlegungen nicht benutzen kann, zu verhandeln, daß sie keine Chance mehr hat, in einem vernünftigen Zeitraum einen Standort rechtlich abzusichern.« (zitiert nach Landtag von Baden-Württemberg 1987a, S. 5885)

Rückblickend hält der Fraktionsvorsitzende der SPD, der als Vertreter des Landesnaturschutzverbandes an den Verhandlungen beteiligt war, das kooperative Vorgehen der Naturschützer für einen Fehler.

> »Wenn wir von vornerein darauf verzichtet hätten, Alternativen zu nennen, dann wäre nach meiner Überzeugung das ganze Verfahren abgelaufen, ohne daß man sich in der Stadtverwaltung über diesen Aspekt Gedanken gemacht hätte. Und dann wäre die rechtliche Position für uns: nämlich auf das Abwägungsdefizit hinzuweisen, viel besser gewesen. Die haben sich so unsere Arbeit zu eigen gemacht und gesagt, das war der Abwägungsprozeß. ... Wenn wir von vornerein gesagt hätten, wir beteiligen uns nicht an der Diskussion, und wir verweisen dann im Verfahren auf der rechtlichen Seite einfach darauf, daß da ein Verfahrensfehler vor-

liegt ... So haben wir denen möglicherweise – im nachhinein kann man das sagen – noch einen Gefallen getan.« (Fraktionsvorsitzender/SPD, Vertreter des LNV; Interview)

Der Deutsche Bund für Vogelschutz war inzwischen Eigentümer eines Grundstückes auf dem Gelände am Oberwald geworden. Dadurch erhielten die Umweltschützer die Möglichkeit, gegen Planfestellungsverfahren oder Verfahren zur Erstellung der Bauleitpläne Klage zu erheben. Die Landesregierung in Stuttgart schien es für notwendig zu halten, die gestärkte Position der Naturschutzverbände in der Diskussion unter Kontrolle zu halten, um das Ansiedlungsprojekt nicht zu gefährden. Ministerpräsident Späth gliederte die Umweltpolitik aus dem Zuständigkeitsbereich des Landwirtschaftsministers Weiser aus und richtete ein eigenständiges Umweltressort ein. Der neue Umweltminister Vetter begann unverzüglich, mit Vertretern des Aueninstituts, des DBV, LNV und BUND über die konkrete Ausgestaltung der Modalitäten für die Ansiedlung am Rastatter Oberwald zu verhandeln (Badisches Tageblatt vom 9.1.1991). Der Standort an und für sich stand nicht zur Diskussion (Roth-Stielow 1988). Über die von den Naturschützern vorgeschlagenen Alternativen wurde nicht gesprochen. Nach drei Monaten wurde im August 1987 der »*Rastatter Kompromiß*« geschlossen, der die Ansiedlung besiegelte und in zehn Punkten ökologische Ausgleichsmaßnahmen vorsah.

Wichtigstes Ergebnis für die Umweltschützer war die Rettung des Ötigheimer Waldes. »Die Trasse wird nach Südwesten an den Waldrand verlegt, auf 900 m wird die Straße in einer überdeckelten Grundwasserwanne geführt, die wieder bepflanzt werden kann.« (Deutscher Bund für Vogelschutz u.a. 1987b). Als Ausgleich für den dennoch entstehenden Flächenverbrauch durch die Zubringerstraße zum Tunnel wurde vereinbart, daß das Land Baden-Württemberg Konzessionen ablöst, die im Naturschutzgebiet »Rastatter Rheinauen« noch für den Abbau dortiger Kiesvorkommen bestanden. Als Ersatz für die Naturzerstörung durch die Eisenbahntrasse sieht der Kompromiß die Anlage eines 2,5 Hektar großen Feuchtgebietes an anderer Stelle vor. Um die Konsequenzen der Ansiedlung auf die weitere Entwicklung von Straßen, Wohn- und Gewerbegebieten zu begrenzen, wurde beschlossen, 40 Naturschutz- und Landschaftsschutzgebiete rund um Rastatt auszuweisen. Schließlich beinhalten die Vereinbarungen verschiedene Maßnahmen zur Renaturierung von Feuchtgebieten, Wiederherstellung von Wiesenflächen, und den Rückbau von 2 Kreisstraßen (Späth, Kaufmann 1988, S. 62f.) Mehr als 100 Millionen DM sollten für dies Programm zusätzlich zur Verfügung gestellt werden. »Aber das ist kein Ausgleich in dem Sinn, daß man der Natur wieder etwas gibt, was da genommen wird, sondern das war im Prinzip das Konzept der Schadensminimierung und sonst nichts.« (Fraktionsvorsitzender/SPD, Vertreter des LNV; Interview) Die Vertreter des Landesnaturschutzverbandes, des Deutschen Bundes für Vogelschutz und des Rastatter Aueninstituts willigten im Gegenzug ein, die Diskussion um andere Standorte zu beenden und auf ein angekündigtes Normenkontrollverfahren zu verzichten. Im Oktober 1987 unterzeichneten sie die gemeinsame Erklärung. Der BUND sah in den Vereinbarungen die Belange der Natur jedoch nicht ausreichend berücksichtigt. Die Landesdelegiertenversammlung des BUND Baden-Württemberg lehnte im November 1987 das Verhandlungsergebnis ab. Der BUND müsse

> »am Beispiel Rastatt aufzeigen, daß unter den Bedingungen des heutigen Wirtschaftssystems die Politiker in dem anscheinend unauflösbaren Konflikt stehen, sich zwischen Bereitstellung von Arbeitsplätzen einerseits und Umweltbewahrung andererseits entscheiden zu müssen. Dieser Konflikt wird grundsätzlich zu Lasten der Umwelt entschieden. Daran ändern auch sogenannte 'Schadensbegrenzungskonzepte' ... im Kern nichts.« (BUND 1988)

Anfang 1988 begann die Erschließung des Standortes Rastatt-Oberwald mit den Rodungsarbeiten zur Verlegung des Riedkanals (Stuttgarter Zeitung vom 7.5.1988). Über die Zahl der zu erwartenden zusätzlichen Arbeitsplätze durch die Daimler Benz Ansiedlung herrscht inzwischen Enttäuschung: »Man sprach von 7.000. Also wenn es 3.000 werden ...« (Vorsitzender der SPD-Fraktion im RVMO; Interview) In der öffentlichen Diskussion nahm die Zahl der Arbeitsplätze, die durch das neue Werk in Rastatt geschaffen werden würde, bereits im Laufe des Jahres 1988 ab. Dadurch kam es zu einer paradoxen neuen Frontenbildung. Der Rastatter Oberbürgermeister wollte einen Teil der Umweltschutzmaßnahmen aus dem

Rastatter Kompromiß nicht mehr erfüllen, da, wie er meinte, auch Daimler-Benz die versprochenen 20.000 Arbeitsplätze nicht mehr bereitstellen würde. Der Konzern widersprach dem Oberbürgermeister und betonte, es sei nie von mehr als 7.000 Arbeitsplätzen die Rede gewesen. Die CDU/FWG/FDP-Mehrheit im Gemeinderat ist

> »den Vorstellungen des Oberbürgermeisters gefolgt und hat dessen seltsame Gleichung übernommen, weniger Arbeitsplätze machten auch weniger Umweltschutz erforderlich. Die bürgerliche Koalition stimmte gegen die im Rastatter Kompromiß vereinbarte Ausweisung eines weitläufigen Natur- und Landschaftsschutzgebietes am Rande des künftigen Daimler-Geländes. Anstelle unberührter Auenlandschaft hätte man dort lieber ein Gelände mit Wegen und Parkplätzen.« (Süddeutsche Zeitung vom 1.9.1988)

Der Oberbürgermeister konnte für die Stadt günstige Änderungen in den Vereinbarungen durchsetzen. Ein aus der Landschaftsplanung im Rastatter Bruch gestrichenes Wohnbaugebiet wurde wieder als solches ausgewiesen (Badische Zeitung vom 13.10.1988). In weiteren Verhandlungen mit dem Konzern erreichte er im Januar 1989, daß Daimler-Benz an Rastatt einen Zuschuß von 7,5 Millionen DM als Ausgleich für die erbrachten Vorleistungen der Stadt zahlte (Stuttgarter Zeitung vom 1.2.1989). Erst nach dieser Zusage unterschrieb die Stadt den Ansiedlungsvertrag.

Im Mai 1992 wurde die erste Ausbaustufe des Montagewerkes »mitten in den Rheinauen« mit 600 Mitarbeitern in Betrieb genommen, »die zu 80 Prozent vorher in anderen Mercedes-Fabriken 'schafften'«. (Süddeutsche Zeitung vom 10.8.1992) Im Zusammenhang mit der 1992 einsetzenden Absatzkrise des Automobilkonzerns und der Ablösung des Mercedes-Benz-Vorstands Niefer zum 1.1.1993 drängt sich ein Urteil über die Fabrik in den Rheinauen auf: »Die erst in diesem Jahr eröffnete Pkw-Fabrik in Rastatt ist zwar die modernste im Konzern, wird aber eigentlich gar nicht gebraucht. Auf Jahre hinaus können die alten Fabriken die Nachfrage nach Mercedes-Autos mühelos decken.« (DIE ZEIT Nr. 50/1992, S. 23)

3.6. Konfliktwahrnehmung und Bearbeitung auf politischer Ebene

Die Vertreter von Daimler-Benz hatten während der Ansiedlungsverhandlungen darauf geachtet, daß die dem Konzern zur Verfügung stehenden Alternativen den Beteiligten immer präsent blieben. »Wir können auch nach Bremen ...« hieß es auf der ersten Seite der BILD-Zeitung.[42] In dem Informationsblatt für die Rastatter Haushalte, das Anfang 1987 verteilt wurde, erwähnte Daimler-Benz ebenfalls die Hansestadt als Alternative.

> »Im Werk Bremen bestehen nach dem Ausbau der letzten 10 Jahre ... nur begrenzte Ausbaumöglichkeiten. Dennoch ist eine Erweiterung nach wie vor in Planung. Wir müßten, ohne Zeitverlust für eine weitere Neuplanung, darauf zurückgreifen, wenn eine Produktionsaufnahme in Rastatt nicht zeitgerecht möglich ist.« (Daimler-Benz AG 1987).

Entsprechend wurde die Situation, in der sich Stadt und Land befanden, in der Presse interpretiert: »Angesichts der etwa 7.000 Arbeitsplätze, die in Rastatt geschaffen werden, saßen die Untertürkheimer von vorneherein am längeren Hebel.« (Stuttgarter Zeitung vom 6.8.1986). »Der Automobilkonzern hat Stadt und Land ein bißchen gepreßt, denn schließlich hätte man ja auch in Bremen bauen können.« (Süddeutsche Zeitung vom 6.8.1986) Da sich die Stadt Rastatt und die baden-württembergische Landesregierung aufgrund der erwarteten ökonomischen Vorteile immer wieder mit Nachdruck für die Ansiedlung am Rastatter Oberwald ausgesprochen hatten, war der politische Spielraum auf kommunaler wie landespolitischer Ebene begrenzt. Stadt und Land konnten und wollten auf die konkreten Ansiedlungsbedingungen nur wenig Einfluß nehmen.

Die Landesregierung von Baden-Württemberg war durch die Diskussion um die Gewährung finanzieller Hilfen an Daimler-Benz

42 BILD vom 9.9.1986; vergleiche auch Wirtschaftswoche Nr. 38/1986, Frankfurter Allgemeine Zeitung vom 14.12.1987, DER SPIEGEL, Nr. 7/1987.

viel stärker involviert als dies in Rheinfelden der Fall gewesen war. Im Stuttgarter Landtag kam es zum Teil zu hitzigen Debatten um die Rahmenbedingungen der Ansiedlung. Fundamentale Kritik an den Auswirkungen auf die Umwelt übten im wesentlichen die Grünen (Landtag von Baden-Württemberg 1986a, S. 4431ff., Landtag von Baden-Württemberg 1987a, S. 5888f.). Die SPD-Fraktion, die Maßnahmen zum Ausgleich ökologischer Schäden verlangte, disziplinierte sich selbst immer wieder mit den Beschäftigungschancen, die dem Projekt zugeschrieben wurden. Ein Abgeordneter der SPD:

> »Wir Sozialdemokraten begrüßen die Entscheidung der Daimler-Benz AG, in Rastatt eine Produktionsstätte mit 7.000 Arbeitsplätzen einzurichten. ... Wir wenden uns in gleicher Weise gegen schwarzen wie grünen Fundamentalismus. Es geht nicht um die Frage 'Arbeit oder Umwelt', sondern es geht um die bestmögliche Auflösung des Zielkonflikts, es geht um 'Arbeit und Umwelt'« (Abg. Köder, zitiert nach Landtag von Baden-Württemberg 1986b, S. 4403 und 4404, Hervorhebung im Original).

Stärker als die Umweltaspekte wurde von allen Parteien im Landtag die Frage diskutiert, ob die Landesregierung ohne Not Subventionen in Millionenhöhe an einen Konzern mit »mehr als 11 Milliarden Mark liquiden Mitteln« (Süddeutsche Zeitung vom 6.8.1986) geleistet habe, um die Schaffung von Arbeitsplätzen zu unterstützen.

> »Der Rechtfertigung des 'Cleverle', seine Ordnungspolitik erhalte Arbeitsplätze und schaffe neue, können sich auch die politischen Gegner kaum entziehen, obgleich sich mancher Parlamentarier mit dem Argument der Arbeitslosigkeit 'erpreßt' fühlt.« (Süddeutsche Zeitung vom 7.8.1986)

Der Ministerpräsident erwartete nicht nur, daß 7.000 Arbeitsplätze direkt durch die Ansiedlung geschaffen würden, sondern daß »mindestens die gleiche Zahl von Arbeitsplätzen noch einmal im mittelständischen Bereich um dieses Werk herum entsteht.« (Späth, zitiert nach Landtag von Baden-Württemberg 1986b, S. 4421) Angesichts dieser Zielgrößen verteidigte Späth, daß er, wie er es nannte, auf die Bedingungen des Konzerns eingegangen sei. Noch in der Schlußphase der Verhandlungen mit der Stadt hätte Daimler-Benz angekündigt, das Projekt infragezustellen, wenn die Finanzierung der Vorleistungen nicht rasch geklärt würde.

> »Wenn die Stadt Rastatt in der nächsten Sitzung nicht klar Schiff machen und zum Beispiel planerisch das Vorkaufsrecht für das Gelände beschließen kann, damit nicht einige Leute drangehen und sich mit ein paar Grundstücken einkaufen können,« zitierte der Ministerpräsident die von Daimler-Benz gestellte Alternative, »dann gerät das Ganze ins Schleudern.« (Späth, zitiert nach Landtag von Baden-Württemberg 1986b, S. 4419f.)

Späth interpretierte die Verhandlungen, die Vorleistungen, die Stadt und Land anboten, und auch die Bedingungen, die der Konzern stellte, als Ausdruck des üblichen Wettbewerbs der Standorte. Die Vermutung der SPD, die Landesregierung habe sich von dem Konzern unter Druck setzen lassen, wies er empört zurück. »Was ich so entsetzlich finde, ist, daß Sie mir eigentlich nur die Wahl lassen, ich sei entweder bestechlich oder ich sei erpreßt worden.« (ebd., S. 4431)

Während auf Landesebene die Ansiedlung vorrangig unter finanzpolitischen Aspekten diskutiert wurde, spielten in Rastatt die Auswirkungen des Projektes auf die Umwelt eine mindestens ebenso wichtige Rolle. Die Stadt legte bereits seit einigen Jahren Wert auf das Image einer umweltbewußten Gemeinde. Mitte der achtziger Jahre war Rastatt Schauplatz eines der größten Dioxinskandale der Bundesrepublik gewesen.[43] Ebenfalls seit Mitte der achtziger Jahre engagiert sich die Stadt für die Erhaltung der Rastatter Rheinauen. Das zeitliche Zusammentreffen eines aufsehenerre-

---

43 Jahrzehntelang hatte am Rand eines Rastatter Wohngebietes die Metallhütte Fahlbusch ihre Emissionen quasi unkontrolliert und ungefiltert an die Umwelt abgegeben. Ablagerungen von Cadmium, Blei, Furanen und Dioxinen in der Nachbarschaft überschritten die zulässigen Grenzwerte um ein Vielfaches. Anfang der achtziger Jahre nahmen die Proteste gegen die Produktion zu. Erst 19 Jahre nach den ersten Eingaben geschädigter Bürger schloß das Werk im September 1986. Bis heute dauern die Diskussionen um den notwendigen Bodenaustausch in der Umgebung der Fabrik an. Noch 1990 wurde in Rastatt die höchste Dioxinbelastung in der Welt gemessen (report-Sendung vom 4.9.1990).

genden Falles von Umweltverschmutzung und des Bemühens für den Naturschutz scheint nicht zufällig zu sein. Vielmehr besteht Anlaß zu der Vermutung, daß man in der Rastatter Stadtverwaltung versuchte, die politischen Folgen der Umweltkatastrophe durch aufwendige Naturschutzprojekte in den Rheinauen zu kompensieren. Die Naturschutzverordnung *Rastatter Rheinaue* vom 8. Februar 1984 schreibt die Sicherung der Rheinauen fest. Eine 850 Hektar große Fläche wurde unter Naturschutz gestellt, weitere Landschaftschutzgebiete und Naturschutzgebiete westlich von Rastatt, also zwischen Stadtgrenze und eigentlichem Auengebiet waren geplant. Kieswerke in den Rheinauen konnten stillgelegt werden. Auch die im Rastatter Kompromiß vereinbarte Ablösung der letzten Kiesabbaukonzessionen gehört in die Reihe der Maßnahmen zum Schutz der Rheinauen. Für den World Wildlife Fund stellte die Stadt ein altes Elektrizitätswerk zur Verfügung, so daß der WWF ein Aueninstitut in Rastatt einrichten konnte. Die publikumswirksame Eröffnung dieses Aueninstituts durch den Präsidenten des WWF, Prinz Philip, trug dazu bei, daß Rastatt und Rastatts Oberbürgermeister in der überregionalen Presse lobende Erwähnung fanden (Stadtverwaltung Rastatt 1987).

Die Ansiedlung eines Automobilwerkes westlich der Stadt schien vor diesem Hintergrund ein brutaler Eingriff in schützenswerte Natur zu sein. Der Oberbürgermeister, Mitglied der CDU, widersprach dieser Darstellung und kritisierte, daß der Streit um die ökologischen Folgen der Ansiedlung großen politischen Schaden verursache. Nicht gerechtfertigte Stimmungsmache von Naturschützern und »Grünen Aktivisten« hätte dazu geführt,

> »daß man überall in Deutschland glaubte, in Rastatt würden die Rheinauen durch diese Werksansiedlung vernichtet. Die Argumente und Gegendarstellungen der Stadt Rastatt wurden kaum zur Kenntnis genommen – sie waren ja auch nicht 'spektakulär' im Sinne der üblichen Medienberichterstattung. Davon, daß die Stadt Rastatt schon Jahre zuvor die Initiative ergriffen hat, die eigentliche Rheinaue auf ihrer Gemarkung (850 ha) unter Natur-

> schutz stellen zu lassen, war nirgends die Rede.« (Brief des Oberbürgermeisters vom 17.9.1990)[44]

Die Diskussion in der Öffentlichkeit drohte, das BILD von der vorbildlich umweltschützenden Gemeinde zu beschädigen. Dennoch stimmte die Gemeindevertretung, nachdem »der Stadtrat lange mit seinem ökologischen Gewissen gehadert hatte,« (Stuttgarter Zeitung vom 6.8.1986) mit überwältigender Mehrheit für die Ansiedlung.[45] Der Oberbürgermeister war überzeugt, mit seiner Position die Interessen und Wünsche des überwiegenden Teils der Einwohner zu vertreten.

> »Die Rastatter Bevölkerung selbst hat sich an diesen Diskussionen nicht aktiv beteiligt. Hier war allenthalben Zustimmung zur Werksansiedlung wegen der damit verbundenen Arbeitsplatzbeschaffung und Arbeitsplatzsicherheit zu hören. Ich selbst brauchte nicht mit einem Vertrauensverlust zu rechnen, meine Position war von Anfang an klar.« (Brief des Oberbürgermeisters vom 17.9.1990)

Neben dem dominierenden, allzeit präsenten Oberbürgermeister[46] traten seine Parteikollegen in der CDU-Fraktion des Gemeinderates kaum in Erscheinung. Einzig der Fraktionsvorsitzende[47] wurde in der regionalen Presse gelegentlich mit einem positiven Votum für die Ansiedlung erwähnt (Rastatter Tagblatt vom 5.8.1986). Zur Zeit der Hochphase der Ansiedlungsdiskussion veröffentlichte die Stadt 1987 eine Informationsbroschüre zum Thema Naturschutz in

---

44 Der Oberbürgermeister von Rastatt bot mir an, anstelle eines Gespräches meine Fragen schriftlich zu beantworten. Die Zitate stammen aus seinem Brief an mich.

45 Nur die Abgeordneten der Alternativen Liste und drei Abgeordnete der SPD stimmten dagegen (Badische Zeitung vom 9.6.1986).

46 In Rastatt trifft das publikumswirksam dargebrachte, wirtschaftspolitische Engagement des Oberbürgermeisters mit der durch die Süddeutsche Ratsverfassung in Baden-Württemberg verbrieften herausragenden Stellung des Bürgermeisteramtes zusammen.

47 Mit dem CDU-Fraktionsvorsitzenden konnte ich kein Gespräch führen. Trotz mehrerer Anfragen und Terminvorschläge meinerseits kam kein Treffen zustande.

Rastatt. Der Oberbürgermeister nutzte in seinem Geleitwort die Gelegenheit, um anläßlich des geplanten Daimler-Benz-Werkes auf das Verhältnis von Ökonomie und Umweltschutz hinzuweisen.

> »Auch dem Umdenken zugunsten der Natur sind Grenzen gesetzt. Nicht überall kann der Ökologie alleine 'Vorfahrt' eingeräumt werden. Wer verantwortlich denkt, muß allen Bedürfnissen Rechnung tragen und darf nicht einseitig orientiert sein.« (Stadtverwaltung Rastatt 1987, S. 5)

Die Fraktionsgemeinschaft der Freien Wähler/FDP im Gemeinderat schloß sich im wesentlichen der Sicht der CDU an. Der Fraktionsvorsitzende, der die Wählergemeinschaft seit rund 30 Jahren im Gemeinderat anführt, setzte sich für den von Daimler-Benz gewünschten Standort ein und betont, daß »hier der Schaden auf ein Mindestmaß reduziert wurde.« (Vorsitzender FWG Rastatt; Interview) Die Freien Wähler sammelten sogar 5.000 Unterschriften für eine Resolution, in der die Ansiedlung befürwortet und die dem Oberbürgermeister unterbreitet wurde. Der gewerbliche Mittelstand am Ort, der einen Großteil der Klientel der Freien Wähler darstellt, äußerte Bedenken gegen die Subventionspraxis und die Benachteiligung der Rastatter Gewerbetreibenden (Badische Zeitung vom 9.8.1986). Die Entscheidungen über finanzielle Hilfen lagen jedoch bei der Landesregierung, so daß die Freien Wähler darauf keinen Einfluß nehmen konnten. Abgesehen von diesem Einwand unterstützte die FWG die Ansiedlungspläne in der vorliegenden Form als wichtige strukturpolitische Maßnahme für die Region. Die Alternative Liste zitiert die harten Worte des FWG-Vorsitzenden gegen die Kritiker des Projektes. »Wenn wir Daimler-Benz Knüppel zwischen die Beine werfen, springt die Firma ab. Wer hier nicht ja sagt, ist ein Verräter an der Arbeiterschaft.« (Vorsitzender FWG Rastatt; zitiert nach Alternative Liste 1986, S. 2)

Die SPD befürwortete die Pläne des Konzerns ebenso deutlich wie CDU und FWG. Es gab in der Fraktion zwar einige wenige Gegner der Standortwahl, die große Mehrheit, darunter auch der damalige Fraktionsvorsitzende und DGB-Kreissekretär, unterstützte den Bau des Pkw-Werks angesichts der vielen zu erwartenden Arbeitsplätze. Mit dem Votum für die Arbeitsplätze sah sich die Fraktion in Übereinstimmung mit den Interessen der Bevölkerung.

»Es ist damals das Wort geprägt worden: Was nützen zehn Arbeitslose, wenn sie um einen gesunden Baum herumstehen.« (ehemaliger Fraktionsvorsitzender/SPD; Interview) Die SPD thematisierte früh die ökologischen Probleme, die durch die Ansiedlung entstehen würden. Einige Mitglieder der Gemeinderatsfraktion versuchten, den Standort Oberwald zu verhindern. Als sich zeigte, daß Daimler-Benz den Standortwunsch durchsetzen würde, bemühte sich der jetzige SPD-Fraktionsvorsitzende intensiv um möglichst viele und umfangreiche ökologische Schutz- und Ausgleichsmaßnahmen zur Begrenzung des Schadens (Deutscher Bund für Vogelschutz u. a. 1987b). In letzter Konsequenz konnte es allerdings auch in der SPD keinen Zweifel an der mehrheitlichen Zustimmung zu dem Projekt geben. Ein sozialdemokratischer Stadtrat aus der Nachbargemeinde Plittersdorf skizzierte die Konsequenzen, die bei einer Geringschätzung der Arbeitsplatzinteressen folgen müßten.

> »Arbeitslos sein, heißt schlicht und einfach sozialer Abstieg verbunden mit Verlust an Menschenwürde. Dies und anderes hat mich und sicher auch viele meiner Stadtratskollegen dazu bewogen, große Opfer auf Kosten der Natur und Umwelt in Kauf zu nehmen und dem Bau eines Pkw-Montagewerkes in Rastatt zuzustimmen. (Weder) ich selbst, noch meine Kollegen haben überschnell oder leichtfertig gehandelt. Man kann uns mit Abstrichen vielleicht vorwerfen, wir haben uns dem Diktat der Konzernleitung gebeugt, aber was wäre, wenn wir dies nicht getan hätten? Von allem Positiven und Negativen einmal abgesehen, die große Mehrheit der Bevölkerung hätte bei einer Entscheidung in die andere Richtung, oder bei der Taktik, die die Firma vergrault hätte, am Verstand ihrer gewählten Vertreter gezweifelt und dies, das behaupte ich, zu Recht.« (Badische Neueste Nachrichten vom 11.8.1986)

Ein kurzes Fazit: Die Vertreter des Automobilkonzerns waren in der Lage, durch die Ankündigung eindrucksvoller Arbeitsplatzeffekte die Umweltschutzdiskussion vollkommen in Schach zu halten. Die lokalen politischen Akteure steigerten die Bedeutung des Ansiedlungsvorhabens noch, indem sie die regionalwirtschaftliche Lage als besonders kritisch darstellen. Mit dieser Haltung ordneten sie sich den Prioritäten des Unternehmens unter. Die Öffentlichkeit reagierte demgemäß kaum auf ökologische Fragen im Zusammenhang mit der Ansiedlung. Um die Zeitverzögerungen in der Planungsrealisation zu minimieren, die durch die wenigen, meistens hauptamtlichen Naturschützer entstanden, zeigten das Unternehmen und die Landespolitiker Verhandlungsbereitschaft, die zum Abschluß eines sogenannten ökologischen Kompromisses führte.

Aus heutiger Sicht zeigt sich, daß der Konzern seine Investition zum größten Teil in der gewünschten Weise durchführen konnte. Die ökologischen Schäden sind dagegen beträchtlich und die mit der Ansiedlung verknüpften arbeitsmarktpolitischen Hoffnungen haben sich kaum erfüllt.

4. Papierkrieg in Österreich

Ende der achtziger Jahre gerieten zwei Kärntner Zellstoffwerke in die überregionalen Schlagzeilen. Es handelte sich um die *Zellstofffabrik Obir* in Eisenkappel-Rechberg, rund 40 km von Klagenfurt entfernt, und um die *Zellstoff Villach* in St. Magdalen[48] bei Villach. Beide Werke waren technisch völlig veraltet und beide beschäftigten jeweils rund 200 Arbeitnehmer. Bei Obir war die andauernde Mißachtung sämtlicher Umweltstandards der Stein des Anstoßes. Die uralten Anlagen des Werkes und die überholten Methoden der Zellstoffkocherei führten zu einer ständigen Verletzung der geltenden Umweltbestimmungen, bis die Kärntner Landesregierung das Werk 1989 stillegte. Anders als in den zwei bisher diskutierten Fällen wurden hier Arbeitsplätze zugunsten umweltpolitischer Bestimmungen aufgegeben. Der Schluß, daß bei der Schließung des Kärntner Zellstoffwerkes das umweltpolitische Engagement der Politiker gesiegt hätte, trifft in Eisenkappel jedoch nicht zu.[49]

---

48 Die *Zellstoff Villach* wurde häufig auch nach ihrem Standort mit *St. Magdalen* bezeichnet. Ich habe diese Sprachregelung im Text übernommen.

49 In Österreich konnte ich mit folgenden Beteiligten sprechen: dem ehemaligen Geschäftsführer des Zellstoffwerkes und dem früheren Angestelltenbetriebsratsobmann; mit dem Bürgermeister von Eisenkappel und dem ehemaligen stellvertretenden Ministerpräsidenten des Landes Kärnten, beide Mitglieder der Sozialistischen Partei SPÖ. Aus den Reihen der Freiheitlichen Partei (FPÖ) stand mir deren Fraktionsvorsitzender im Kärntner Landtag für ein Gespräch zur Verfügung. Außerdem beantworteten meine Fragen der ehemalige Kärntner Minister für Handel und Gewerbe von der Österreichischen Volkspartei (ÖVP), ein Gewerkschaftssekretär der Gewerkschaft der Privatangestellten, der Leiter der wirtschaftspolitischen Abteilung der Kammer für Arbeiter und Angestellte des Landes Kärnten, der damalige Sekretär des Zentralverbandes der slowenischen Organisationen in Kärnten sowie der Gewerbereferent in der Bezirksverwaltung Völkermarkt.

Ich werde im ersten Teil erläutern, wie Zellstoff hergestellt wird und welche Emissionen dabei auftreten können. Im zweiten Schritt untersuche ich Produktionsverfahren und Umweltbelastungen der Firma Obir. Anschließend wende ich mich im dritten und vierten Teil den regionalpolitischen Ursachen für die lang anhaltende Toleranz gegenüber der produktionsbedingten Umweltbelastung zu. Die wichtigsten Gründe liegen in der sozio-ökonomischen Problemlage der Standortgemeinde, die auf das Werk als Arbeitgeber angewiesen war, und in den organisatorischen Spezifika des Unternehmens als slowenisch-österreichischer Betrieb. Vor diesem Hintergrund erschließen sich die administrativen und landespolitischen Entwicklungen unmittelbar vor der Stillegung, die ich in den letzten Abschnitten dieses Kapitels behandele.

4.1. Zellstoffproduktion und Abwasserbelastung

Die Grundlage für die Produktion von Zellstoff ist der Holzbestandteil Cellulose. Holz besteht fast zur Hälfte aus Cellulose. Um Zellstoff zu gewinnen, muß die Cellulose herausgelöst werden. Dies kann durch verschiedene Kochverfahren geschehen. Mit welcher Methode Zellstoff hergestellt wird, hängt von der zur Verfügung stehenden Holzart, von der im Land gebräuchlichen Produktions-Tradition und vom gewünschten Endprodukt ab. 90% der Weltzellstoffproduktion entstehen im *Sulfat*verfahren. Es bietet sich für gering gebleichte, sehr feste Papier- und Pappesorten an. In den USA und Kanada, wo knapp 40% der Weltpapierproduktion hergestellt werden (Kraus 1989, S. 21), wird überwiegend nach diesem Verfahren produziert. In Mitteleuropa und darunter auch in Österreich wird hauptsächlich, in der Bundesrepublik Deutschland sogar ausschließlich das *Sulfit*verfahren angewendet.

Ein Vorteil des Sulfitverfahrens liegt in dem schon ohne Bleiche vergleichsweise hohen Weißegrad des Zellstoffs. Für dessen Anwendung in Österreich spricht außerdem der große Fichtenbestand, denn Fichtenholz eignet sich gut für das Sulfitverfahren. Mit Calciumsulfit läßt sich Zellstoff am kostengünstigsten herstellen. Je

Tonne Zellstoff entsteht durch den Kochvorgang rund eine Tonne verschiedener Reststoffe.

Zellstoffproduktion in Österreich 1988

Sulfitzellstoff, gebleicht	571.596 t
Sulfitzellstoff, ungebleicht	49.094 t
Sulfatzellstoff, gebleicht	200.554 t
Sulfatzellstoff, ungebleicht	357.723 t
Holzschliff	275.876 t
Gesamtproduktion	1.454.843 t

Quelle: Umweltbundesamt 1989a, S. 110

Das Abwasser des Kochvorgangs enthält zum großen Teil biologisch gut abbaubare Zuckerverbindungen. Etwa die Hälfte der Kochsäure beim Sulfitverfahren bzw. der Kochlauge beim Sulfatverfahren besteht allerdings aus *refraktären Ligninverbindungen*. Lignin ist wie Cellulose ein Bestandteil des Holzes. Es verklebt die Cellulosefasern, ist für Farbe und Vergilben des Zellstoffs verantwortlich und bewirkt auch die gelblich braune Färbung des Abwassers. Da Lignin wasserunlöslich ist, muß es durch Chemikalien extrahiert werden. In diesem Prozeß entstehen die refraktären, das heißt, biologisch sehr schwer abbaubaren, Ligninsulfonsäuren (Lauber 1989, S. 12ff. Die effektivste Methode, die Produktionsrückstände zu beseitigen, ist die thermische Abfallbeseitigung. Durch Auffangen der Abwässer aus dem Kochprozeß können bis zu 99% der Kochsäure oder Kochlauge zurückgehalten, verdampft und die festen Reste schließlich verbrannt werden. Der größte Teil des Lignin kann in diesem Prozeß erfaßt werden. Die Entlastung des Wassers bei Verbrennung der Abfallkondensate führt jedoch durch die in den Reststoffen enthaltenen Chemikalien zur Schadstoffbelastung der Luft.

Beim *Calciumsulfit*-Verfahren ist die Verbrennung der Lauge wenig sinnvoll. Im Verbrennungsprozeß entsteht wertloser Gips, aus dem die Chemikalien nicht herausgelöst werden können und der die Anlagen verstopft.

> »Lediglich ein Teil des Schwefels, soweit er als SO_2 gasförmig vorliegt, kann wiedergewonnen werden. Wird die Ablauge verbrannt, so kommt es zu hohen Schwefeldioxid-Emissionen von etwa 70-80 kg pro Tonne Zellstoff.« (Umweltbundesamt 1989a, S. 8)

Die chemische Ablauge aus dem Calciumsulfit-Verfahren wurde daher meist ungeklärt in die Gewässer geleitet. Bei der Verwendung von *Magnesium, Natrium* oder *Ammonium* wird mit löslichen Basen gearbeitet, so daß die Probleme der Rückstandsverwertung dabei nicht auftauchen. Dennoch arbeiteten 1987 in Österreich noch vier von elf Zellstoffabriken auf Basis des Ca-Sulfit-Verfahrens mit direkter Abwassereinleitung in den Vorfluter. Dazu gehörten die Obir GmbH am Ufer der Vellach und die Zellstoff Villach an der Drau.

In den Zellstoffwerken, die mit Laugenerfassung arbeiten, sollen die Abwässer im Prinzip in einer zweiten Reinigungsstufe durch biologische Kläranlagen geleitet werden. Da die Abwassermenge in der ersten Reinigungsstufe mit Hilfe der vorgeschalteten thermischen Prozesse erheblich reduziert wird, genügen in dieser Kombination schon kleine Anlagen. Man unterscheidet *anaerobe* und *aerobe biologische* Klärverfahren. Biologisch heißt, die Schmutzstoffe werden mit Hilfe von Bakterien nahezu ohne Rückstand in Wasserstoffdioxid und Kohlendioxid zersetzt. Bei einem aeroben Verfahren geschieht dies mit Bakterien, die Sauerstoff atmen. Dieses Verfahren ist technisch ausgereift und funktioniert in der Regel störungsfrei. Beim anaeroben Verfahren holen sich die Bakterien den Sauerstoff aus den zu zersetzenden Stoffen, z.B. in Gärungsprozessen. Dieses Verfahren wäre leistungsstarker, ist aber aufwendiger und technisch anfälliger als aerobe Klärung. In Österreich haben bisher drei Zellstoff- und Papierhersteller biologische Kläranlagen gebaut.

Nach der Laugenerfassung und der Kläranlage wird der *Vorfluter* als »dritte Reinigungsstufe« der Abwässer aus der Zellstoffproduktion bezeichnet, also die ungeklärte Einleitung der Abwässer in den Fluß an dessen Ufer die Fabrik gebaut wurde.

Die Belastung der Gewässer durch die eingeleiteten Schadstoffe aus dem Kochprozeß wird mit verschiedenen Parametern gemessen.

Zu den meistgenannten Parametern gehört der *Biochemische Sauerstoffbedarf*, kurz BSB_5. Er gibt an, wieviel Sauerstoff Mikroorganismen innerhalb von 5 Tagen bei der biologischen Umsetzung der Schmutzstoffe verbrauchen. Allerdings erfaßt der BSB_5-Wert nur die biologisch leicht abbaubaren Verbindungen.

CSB ist ein zweiter Parameter, der den *Chemischen Sauerstoffbedarf* für alle abbaubaren Verbindungen ausdrückt, also auch für solche, die nur langsam und mit chemischen Oxidationsmitteln zersetzt werden können.

> »Aus der Höhe dieses Sauerstoffbedarfs, der bei der Oxidation der Abwasserinhalte mit dem starken Oxidationsmittel Kaliumdichromat entsteht, läßt sich auf die gesamte Menge der organischen Schadstoffe schließen, wogegen vom BSB_5 eben nur ein kleiner Teil erfaßt wird.« (Lauber 1989, S. 17)

Bei Weiterverarbeitung des Zellstoffs zu Pappe, Papiertüten oder Packpapier wird darauf verzichtet, diese Papier- und Pappesorten zu bleichen. Für Schreibpapier mit höherem Weißegrad werden in der Zellstoffproduktion zusätzliche Bleichverfahren eingesetzt. Da das Lignin die Ursache der gelb-braunen Färbung ist, müssen die im Zellstoff noch vorhandenen Lignin-Reste entweder entfernt oder chemisch so verändert werden, daß sie kaum noch farblich wirksam sind. Die Entfernung des Lignin erfolgt durch *Chlor-* oder *Sauerstoffbleiche*. Der Anteil chlorfreier oder chlorarmer Bleichverfahren in Österreich ist noch gering (Lauber 1989, S. 29; Umweltbundesamt 1989a, S. 112), denn die Chlorbleiche hat deutliche Vorteile. Chlor greift Lignin direkt an, ist daher genau dosierbar, gezielt einsetzbar und kostet nicht viel. Die Chlorverbindungen im Abwasser[3] werden mit dem Parameter AOX für adsorbierbare halogenorganische Verbindungen bezeichnet. Da jedoch unterschiedslos Chlor aus gefährlichen wie ungefährlichen Verbindungen in diesem Parameter enthalten ist, kann er keinen direkten Hinweis auf die Toxizität der untersuchten Abwässer geben.

Gemessen an den Wassergüteklassen von I (geringe Belastung) bis IV (sehr starke Belastung), die nach den Werten für BSB_5, CSB

3 Eine Liste mit über 130 im Abwasser von Zellstoffwerken nachgewiesenen Chlorverbindungen ist in der Studie des Umweltbundesamtes 1989b, S. 5f. abgedruckt.

und AOX bestimmt werden, war die durch Obir und St. Magdalen verursachte Belastung der Vorfluter Vellach und Drau verheerend.

> »Die Gewässergütesituation der Drau unterhalb von Villach ist vorwiegend durch die Abwässer des Zellstoffwerkes in St. Magdalen mit der Klasse III zu bewerten. Bis zur Einmündung der Vellach erholt sich die Wasserqualität der Drau (II), wurde allerdings zum Zeitpunkt der Untersuchungen durch das massiv belastete Wasser der Vellach wiederum stark beeinträchtigt (II-III). Die erwähnte Verschlechterung der Wasserqualität der Vellach erfolgte durch die Zellstoffabrik Obir GmbH in Rechberg, durch deren Einfluß die Gewässergüte schlagartig von Klasse I zu IV absank, was mit einer weitgehenden Vernichtung komplexer aquatischer Biozönosen[51] gleichzusetzen ist. In diesem Fall hatte insbesondere die enorm hohe Fracht an gelöster organischer Substanz verheerende Auswirkungen.« (Umweltbundesamt 1989b, S. 62)

Die Ursache für diese katastrophale Situation lag bei Obir vor allem an den erschreckenden Zuständen in der Zellstoffproduktion.

> »Beim Sulfitverfahren ohne Laugenerfasssung enthält die Kochsäure je Tonne produzierten, noch ungebleichten Zellstoffs – sehr knapp kalkuliert – 400 kg BSB_5 und 1.600 CSB. Die Hälfte des CSB ist als refraktärer CSB_r anzusehen, das heißt, es handelt sich um biologisch kaum abbaubare Stoffe. ... Für Bleichereiabwässer ... sind je Tonne konventionell mit Chlor gebleichten Sulfitzellstoffs rund 20 kg BSB_5 100 kg CSB und 60 kg CSB_r anzusetzen.« (Lauber 1989, S. 17, 18)

Genau diese, als Extremfälle angegebenen Sequenzen: Sulfitverfahren ohne Laugenerfassung und Chlorbleiche, waren die Grundelemente der Produktion bei Obir.

51 Gemeint sind Tier- und Pflanzengesellschaften im Wasser.

4.2. Produktion und Umweltsituation bei der Zellstoffabrik Obir

Die Obir GmbH gehörte zu den letzten Fabriken Österreichs, die auf Calciumbasis Zellstoff erzeugten und keinerlei Abwasserklärung vornahmen. Es gab nur den Vorfluter, die sogenannte »dritte Reinigungsstufe«: Sämtliche Produktionsrückstände gelangten vollkommen ungeklärt in die Vellach.

Nach eigenen Angaben erreichte die Produktion 1988 104 t lufttrockenen (lutro) Zellstoff pro Tag, ca. 35.000 t im Jahr. Obir gehörte damit zu den kleinsten Zellstoffwerken Österreichs. Das Werk in Villach produzierte mit rund 135 t/d bzw. 47.000 t/a absoluttrockenen (atro) Zellstoff etwas mehr als Obir.[52] Das dritte Zellstoffwerk in Kärnten, die *Patria Papier- und Zellstoff* AG in St. Gertraud, gehört demgegenüber mit 591 t/d und 210.000 t atro Jahresproduktion zu den größten Herstellern Österreichs (Umweltbundesamt 1989a, S. 196ff.).

Je Tonne chlorgebleichten Zellstoffs leitete Obir nach eigenen Angaben 370 m^3 Abwasser in die Vellach, befrachtet mit 346 kg BSB_5 und 1.705 kg CSB, sowie 2,9 kg AOX. Die Tabelle auf der folgenden Seite zeigt die Schadstoffrachten im Vergleich zu anderen österreichischen Zellstoffstandorten.

Im Herbst 1989 soll die AOX-Fracht Obirs nach Angaben des Werkes bei 5,8 kg je Tonne gelegen haben, was mit kurzfristig gestiegener Produktion und daher kürzeren Kochzeiten des Zellstoffs zusammenhängen kann.[53] Die angegebenen Schadstoffwerte können nur als Orientierungsgrößen dienen, da die Emissionen häufigen Schwankungen unterworfen waren (Umweltbundesamt 1989a, S. 196). Immerhin ist bemerkenswert, daß die Patria AG die geringsten Schadstoffmengen ausstößt, Obir hingegen als zweitkleinster Hersteller die mit Abstand höchsten Belastungswerte aufwies.[54]

---

52 Absoluttrockener Zellstoff verliert gegenüber lufttrockenem rund 10% an Gewicht, 100 t lutro entsprechen 90 t atro Zellstoff.

53 Bei kürzerer Kochdauer wird die Entfernung des Lignin in die Bleiche verlagert und dort daher mehr Chlor eingesetzt.

54 Die Patria hat 1987 eine Absetzanlage in Betrieb genommen und leitet die Abwässer danach in die Abwasserreinigungsanlage »Mittleres

Produktionsmengen und Schadstoff-Frachten österreichischer Standorte

	Produktion[1]		absolute Fracht in t pro Tag[2]			spezif. Fracht kg pro t Zellst.[2]		
	t/d	t/a	BSB_5	CSB	AOX	BSB_5	CSB	AOX
Hallein	262	93.000	20	75	2	70	250	7
Lenzing	350	128.000	k.A.	k.A.	k.A.	1	22	1
Leykam	558	200.000	2	60	4	3	100	6
Nettingsdorf	455	160.000	1,2	4	–	4	13	–
Kematen	86	30.000	7	19	0,7	70	185	7
Obir[3]	104	35.000	44	175	0,3	400	1600	3
Patria	591	210.000	0,3	2	–	0,5	4	–
Pöls[3]	588	200.000	6	26	2	10	45	4
Magdalen	135	47.000	19	60	1,5	100	330	7

1 Produktionsmenge 1988
2 Schadstoff-Frachten 1989
3 Produktionsmengen für Obir und Pöls lutro, sonst atro.
k.A.: keine Angaben.
Quelle: Lauber 1989, S. 42, Umweltbundesamt 1989a S. 161ff.

Um die abstrakten Zahlen zu BSB-, CSB- und AOX-Belastungen plastischer zu machen, werden die Werte aus der Zellstoffproduk-

Lavanttal« in St. Paul (Umweltbundesamt 1989a, S. 198). Früher war auch hier direkt in den Vorfluter Lavant eingeleitet worden.
Bei den Angaben zur Zellstoff Villach (St. Magdalen) handelt es sich um »möglichst plausible Schätzungen« (Umweltbundesamt 1989a, S. 206). Bis Mitte 1988 wurden die Abwässer ungeklärt in die Drau geleitet, bis mit dem Bau einer »Thermischen Abfall- und Abwasserbeseitigungsanlage« begonnen wurde. Ein Brand legte das Werk allerdings bis 1989 still. Die Produktionsbedingungen scheinen seit Wiederaufnahme der Produktion »meßtechnisch anscheinend nicht ausreichend verfolgt werden (zu) können.« (Umweltbundesamt 1989a, S. 207). Ohnehin stellen die Werte für St. Magdalen nur Vergleichsgrößen dar, die eine Einschätzung des Gesamtkomplexes Obir erleichtern sollen.

Um die abstrakten Zahlen zu BSB-, CSB- und AOX-Belastungen plastischer zu machen, werden die Werte aus der Zellstoffproduktion in sogenannte »Einwohnergleichwerte« umgerechnet. Diese rechnerische Größe setzt die Abwasserfrachten der Zellstoffproduktion ins Verhältnis zum Abwasser eines städtischen Haushalts. Es wird davon ausgegangen, daß ein Einwohner durchschnittlich Schadstoffe in der Höhe von 60g BSB_5 und 110g CSB pro Tag ins Abwasser leitet. Diese Werte können analog auf die Schadstoff-Frachten von Industriebetrieben umgerechnet werden. Die Abwasserwerte in der Vellach entsprachen beim BSB_5-Wert einer Stadt mit mehr als 730.000 Einwohnern. Die CSB-Belastung des Flußes durch Obir lag nach dieser Umrechnung so hoch wie die von 1,6 Millionen Menschen.[55] Die Vellach war »komplett tot. Die Vellach noch mehr als die Drau. Die Drau hat mehr Selbstreinigungskraft. Aber die Vellach war ein Schaumbad nach dem Werk.« (ehemaliger Gewerbereferent[56]/ÖVP; Interview)

Da Obir und Zellstoff Villach ohne Laugenerfassungs- und Abfallverbrennungsanlagen produzierten, ging der größte Teil der Produktionsrückstände direkt in die Flüsse. Die gleichwohl spürbare Luftbelastung stammte daher nicht von einer thermischen Rückstandsbeseitigung, sondern resultierte aus den Abgasen des Kochbetriebes. Ein lufthygienisches Gutachten aus dem Jahr 1988 kritisierte die SO_2-Belastung durch die Zellstoffkocherei in der Gegend um Rechberg.

> »Nach dem derzeitigen Stand des Wissens muß damit gerechnet werden, daß es in Gebieten, in denen es zum Überschreiten des Tagesmittelwertes von 0,20 mg SO_2/m^3 kommt, z.B. (zu einer)

55 Wie aus der Tabelle »Produktionsmengen und Schadstoff-Frachten« ersichtlich, betrug die absolute BSB_5-Fracht von Obir 44 t pro Tag, der CSB-Wert lag bei 175 t pro Tag. 44 t : 60 g = 733.333, 175 t : 110 g = 1.590.909.

56 Minister für Handel und Gewerbe. Die Landesregierungen in Österreich haben weniger Kompetenzen als die der deutschen Bundesländer. Die ausgeprägte Unterordnung unter den Bund kommt in den schwächeren Funktionsbezeichnungen der Mitglieder einer Landesregierung in Österreich zum Ausdruck. Die Minister werden als *Referenten* bezeichnet, dem deutschen Titel »Ministerpräsident« entspricht in Österreich der des *Landeshauptmanns*.

> Zunahme von Chronischer Bronchitis, aber auch verschiedenen akuten Atemwegserkrankungen kommt. Derartige Überschreitungen kamen und kommen (trotz Emissionsreduktionsmaßnahmen) im Beurteilungsgebiet immer wieder vor.« (Kofler 1988, S. 1)

Die gemessenen Halbstundenmittelwerte überschritten sehr häufig 0,5 mg SO_2/m^3. Am 10. Dezember 1987 war mit 2,64 mg der höchste Halbstundenmittelwert gemessen worden (Kleine Zeitung vom 22.10.1988), obwohl im April 1987 eine SO_2- und Wärmerückgewinnungsanlage eingebaut worden war (Bezirkshauptmannschaft Völkermarkt 1988b, S. 5). Angesichts solcher, seit mehreren Jahren bekannter Daten zur Luft- und Wasserverschmutzung müssen wichtige Gründe für die langjährige Fortführung der Produktion vorgelegen haben. Die sozio-ökonomischen Verhältnisse im Vellachtal gehören zu diesen Gründen und geben Hinweise auf die regionale Bedeutung der Fabrik.

4.3. Eisenkappel und Sittersdorf

In unmittelbarer Nachbarschaft zu Obir liegen die Ortschaften Eisenkappel und Sittersdorf. Das Zellstoffwerk liegt in dem landschaftlich sehr schönen, einsamen Tal der Vellach. Sittersdorf liegt am Taleingang, Eisenkappel weit abgelegen an dessen Ende. Die Durchgangsstraße führt wenige Kilometer nach dem Ortsausgang von Eisenkappel zur Grenze nach Slowenien. Bis vor einigen Jahren hatte diese Lage für Urlauber kaum etwas Reizvolles. Die Gegend ist bis heute touristisch kaum erschlossen, Wintersport ist nicht möglich, nur einige Wanderwege sind ausgeschildert. Seit einiger Zeit kann sich Eisenkappel »Kärntens einziger Kur- und Luftkurort« nennen. Aber der große Besucherandrang hat dennoch nicht eingesetzt. 1988 gab es in Eisenkappel umgerechnet neun Übernachtungen je Einwohner. In Sittersdorf waren es 27, im nahen St. Kanzian am beliebten Klopeiner See fast 300.[57]

---

57 Diese Angaben und auch die folgenden Zahlen zur Lage auf dem Arbeitsmarkt stammen, sofern nicht anders angegeben, aus statistischen Unterlagen, die mir die Gemeinde Eisenkappel, die Arbeits-

Arbeitsmarktdaten für Eisenkappel und Sittersdorf

	1979	1982	1987
		Wohnbevölkerung	
Eisenkappel	3.548	3.370	3.140
Sittersdorf	2.217	2.198	2.146
		Unselbständig Beschäftigte[1]	
Eisenkappel	1.210	1.145	1.100
Sittersdorf	802	784	776
		Beschäftigtenquote[2] in Prozent	
Eisenkappel	34,1	34,0	35,0
Sittersdorf	36,2	35,7	36,2
Völkermarkt	34,3	33,9	34,2
		Arbeitsbevölkerung[3]	
Eisenkappel	814	807	690
Sittersdorf	308	313	464
		Arbeitsplatzquote[4] in Prozent	
Eisenkappel	22,9	24,0	22,0
Sittersdorf	13,9	14,2	21,6
Völkermarkt	21,0	21,3	22,6

1 Arbeitnehmer, die am Ort wohnhaft sind
2 Anteil der unselbständig Beschäftigten an der Wohnbevölkerung
3 Unselbständig Beschäftigte plus Einpendler minus Auspendler
4 Verhältnis von Arbeitsbevölkerung zu Wohnbevölkerung
Quelle: Kammer 1989, Unterlagen der Gemeinde Eisenkappel.

Eisenkappel ist vor allem Durchgangsstation auf dem Weg in das ehemalige Jugoslawien und nach Italien. Obwohl nur ca. 40 km von

---

marktverwaltung Völkermarkt und die Arbeiterkammer Klagenfurt freundlicherweise überlassen haben.

Klagenfurt entfernt, gehören Sittersdorf und Eisenkappel nicht zum Einzugsgebiet der Landeshauptstadt. Die zuständige Verwaltung hat ihren Sitz in Völkermarkt.

Die zwei Orte haben zusammen weniger als 6.000 Einwohner. Die Einwohnerzahl von Sittersdorf schwankte in den vergangenen Jahren um 2.200, Eisenkappel verlor seit 1979 500 Einwohner und hatte 1990 rund 3.000 Bewohner. Der Bevölkerungsrückgang in Eisenkappel lag ganz überwiegend an der zunehmenden Landflucht. Zwischen 1971 und 1981 verließen 247 Menschen den Ort, zwischen 1981 und 1987 waren es 321. Auch der Geburtensaldo ist negativ, die Zahl der Sterbefälle ist jedes Jahr um rund 10 höher als die der Geburten. Das Durchschnittsalter ist sehr hoch, 1990 waren knapp 700 von 3.000 Einwohnern über 60 Jahre alt.

In Sittersdorf und Eisenkappel gab es 1979 insgesamt etwas mehr als 2.000 Arbeitnehmer. 1987 waren es 10% weniger, noch knapp 1.800. Zwar stieg die Zahl der Arbeitsplätze in Sittersdorf zwischen 1979 und 1987 um 50%, aber sie sank in Eisenkappel um 15%, so daß es in diesen beiden Gemeinden 1987 nur 60 Arbeitsplätze mehr gab als knapp 10 Jahre zuvor.

Arbeitslose nach Gemeinden im Arbeitsamtsbezirk Völkermarkt

	Eisenkappel			Sittersdorf		
	männl.	weibl.	gesamt	männl.	weibl.	gesamt
Jan. 87	117	61	178	90	37	127
Juli 87	24	25	49	8	14	22
Jan. 88	126	44	170	86	31	117
Juli 88	19	17	36	10	10	20
Jan. 89	98	48	146	70	29	99
Juli 89	14	18	32	13	10	23
Jan. 90	155	50	205	78	35	113
Juli 90	36	19	55	9	11	20
Jan. 91	127	51	178	73	44	117

Quelle: Unterlagen der Gemeinde Eisenkappel

Die saisonal schwankenden Zahlen der Arbeitslosigkeit lassen sich wegen fehlender Beschäftigtenzahlen für die entsprechenden Monate nicht als Arbeitslosenquoten ausdrücken. Jeden Sommer stellen das Hotel- und Gaststättengewerbe und das Baugewerbe viele der männlichen Arbeitslosen im Saisongeschäft ein. Die Unterschiede zwischen Männern und Frauen und die Schwankungen zwischen Sommer und Winter sind aus der Tabelle deutlich ablesbar. Die höchste Zahl der arbeitslos Gemeldeten findet sich im Januar 1990 bei den Männern in Eisenkappel. Da das Zellstoffwerk Obir im Herbst 1989 seine rund 220 Arbeitnehmer entlassen mußte, wirkte sich dieser Zugang in der Arbeitslosigkeit noch in den Januarzahlen des folgenden Jahres aus. Wie Obir hatten bereits einige Betriebe in den vergangenen zehn Jahren die Arbeit eingestellt. Von 130 Arbeitsstätten des Jahres 1981 waren 1990 in Eisenkappel noch 70 übrig geblieben.

Dieses Arbeitsplatzangebot korrespondiert mit einem hohen Anteil von Pendlern in Eisenkappel und Sittersdorf. In der Kärntner Arbeiterkammer in Klagenfurt und auch bei Gewerkschaften wird die Pendlerfrage als großes Hindernis für die Durchsetzung und Akzeptanz von wirtschafts- und arbeitsmarktpolitischen Strategien in strukturschwachen Regionen angesehen. Während für die Politik im Vordergrund steht, *daß überhaupt* neue Unternehmen angesiedelt werden können, zählt für die Arbeitnehmer auch die Frage: *wo* die Ansiedlungen stattfinden. Das heißt, die Länge des potentiellen Arbeitsweges wird ebenfalls zum Kriterium für den Erfolg der Arbeitsmarktpolitik,

> »weil die Leute bei uns sich so gegen das Pendeln wehren. ... Wir haben bei uns relativ wenig sowohl Flexibilität als auch Mobilität beim Arbeitnehmer. Der möchte alles vor der Tür haben. Und wenn nicht, dann macht er eine Demonstration gegen den Politiker, weil der eben keinen Betrieb ansiedelt.« (Leiter der wirtschaftspolitischen Abteilung/SPÖ, AK[58] Klagenfurt; Interview)

Die Zahlen der Arbeitsmarktverwaltung in Völkermarkt, zu deren Bezirk Eisenkappel und Sittersdorf gehören, zeigen folgende Verteilung: Im Jahresdurchschnitt 1987 lebten in Eisenkappel 1.100 Menschen, die einer unselbständigen Beschäftigung nachgingen. Nur die

58 Kammer für Arbeiter und Angestellte, kurz Arbeiterkammer oder AK.

Hälfte davon hatte einen Arbeitsplatz im Ort. 542 Arbeitnehmer fuhren täglich in andere Gemeinden zur Arbeit. Mehr als 300 von ihnen legten pro Strecke, z.B. nach Völkermarkt, 20-30 km zurück, knapp 90 hatten einen Arbeitsweg von mehr als 40 km, z.B. nach Klagenfurt. Wesentlich mehr als die Hälfte der Pendler war 1987 jünger als 30 Jahre (Angaben des Arbeitsamtes Völkermarkt).

Pendler in Eisenkappel und Sittersdorf

	1979	1982	1987
		Einpendler	
Eisenkappel	177	187	132
Sittersdorf	166	168	254
		Auspendler	
Eisenkappel	574	525	542
Sittersdorf	660	639	566
		Pendlersaldo[1]	
Eisenkappel	– 397	– 338	– 410
Sittersdorf	– 494	– 471	312
		Auspendlerquote[2]	
Eisenkappel	47,4	45,9	49,3
Sittersdorf	82,3	81,5	72,9
Völkermarkt	61,8	61,3	60,6

1 Einpendler minus Auspendler
2 Anteil der Auspendler an den unselbständig Beschäftigten.
Quelle: Kammer 1989, Unterlagen der Gemeinde Eisenkappel.

Trotz dieser hohen Pendlerzahlen ist die Auspendlerquote in Eisenkappel mit knapp 50% die zweitniedrigste des Arbeitsmarktbezirks Völkermarkt. In Sittersdorf hatten 1987 fast drei Viertel der

Erwerbstätigen ihren Arbeitsplatz nicht am Wohnort. Während der Anteil der Auspendler an den Beschäftigten in Sittersdorf und im gesamten Bezirk Völkermarkt sank, gehört Eisenkappel zu den wenigen Gemeinden, in denen diese Quote im vergangenen Jahrzehnt spürbar anstieg.

Diese Zahlen deuten darauf hin, daß die arbeitsmarktpolitische Lage im Vellachtal zumindest schwierig war. Die Hälfte der arbeitenden Bevölkerung fand keine Beschäftigung am Wohnort. Für die anderen stellte Obir mit 200 Arbeitsplätzen den größten und einflußreichsten Arbeitgeber der Region dar. Bei einer Schließung des Werkes würden die betroffenen Gemeinden aus eigener Kraft kaum ausreichenden Ersatz für die verlorengegangenen Arbeitsplätze schaffen können. Ein Tankwart aus Eisenkappel gab die pessimistische Stimmung wieder: »Wenn Obir zugesperrt wird, bauen wir hier eine Staumauer und machen aus Eisenkappel einen See. Denn wohnen kann man dann hier nicht mehr.« (Wochenpresse Nr. 50/1987, S. 31) Die Gegner einer Stillegung waren nicht nur die 200 direkt in der Zellstoff-Fabrik beschäftigten Arbeitnehmer. Auch indirekt war der Einfluß Obirs auf die regionalökonomische Entwicklung für das Handels- und Dienstleistungsgewerbe vom Forstwirt bis zum Einzelhändler von großer Bedeutung. Die besondere Rolle Obirs lag nicht allein darin, daß die Fabrik weit und breit der wichtigste Arbeitgeber und Antriebsfaktor regionalwirtschaftlicher Aktivitäten war. Das Zellstoffwerk war ein slowenisch-österreichisch geführter, zweisprachiger Betrieb. Diese Tatsache rührt aus den Eigentumsverhältnissen der Firma, auf die ich später noch eingehen werde. Das Unternehmen war für seine Unterstützer ein gelungenes Beispiel slowenisch-österreichischer Kooperation in einem spannungsreichen Gebiet. Für einige der Gegner war genau dies Anlaß für wachsende Kritik. Die Hintergründe des schwelenden Nationalitätenkonfliktes will ich hier kurz darstellen.

Exkurs: Kärntner Abwehrkampf und Volksabstimmung

Der Kärntner Abwehrkampf war Folge der Gründung des SHS-Staates im Oktober 1918. In Agram wurde ein Nationalrat der Slowenen, Kroaten und Serben (*Narodno vijece Slovenaca Hrvata i Srba*) gebildet, der sich von der Donaumonarchie lossagte und den Anschluß an einen Staat der Slowenen, Kroaten und Serben proklamierte. Zugleich wurde der Anspruch auf Territorien mit slowenischer Bevölkerung in Kärnten und der Steiermark geltend gemacht. Die Kärntner Landesversammlung beschloß am 7.11.1918 den bewaffneten Widerstand. Die jugoslawische Besetzung Kärntens schritt voran, am 11.11.1918 waren bereits Eisenkappel und Sittersdorf, Ortsteil Miklauzhof, im Vellachtal von jugoslawischen Truppen eingenommen. Aber die Kärntner Abwehrkämpfer gewannen rasch die besetzten Gebiete zurück. Im Januar 1919 begannen Waffenstillstandsverhandlungen, die noch durch mehrere Angriffe unterbrochen wurden. Erst im September 1919 wurde ein Friedensvertrag abgeschlossen, der insbesondere das weitere Vorgehen im heftig umkämpften Kärntner Süden festlegte.

»Das Klagenfurter Becken wurde in zwei Zonen geteilt ... Nach Ablauf einer bestimmten Frist sollte in den Zonen eine allgemeine Volksabstimmung stattfinden. Stimmten die Bewohner der Zone A für Jugoslawien, so sollten sie mit diesem vereinigt werden. Dann war aber auch eine zweite Abstimmung für Zone B notwendig. Stimmte aber die Zone A für Deutsch-Österreich, könnte eine weitere Volksbefragung in der Zone B unterbleiben und beide Zonen bei Deutsch-Österreich bleiben.« (Leitner 1984, S. 28)

Am 10. Oktober 1920 wurde abgestimmt. 60% der Bevölkerung in der grenznahen Zone A votierten für den Verbleib in Deutsch-Österreich. Die Gemeinde Eisenkappel stimmte neben Bleiburg als einzige Gemeinde in der Nähe der Grenze gegen den Anschluß an Jugoslawien. Schon 20, 30 km vor der Grenze in den Karawanken, also auch weit vor den Orten Eisenkappel und Sittersdorf stehen heute noch Panzersperren am Straßenrand, die vor einer Invasion aus Jugoslawien bewahren sollten.

Die jährliche Wiederkehr des Abstimmungstages am 10. Oktober wird vor allem in Völkermarkt und Klagenfurt von Nationalisten und Veteranen feierlich begangen.[59] Wichtigste Organisation für die Bewahrung dieser Tradition ist der Kärntner Heimatdienst KHD. »Gegründet wurde er 1920 als Nachfolgeorganisa-

59 In Klagenfurt gibt es eine *10. Oktoberstraße*.

tion der 'Landesorganisationsleitung', die 1919 im umstrittenen Südkärnten die Volksabstimmungspropaganda organisierte und koordinierte.« (Extrablatt vom 6.6.1979) Damals waren alle Parteien im KHD vertreten. Im Faschismus übernahm die NSDAP das Programm des KHD für Kärnten. Ein ehemaliger SS-Sturmbannführer war 1955 Mitbegründer des Nachkriegs-KHD.

Historische Folge der Nähe zu Jugoslawien ist eine Mischung der Nationalitäten mit einem hohen Anteil slowenischstämmiger Österreicher in diesem Gebiet. Noch vor 10 Jahren sprachen 45% der Mitglieder der Gemeinde Eisenkappel ausschließlich oder als zweite Sprache slowenisch oder windisch.[60] Im Bezirk Völkermarkt dagegen sprachen 1981 80% deutsch als Umgangssprache. Immer wieder treten Konflikte zwischen den Nationalitäten auf. Angesichts der Nationalitätenfrage bekommt auch die Geschichte des slowenisch-österreichischen Betriebs Obir eine besondere Bedeutung.

4.4. Zellstoffabrik Obir – Tovarna Celuloze

Im Ortsteil Rechberg der Gemeinde Eisenkappel wurde seit 1890 Zellstoff produziert. Bis Ende der siebziger Jahre war die italienische Industrielle Anna Erker-Hocevar Eigentümerin der »Zellstoffabrik Rechberg«. Sie hatte die Firma jahrelang schlecht geführt, auf Modernisierungen verzichtet und die Anlagen auf Verschleiß gefahren, so daß der Betrieb im Sommer 1978 vorläufig eingestellt werden mußte. Die Mitarbeiter des Werks wurden zunächst in Urlaub geschickt, doch im Oktober desselben Jahres meldete Erker-Hocevar Konkurs an. 1979 zeichnete sich ab, daß das von der Vorbesitzerin stillgelegte Zellstoffwerk Rechberg in Eisenkappel unter Beteiligung eines slowenischen Papierkonzerns wieder in Betrieb genommen werden würde. In den Reihen des Kärntner Heimatdienstes regte sich Widerstand gegen das geplante joint venture mit dem

60 Österreichisch gesinnte Slowenen nennen sich *Windische.* Die Bezeichnung stammt aus der Zeit des Kärntner Abwehrkampfes 1918/19. Die Zahlen zur Verteilung des Sprachgebrauchs stammen von der Gemeinde Eisenkappel.

jugoslawischen Unternehmen *Slovenija Papir*. Der KHD plakatierte: »Haltet uns von Kärnten fern: Betriebe mit dem Tito-Stern. Denn jede weitere Kolchose schafft nur Kärntner Arbeitslose.« (trend Nr. 8/1989, S. 42) Der traditionelle Aufmarsch des Heimatdienstes zum 60. Jahrestag des Abwehrkampfes wurde mit Unterstützung der FPÖ zu einer Demonstration gegen das Rechberger Werk umfunktioniert. Die Rechberger Arbeitnehmer veranstalteten eine Gegendemonstration gegen die Attacken des deutschnationalen KHD und bekräftigten ihre Zustimmung zu der Kooperation mit den Jugoslawen. Denn für Eisenkappel standen rund 240 Arbeitsplätze im Betrieb selbst auf dem Spiel, und durch die Verbindung des Werkes zu Zulieferern von Holz, Chemikalien und anderen Betriebsstoffen waren insgesamt rund 1.000 Arbeitsplätze in der Region gefährdet (Extrablatt vom 6.6.1979).

Tatsächlich kam es 1979 zur Gründung einer aus slowenischen und österreichischen Anteilseignern zusammengesetzten GmbH. Die Slovenija Papir beteiligte sich mit 70% an der neuen *Zellstoffabrik Obir GesmbH - Tovarna Celuloze druzba z o.j.* Die restlichen 30% übernahm das Land Kärnten über einen Treuhandvertrag mit der Donaufinanz Wien (trend Nr. 6/1983, S. 58). Die Obir GesmbH nahm 60 Millionen Schilling auf und kaufte die Zellstoffabrik Rechberg. 200 Beschäftigte starteten erneut den Betrieb.

Der damalige Sekretär des *Zentralverbandes slowenischer Organisationen* in Kärnten wurde kaufmännischer Geschäftsführer. Er förderte die Einstellung von slowenischstämmigen Österreichern und setzte die Zweisprachigkeit im Betrieb als Prinzip durch.

> »Im Innenverhältnis hab ich vom ersten Tag gesagt, wir machen die Mitteilungen an die Belegschaft in zwei Sprachen und jeder soll lesen, was er will. ... In Eisenkappel hat das niemanden gestört, so lang das so im Innenverhältnis geregelt war, und wenn ich dann eine zweisprachige Hinweistafel aufgestellt habe 'Zellstoffabrik – Tovarna Celuloze' – das wurde dann problematisch.« (ehemaliger Geschäftsführer von Obir; Interview)

Die Beteiligung der Slowenen hatte wichtige Konsequenzen für die Absatzmärkte von Obir, denn die Slovenija Papir garantierte die Abnahme von 97% der Zellstoffprodukte für die Weiterverarbeitung in den neun anderen Werken der slowenischen *Oganisation der*

Assoziierten Arbeit. Slovenija Papir erschloß sich ihrerseits den westeuropäischen Markt für ihre Erzeugnisse über die Handelsabteilung von Obir. Zwischen 74% und 80% des Jahresumsatzes erzielte Obir mit dem Vertrieb von Papier, graphischen und chemischen Produkten, Repromaterial und maschinellen Anlagen zur Ausrüstung von Papierfabriken aus Slowenien (Obir 1988, S. 6ff.). Aufgrund der quasi programmierbaren Erlöse durch den Verkauf der eigenen Produkte nach Slowenien konnte sich die Werksleitung internen Umstrukturierungsmaßnahmen widmen, ohne daß jedoch Personal abgebaut wurde (trend Nr. 6/1983, S. 58). Die Beschäftigten ihrerseits unterstützten die Werksleitung in hohem Maße und setzten sich für die Zukunft des Werkes und damit ihre eigene berufliche Zukunft ein. Dies Engagement hatte bereits die Demonstration gezeigt, es wurde in der Anfangsphase der Modernisierung erneut deutlich. Die Arbeitnehmer brachten für die Wiederaufnahme des Betriebes große persönliche Opfer, um zum Erhalt der Arbeitsplätze beizutragen.

> »Wir mußten bei der Übernahme zwar auf 13 Prozent unseres Lohnes verzichten, und die älteren Kollegen haben auch ihre Urlaubsansprüche und manche Entgeltfortzahlungs-Begünstigungen hergegeben, doch jetzt können wir wieder ordentlich arbeiten,« meinte der Betriebsratsobmann (trend Nr. 6/1983, S. 59).

Anfang 1982 hatte das Unternehmen die größten wirtschaftlichen Schwierigkeiten aus den Übernahmeverpflichtungen überwunden. Die Beschäftigten bekamen inzwischen übertarifliche Löhne. Der Betriebsratsobmann wies allerdings daraufhin, daß die Gehälter noch weit unten auf der Skala österreichischer Industrielöhne rangierten, und die Arbeitnehmer

> »am unteren Ast gesessen haben gegenüber anderen vergleichbaren Industrien in Österreich, gegenüber der übrigen Papier- und Zellstoffindustrie in Österreich aber immer noch über dem regionalen Durchschnitt. Nicht wesentlich, das will ich auch noch einmal betonen, weil da immer wieder fälschlicherweise behauptet wurde, daß die Leute so wahnsinnig viel verdienen in der Fabrik. Das hat sich einfach nur daraus errechnet, daß die Leute, die eben besonders gut verdient haben, im Schichtbetrieb gearbeitet haben. Wir haben im Drei-Schichtbetrieb gearbeitet und haben Nacht-

schicht und Schwerarbeit geleistet.« (ehemaliger Angestelltenbetriebsrat von Obir; Interview)

Doch der Einsatz der Belegschaft konnte nichts gegen die sich verschlechternde Lage auf dem Weltmarkt ausrichten. 1982 begannen die Preise für Zellstoff zu fallen, an denen sich auch die Slovenija Papir in ihren Geschäften orientierte, so daß für Obir trotz Abnahmegarantie die erwarteten und eingeplanten Gewinne ausblieben. Die Donaufinanz als Mitgesellschafterin und Kreditgeberin weigerte sich, den Tilgungsbeginn zu verschieben. Man bestand nicht nur auf der Vertragseinhaltung, sondern verlangte nachträglich einen Anteil vom bisher erwirtschafteten Gewinn. Das Land wollte sich mit Gewalt aus dem Engagement in Obir zurückziehen. Der Landeshauptmann-Stellvertreter[61] (SPÖ) kündigte an, »daß das Land Kärnten die Mittel, die in der Rechberger Beteiligung gebunden sind, für andere Vorhaben freimachen will.« (trend Nr. 6/1983, S. 59).

Die Lage wurde für Obir durch diese Knebelung und die schlechte finanzielle Situation sehr ernst. Die betriebswirtschaftliche Sanierung geriet ins Stocken, an eine dringend notwendige, grundlegende Modernisierung der Anlagen war nicht zu denken. Der Geschäftsführer befürchtete das Schlimmste, wenn die Umweltverschmutzung durch die Zellstoffproduktion ins Gespräch käme: »Mit dem Umweltschutz kann man uns von heute auf morgen abdrehen.« (trend Nr. 6/1983, S. 60)

Die konventionellen Produktionsmethoden bei Obir und die entstehenden Emissionen in Luft und Wasser waren den Behörden seit längerem bekannt. Schon vor der Übernahme durch Slovenija Papir hatte die Kärntner Wasserrechtsbehörde 1973 von der Zellstoffabrik Rechberg Pläne für Maßnahmen zur Abwasserreinigung verlangt. In der Betriebsgenehmigung sei »festgehalten, daß die Abwässer aus diesem Unternehmen in einem solchen Zustand in den Bach abzulassen sind, daß dadurch Rechte Dritter nicht berührt werden.« (Amt der Kärnter Landesregierung 1973, S. 2) Noch kurz vor der Stillegung des Werkes wies das Bundesministerium für Land- und Forstwirtschaft mit Bezug auf Unterlagen aus dem Jahre 1908 (!) daraufhin, »daß eine behördliche Genehmigung nur für einen

61 Stellvertretender Ministerpräsident.

Bleichbetrieb vorliegt, *der gar keine Rückstände liefert.*« (Republik Österreich 1989, S. 7, Hervorhebung im Original) Tatsächlich jedoch, so stellte der Bescheid des Amtes der Kärntner Landesregierung 1973 fest,

> »versetzten die Abwässer aus der Sulfitzellstoffabrik in Rechberg die Vellach auf der ca. 12 km langen Strecke schon bei Mittelwasserführung bis zur Mündung in die Drau in einen α-mesosaproben bis polysaproben Zustand.« (Amt der Kärnter Landesregierung 1973, S. 3)[62]

Diese Kritik der Behörde blieb folgenlos (Republik Österreich 1989, S. 8).

Die Nachbarn des Werkes klagten fortgesetzt über die hohe Luftverschmutzung. 1984 meinte der technische Direktor des Zellstoffwerkes in einer Podiumsdiskussion zu den Beschwerden: »Wir bemühen uns laufend, umweltverbessernde Maßnahmen zu setzen, doch ohne Hilfe durch die Öffentliche Hand können wir das Problem nicht lösen.« (Kärtner Tageszeitung vom 8.4.1984) Der ehemalige Geschäftsführer stellte ebenfalls den guten Willen der Werksleitung und die finanziellen Schwierigkeiten heraus:

> »Ich hab damals veranlaßt, einen Elektrofilter einzubauen. Der Elektrofilter hat die Lösung für die Rechberger Familien gebracht, weil die Luft immer in Richtung Klopeiner See gezogen ist. ... Nur hatten wir ein großes Problem: Wir hatten mehrmals bei den Landes- und Bundesstellen um eine Förderung für diesen Elektrofilter angesucht. Man hat uns nicht einmal einen Groschen gegeben. Man hat immer gesagt: 'Ihr Antrag wurde zurückgestellt, wir haben kein Geld mehr.'« (ehemaliger Geschäftsführer von Obir; Interview)

Konflikte wie dieser um die Förderung des Elektrofilters sind symptomatisch für die Entwicklung Obirs bis zur Schließung 1989. Landesregierung und Geschäftsführung drehten sich jahrelang ergebnislos im Kreis. Obir erklärte sich bereit, den Auflagen nachzukommen und präsentierte Kostenvoranschläge für die Sanierung

---

62 saprob (lat.): faulig. α-mesosaprob bezeichnet stark verunreinigtes Wasser entsprechend Güteklasse III, im polysaproben Zustand ist das Wasser außerordentlich stark verunreinigt (Güteklasse IV).

mit der Bitte um öffentliche Fördermittel. Die zuständigen Stellen des Landes oder von Finanzierungsgesellschaften verzögerten die Bewilligung der beantragten Mittel wegen fehlender Daten, ungenügender Unterlagen und mangelhafter Sicherheiten. Schließlich überstiegen die projektierten Kosten die Grenze dessen, was gemeinsam finanzierbar gewesen wäre.

So hatten schon Mitte 1984 erste umfassende Sanierungsprojekte vorgelegen. Die Kosten der Maßnahmen wurden zunächst auf 400 Millionen Schilling geschätzt. Die Werksleitung kündigte ihre prinzipielle Bereitschaft an, einen erheblichen Teil der Investitionen aus eigenen Mitteln zu finanzieren, obwohl die Bilanz Obirs in den Jahren zuvor einen Reingewinn von lediglich 2 Millionen Schilling ausgewiesen hatte (Die Presse vom 5.9.1984). Im September 1984 beliefen sich die geschätzten Sanierungskosten auf 500 Millionen Schilling, im August 1985 waren die Schätzungen bei 800 Millionen Schilling angelangt. Die Verfahren zur Bewilligung öffentlicher Mittel zogen sich in die Länge. Die Anträge wurden laufend aktualisiert und wiesen ständig steigende Kosten aus. Die Bewilligungsstellen sahen sich immer weniger in der Lage, über die Projekte zu entscheiden. Die Pläne wurden für unausgereift gehalten, so daß der Sanierungsbeginn immer wieder verschoben wurde und sich an den Produktionsbedingungen nichts änderte. Ein 1987 vorgelegtes Sanierungskonzept lief auf die Neuerrichtung des Werkes hinaus, deren Kosten zwischen 1,4 und 1,5 Milliarden Schilling geschätzt wurden. Obir kündigte an, Slovenija Papir würde sich mit 500 Millionen Schilling an diesem Projekt beteiligen (Volksstimme vom 30.4.87, Die Presse vom 18.9.87). Der Geschäftsführer von Obir konnte mit diesem Angebot eine Forderung des Kärntner Landeshauptmann[63] Wagner erfüllen und erwartete im Gegenzug die Bewilligung eines Darlehens in Höhe von 200 Millionen Schilling aus der Landeskasse sowie 760 Millionen vom staatlichen Wasserwirtschaftsfonds. Doch auch diese Mischfinanzierung wurde nicht realisiert. Die Regierung mißtraute der Zahlungsbereitschaft und Zahlungsfähigkeit der Slowenen.

> »Das Hauptproblem schien dann aber zu sein, daß der Eigentümer, die Slovenija Papir, nicht in der Lage war, die für die

63 Ministerpräsident.

> Durchführung einer so großen Investition notwendigen Eigenmittel sicherzustellen. ... Der Eigenmittelnachweis ist letztlich nicht gelungen, so daß im Endeffekt auch keine Förderungszusage erfolgte.« (ehemaliger Landeshauptmann-Stellvertreter/SPÖ; Interview)

Aus der Sicht der Vertreter Obirs lag das größte Hindernis allerdings nicht bei den eigenen Projekten zur Sanierung. Nach wie vor steht der ehemalige Geschäftsführer zu den damaligen Plänen.

> »... Wir haben 1984, 1985 komplette Sanierungspläne auf dem Tisch gehabt, sowohl für die technische Seite, die umwelttechnische Seite, ... aber auch insgesamt die wirtschaftliche. In dieser Zeit kommt es zu dieser Aktion der Kärntner Landesregierung in Villach. ... Zellstoff-Villach. Das muß man absolut in Verbindung sehen.« (ehemaliger Geschäftsführer von Obir; Interview)

Der frühere Leiter des Werkes ist überzeugt, daß die zögerliche Politik der Landesregierung trotz der vorliegenden Konzepte für die Restrukturierung von Obir nur zu verstehen ist, wenn die Bedeutung des Villacher Werkes berücksichtigt wird.

Exkurs: Zellstoff Villach

Die Zurückhaltung der Öffentlichen Hand bei der Vergabe von Fördermitteln für Obir hing mit dem drohenden Kollaps des zweiten Kärntner Zellstoffwerkes in St. Magdalen bei Villach zusammen. Seit 1984 war die Kärtner Landesregierung in die Entwicklung des Villacher Werkes involviert.

Der Landeshauptmann-Stellvertreter der SPÖ-Regierung war zugleich Finanzreferent[64] des Landes, Präsident des Wasserwirtschaftsfonds, Chef des Kärntner ÖGB sowie Aufsichtsratsvorsitzender der Kärntner Elektrizitätswirtschaftsgesellschaft KEWAG und der Österreichischen Donaukraftwerke ÖDK gewesen. Er hatte durch diese Ämter kaum zu kontrollierende Befugnisse, die er zum Wohle seiner »politischen Heimat in Villach« (Die Presse vom 1.8.1989) zu nutzen wußte. In seiner Funktion als Stellvertreter des Landeshauptmanns und Vorsitzender des Wasserwirtschaftsfonds setzte der SPÖ-

64 Stellvertretender Ministerpräsident und Finanzminister.

Politiker eine riskante Entscheidung zur öffentlichen Förderung des Zellstoffwerkes St. Magdalen durch. Er ignorierte nicht nur das Urteil des damaligen Eigentümers, der den maroden Betrieb zur Schließung vorgesehen hatte, sondern handelte auch gegen die Bedenken von internationalen Gutachtern und zuständigen Beamten.

> »Vor allem das Urteil der weltweit als Nummer eins unter den Gutachtern geltenden Pyöry-Leute war vernichtend. Die wichtigsten Punkte:
> – Die Fabrik kann bei keinem Produktionsniveau ihre Herstellungs- und Zinskosten 'einspielen'.
> – Jede stärkere Holzpreiserhöhung und jede Konjunkturabschwächung würde das Werk sofort wieder zu einem Subventionsfall machen. ...
> – Insgesamt müßten also – eingerechnet die noch zu errichtenden biologischen Kläranlagen – noch etwa 896 Millionen Schilling aufgewendet werden.« (Wochenpresse Nr. 47/1987, S. 29)

Die einstimmige Entscheidung der Landesregierung[65] Ende Januar 1985, die Arbeitsplätze in Villach zu retten, widersprach sowohl ökonomischer und regionalpolitischer Vernunft als auch geltender Beschlußlage. Denn es hatte ein

> »österreichisches Zellstoffkonzept seitens der Bundesregierung und der Sozialpartner gegeben ..., das darauf hinauslief, fünf kleinere Zellstoffabriken, die eine Produktionsgröße von 30.000 bis 50.000 Jahrestonnen gehabt haben, zu schließen« (ehemaliger Landeshauptmann-Stellvertreter/SPÖ; Interview).

Die Hallein Papier, Vorbesitzerin der Zellstoff Villach, war an der Weiterführung des Werkes nicht interessiert und bot eine »Stillegungsprämie in dreistelliger Millionenhöhe an.« (trend Nr. 8/1989, S. 39) Die Gewerkschaft hatte für die Mitarbeiter des Zellstoffwerkes den besten Sozialplan akzeptiert, der in Österreich bisher beschlossen worden war. Die Vermittlungschancen in Villach wurden für die rund 200 ehemaligen Arbeitnehmer als verhältnismäßig gut

65 5 Mitglieder der SPÖ, je 1 Mitglied der ÖVP und FPÖ. FPÖ-Minister für Fremdenverkehr, der die Entscheidung zur Stützung in St. Magdalen explizit mittrug, war der spätere Ministerpräsident Jörg Haider (Kärntner Tageszeitung vom 10.4.1987).

eingeschätzt.[66] Der Magistratsdirektor von Villach äußerte grundsätzliche Zweifel an dem Nutzen des geplanten Vorhabens, nachdem er die Kosten einer Intervention des Landes geprüft hatte. Er stellte halb im Ernst Überlegungen über langfristige Möglichkeiten zur alternativen Nutzung jener Fördermittel an, die für St. Magdalen aufgebracht werden mußten.

> »Mit den am Kapitalmarkt erreichbaren Zinsen für Förderungsbeiträge in Höhe von mehreren 100 Mio S, die mit 1-3%iger Verzinsung und einer Laufzeit von 30 Jahren zurückgezahlt werden müssen, könnte man wahrscheinlich 300-400 Menschen ein schönes Arbeitslosen-Einkommen verschaffen.« (Kärntner Landtagsamt 1990, Punkt 10, Beilage 6, S. 7)

Die Stillegung von St. Magdalen hätte ohne Komplikationen durchgeführt werden können. In dieser Abwicklungsphase verkündete der Landeshauptmann-Stellvertreter jedoch die Übernahme der Zellstoff Villach mitsamt den Beschäftigten durch das Land.

> »Man hat das jedenfalls mit der politischen Mehrheit im Land durchgedrückt. Man hat nochmal 300 Millionen locker gemacht und gezahlt. Das Land hat die Haftung übernommen, auch für die Kredite der Hypo[67], und es hat in einem Fiasko geendet.« (Leiter der Abteilung Wirtschaftspolitik/SPÖ, AK Klagenfurt; Interview)

Denn je mehr Fördermittel in den Anlagen verschwanden, desto unmöglicher wurde es für die Sozialisten, ihr Engagement zu beenden. Die Landesregierung zahlte weiter für das Villacher Werk, bis sich die Subventionen der Öffentlichen Hand Ende 1988 auf 936,6 Mil-

---

66 Der Bericht des Untersuchungsausschusses zum Fall St. Magdalen hielt fest, daß ausgerechnet der Landeshauptmann-Stellvertreter in internen Gesprächen »beim Vorstand der Hallein Papier AG für eine vorzeitige Schließung des Werkes (eingetreten sei), da die dort noch beschäftigten Mitarbeiter anderwärtig im Raume Villach unterkommen können. Diese Informationen blieben allen anderen Regierungsmitgliedern und dem Landtag vorenthalten.« (Kärntner Landtagsamt 1990, Punkt 3, S. 2)

67 Landeshypothekenbank.

lionen Schilling beliefen (Rechnungshof 1989, S. 61). Der technische Stand des Werkes hatte sich allerdings nicht wesentlich verbessert.

4.5. »Magdalen lebt – stirbt Obir?«[68]

1988 rückte das Ende für Obir näher. Die administrativen Kontrollinstanzen hatten jahrelang mit Blick auf die wirtschaftliche Bedeutung des Werkes für die Region über die eklatante Verletzung der Umweltnormen hinweggesehen. Mit der wachsenden Kritik an der Umweltverschmutzung gerieten die zuständigen Verwaltungsstellen unter Handlungsdruck und begannen, die Einhaltung der rechtlichen Vorschriften zu verlangen. Die Bezirkshauptmannschaft Völkermarkt und das Amt der Kärntner Landesregierung waren die für die Emissionskontrolle und die Erteilung von Betriebsgenehmigungen zuständigen Behörden.

Die erste Überprüfung Obirs beruhte auf dem sogenannten »Seveso-Erlaß« des Handelsministeriums.[69] Sie fand während des Produktionsstillstands 1979 statt und ergab daher keine Beanstandungen. Eine weitere Bestandsaufnahme wurde im August 1982 vorgenommen. Nach den Meßergebnissen dieser Prüfung war die Gefährdung »durch Emission ätzender und giftiger Gase, Dämpfe sowie Stäube nicht auszuschließen« (Bezirkshauptmannschaft Völkermarkt, 1988a, S. 1). Die Verwaltung in Völkermarkt beantragte noch 1982 genaue Untersuchungen bei der Landesregierung, die eine genaue Beurteilung der *Luft*qualität ermöglichen sollten.[70] Dieses

68 Volksstimme vom 25.11.1987.

69 1977 hatte das Österreichische Bundesministerium für Handel und Industrie die Aufforderung an die Landesregierungen gerichtet, jene Betriebsanlagen ihres Verwaltungsbezirkes zu erfassen, die als besonders gefährlich einzuschätzen sind. Die in dieser Liste aufgeführten Betriebe müssen seitdem alle drei Jahre überprüft werden. Diese Bestimmung wird Seveso-Erlaß genannt, da der Unfall in der italienischen Stadt 1976 als Auslöser dieser Vorschrift gilt (Bezirkshauptmannschaft Völkermarkt, Gewerbereferat; Interview).

70 Die mit der Messung der Luftqualität im Raum Eisenkappel beauftragte Abteilung 19 des Amtes der Kärntner Landesregierung in Klagenfurt gab rund drei Jahre später im März 1985 schließlich bekannt,

Gutachten lag 1988 vor. Die Überprüfung der *Gewässer* lag allein in der Zuständigkeit der Wasserrechtsbehörde, die wiederum der Kärntner Landesregierung unterstand. Das Polzer-Gutachten über die Wasserqualität der Vellach wurde sogar erst 1989 erstellt. Wegen der Aufteilung der Kompetenzen zwischen Völkermarkt und Klagenfurt verzögerte sich die Umweltkontrolle Obirs über Jahre.

Das lufthygienische Gutachten von Professor Kofler brachte die Bezirkshauptmannschaft Völkermarkt schließlich in Zugzwang. Im Oktober 1988 stellte der Wissenschaftler fest:

> »Das Zellstoffwerk Obir stellt den dominierenden Emittenten im Beurteilungsraum dar. Die hier derzeit ausgehenden Emissionen sind hinsichtlich der SO_2-Belastung so stark, daß auch im Sommer extrem hohe SO_2-Spitzen auftreten können.« (Kofler 1988)

Das Gewerbeamt der Bezirkshauptmannschaft Völkermarkt mußte nach den Bestimmungen der österreichischen Gewerbeordnung unverzüglich ein Verfahren einleiten.

> »Gemäß § 360 Abs. 2 GewO hat die Behörde in Fällen drohender Gefahr für das Leben oder die Gesundheit von Menschen oder das Eigentum, ... entsprechend dem Ausmaß der Gefährdung oder der Belästigung mit Bescheid die gänzliche oder teilweise Schließung des Betriebes, die Stillegung von Maschinen oder sonstige die Anlage betreffende Sicherheitsmaßnahmen oder Vorkehrungen zu verfügen.« (Bezirkshauptmannschaft Völkermarkt, 1988b)

Der Firma wurde auferlegt, ab sofort nur noch schwefelarme Brennstoffe zu verwenden, die Kochzeiten zu verlängern und innerhalb von 10 Tagen weitere Vorschläge zur Reduktion der SO_2-Emissionen zu machen. Obir konnte diese Anforderungen durch interne Umstellung der Produktion erfüllen und legte im Dezember den verlangten Sanierungsplan vor. Da der in Aussicht genommene Neuaufbau des Werkes jedoch Waldgebiete auf dem Betriebsgelände in Mitleidenschaft zog, gab das Gewerbeamt der Bezirkshauptmannschaft Völkermarkt das gesamte Verfahren an die Forstbehörde ab.

---

daß sie sich personell und technisch nicht in der Lage sähe, die Luftwerte bei Obir vor 1986 zu messen (Bezirkshauptmannschaft Völkermarkt 1988a, S. 2).

Denn die Belange des Schutzwaldes waren vorrangig zu berücksichtigen. Das Gewerbeverfahren wurde ausgesetzt.

Der endgültige Stillegungsbeschluß wurde schließlich von der Wasserrechtsbehörde administriert. Die Obir GesmbH sowie die Gemeinden Sittersdorf und Eisenkappel hatten bereits im April 1988 die Genehmigung erhalten, einen neuen Kanal für die Abwässer aus der Produktion und aus den Kommunen zu errichten. Zunächst sollten die Abwässer direkt in die Drau geleitet werden dürfen, bis die Kommunen und das Werk den Bau einer biologischen Käranlage fertiggestellt haben würden. Schon der vorgeschriebene Baubeginn konnte nicht eingehalten werden, da es »bislang nicht gelungen sei, Zusagen für die Förderungsmittel zu erhalten.« (Amt der Kärntner Landesregierung 1988) Auch nach einer sechs monatigen Verlängerung der Frist zum Baubeginn hatte sich nichts geändert. Obir legte kurz vor dem Ende der Verlängerungsfrist ein komplett neues Projekt zum Umbau des Werkes vor und wollte nun eine CTMP-Anlage errichten.[71] Außerdem wurde beantragt, die Holzbestände im Lager abarbeiten zu dürfen. Die Skepsis der zuständigen Stellen gegenüber der Seriosität der zahlreichen Planungen und Konzepte wuchs. Die Basis für die Entscheidung gegen den Weiterbetrieb des Werkes wurde schließlich im Juli 1989 durch ein Gutachten im Auftrag der Wasserrechtsbehörde gelegt.

Der Sachverständige Polzer aus der Abteilung Umweltschutz des Amtes der Kärntner Landesregierung stellte fest: »Die Vellach ist ... eher mit einem Abwasserkanal gleichzusetzen als einem natürlichen Fließgewässer.« (Amt der Kärntner Landesregierung 1989c, S. 1) Der Gutachter empfahl eine sofortige Stillegung des Betriebs, da

> »die Gefahr einer wesentlichen Beeinträchtigung durch die Abwässer des Zellstoffwerkes Obir bei Niederwasser besteht und eine Abschaltung bei Niederwasserführung infolge der sedimentä-

---

71 Eine »Chemi Thermo Mechanical Pulp« dient zur Bereitung von Holzschliff. Die Umweltbelastung durch das CTMP-Verfahren ist zwar deutlich geringer als bei herkömmlichen Verfahren und das eingesetzte Rohmaterial wird auch besser ausgenutzt. Allerdings ist der Strombedarf sehr hoch (Umweltbundesamt 1989a, S. 33f., Informationsblatt des Obir-Betriebsrates vom 3.7.1989).

ren Altlasten nicht in Frage kommt, ... Dem Wunsch des Werkes, bis Jahresende weiter zu produzieren, kann daher aus Umweltschutzgründen nicht Rechnung getragen werden.« (ebd., S. 12)

Das Amt der Kärntner Landeseregierung erließ daraufhin im Namen des Landeshauptmanns einen »wasserpolizeilichen Auftrag: Die Zellstoffabrik Obir GmbH wird verpflichtet, die Einleitung der Produktionsabwässer in den Vellachbach zu unterlassen.« (Amt der Kärntner Landesregierung 1989a) Das Wasserbenutzungsrecht war damit erloschen und wurde auch nicht für den Abbau der Lagerbestände verlängert.

»Im Hinblick darauf, daß der Umweltschutz als Grundsatz in das Bundesverfassungsgesetz Eingang fand, wonach das Staatsziel 'Umweltschutz' höher zu bewerten ist, als das Ziel der Stärkung der Wirtschaftskraft eines Unternehmens, wie hier in Form der Abarbeitung der Lagervorräte, war der Antrag auf befristete Weiterproduktion abzuweisen.« (Amt der Kärntner Landesregierung 1989b)

Der Einspruch des Werkes gegen diesen Bescheid hatte ebensowenig Erfolg wie die fortgesetzte Suche nach finanzieller Unterstützung. Weder das Land Kärnten noch Finanzierungsquellen der Öffentlichen Hand, noch der slowenische Eigentümer in Ljubljana deuteten ihre Bereitschaft zur Finanzierung der vorgelegten Projekte an.

»Slovenjapapir hat sich daher entschlossen, von der Errichtung einer neuen Produktionsanlage für Zellstoff am Standort Rechberg Abstand zu nehmen. ... Mit Einstellung der Zellstoffproduktion sind wir gezwungen, die Dienstverhältnisse nach Maßgabe der arbeitsrechtlichen Bestimmungen durch Kündigung zu beenden.« (Brief der Slovenjia Papir an Landesrat Max Rauscher vom 29.9.1989, S. 2f.)

Anfang November 1989 wurde der Zellstoffbetrieb von Obir offiiell stillgelegt (Der Standard vom 10.11.89). Der kaufmännische Geschäftsführer verlegte den Sitz der Handelsabteilung von Obir nach Klagenfurt.

4.6. Konfliktwahrnehmung und -bearbeitung auf politischer Ebene

Bis zur Kärntner Landtagswahl 1989 war es in erster Linie die Aufgabe der Sozialistischen Partei gewesen, den Arbeitsplatz-Umweltkonflikt in Eisenkappel zu bearbeiten. Konkrete Ursache für diese Zuordnung lag in der schier unlösbaren Verbindung der SPÖ mit der Causa St. Magdalen. Vor dem Untersuchungsausschuß, der zur Klärung der Vorgänge um die Zellstoff Villach eingesetzt worden war, gab der ehemalige Landeshauptmann-Stellvertreter der SPÖ zu Protokoll:

> »Die Gegenargumente seien aber nicht so stark zu werten gewesen wie die Argumente zur 'Erhaltung der Arbeitsplätze und damit die Sicherung auch für die Zukunft.'« (Kärntner Landtagsamt 1990, Punkt 11, S. 19)

Die politischen Zugeständnisse für das schrottreife Werk in St. Magdalen weckten die Hoffnungen, daß im Vellachtal die gleichen Maßstäbe angelegt werden würden. »Wir wollen nur genauso behandelt werden wie andere,« verlangte der Geschäftsführer Ende 1987 (Die Presse vom 16.12.1987). Die SPÖ gab sich jedoch sehr zurückhaltend, wenn es um die Unterstützung Obirs ging. Durch das immense finanzielle Engagement in Villach blieb in Rechberg kaum noch Raum für praktische Unterstützung. Die Rettung der 200 Arbeitsplätze in St. Magdalen hatte oberste Priorität erlangt, zu diesem Urteil kommen politische Freunde wie Gegner der SPÖ. Für den der SPÖ angehörenden Leiter der wirtschaftspolitischen Abteilung in der Arbeiterkammer Klagenfurt ist der Fall St. Magdalen außerordentlich durch den Wunsch der SPÖ geprägt, Arbeitsplätze zu sichern: In Villach hatte man bereits

> »Sozialpläne für die Leute aufgestellt. Die Leute haben ganz grandiose Abfertigungen bekommen. ... Die haben das bekommen! Laut Aussagen der Arbeitsmarktverwaltung war es so, daß diese ca. 200 Arbeitnehmer sofort im Zentralraum Villach eine Beschäftigung angeboten bekommen haben. ... Dann hat es den Gewerkschaftschef gegeben, der damals stellvertretender Landeshaupt-

mann war, der eigentlich die Hauptfigur in dieser ganzen Angelegenheit war. Der hat gesagt, ja, er wird sich auch stark machen – es waren damals Wahlen in absehbarer Zeit – er wird sich auch stark machen in bezug auf die beschäftigungspolitischen Überlegungen. Er möchte die Arbeitsplätze dort oben halten. Obwohl diese Sozialpläne schon verwirklicht worden sind!« (Leiter der Abteilung Wirtschaftspolitik, AK Klagenfurt/SPÖ; Interview)

Der frühere Gewerbereferent der Volkspartei deutet den Fall ähnlich: Die Erhaltung eines maroden Betriebes war »das politische Wollen dieser Partei, wobei sicher die Frage ... von 200 Arbeitsplätzen ein Rolle gespielt hat.« (ehemaliger Gewerbereferent/ÖVP; Interview) Ein Zitat, das er dem früheren Bundeskanzler Kreisky zuschreibt, ist für den Vorsitzenden der FPÖ-Landtagsfraktion ein typisches Beispiel für die Arbeitsplatzfixierung der Sozialisten: »Kreisky, nicht wahr: 'Arbeitsplätze um jeden Preis, kein Arbeitsplatz ist uns zu teuer.'« (Klubobmann[72]/FPÖ; Interview)

Im Unterschied zu Magdalen waren kaum öffentliche Mittel des Landes in das Rechberger Werk geflossen. Die sozialistische Landesregierung bemühte sich, diesen Zustand beizubehalten. Der Landeshauptmann-Stellvertreter verlangte nachdrücklich die Eigenleistungen des Eigentümers.[73] Die Strategie der SPÖ in der Landesregierung bestand bis zur Stillegung in der verbalen öffentlichen Unterstützung des Werkes, ohne daß konkrete Maßnahmen eingeleitet worden wären. Während einer Demonstration der Arbeitnehmer in Wien betonte der Landeshauptmann-Stellvertreter, der Landesregierung sei bewußt, »daß der Erhaltung von Arbeitsplätzen in dem mit Abstand wichtigsten Wirtschaftsfaktor der Südkärntner Region vorrangiges Interesse zukomme.« (Neue AZ vom 16.12.87)

Bei der Betriebsversammlung der Obir-Arbeitnehmer im März 1988 ließ er sich zum großen Ärger der Belegschaft jedoch entschuldigen (Kärntner Krone vom 16.3.1988) Drei Wochen später äußerte sich der Politiker skeptisch über die Chancen zur Rettung von Obir und der dortigen Arbeitsplätzen.

72 Fraktionsvorsitzender.

73 Dies war bei Magdalen schon deshalb nicht möglich gewesen, weil dies Werk dem Land selbst gehörte.

> »Nach rein ökonomischen Standpunkten ist die Sanierung von Rechberg zu teuer. ... Ich nehme nicht an, daß die Bevölkerung eine Lösung akzeptiert, die das Land Kärnten noch einmal Milliarden kostet.« (Die Presse vom 8.4.1988)

Doch auch nach solchen vorsichtigen Rückzugsversuchen blieben andere Mitglieder der sozialistischen Partei in der Öffentlichkeit auf der Arbeitnehmerschiene, selbst als das Ende Obirs absehbar war und Landeshauptmann Haider die Stillegung als bereits von der Regierung beschlossen darstellte. Sein neuer Stellvertreter Ambrozy von der SPÖ konterte umgehend,

> »daß es um die betroffenen Arbeitnehmer in Südkärnten geht, und deshalb können wir es nicht einfach hinnehmen, daß, ohne daß Zukunftsperspektiven angeboten werden, solche Äußerungen über Schließungen gemacht werden« (ORF-Radio Kärnten, Mittagsjournal vom 28.6.1989).

Dies sind nur Ausschnitte aus der Gratwanderung, die die Sozialisten zwischen ihrem Arbeitsplatzdogma und den Anforderungen an Umweltschutzbelange leisten mußten. Anders als bei St. Magdalen fiel es der Landes-SPÖ im Fall Obir jedoch leichter, eine Entscheidung gegen das Werk durch Nicht-Entscheidung für die Fabrik zu fördern. Regierungsmitglieder aus der SPÖ in Klagenfurt und Sozialisten auf kommunaler Ebene, insbesondere in Eisenkappel, widmeten sich dem Problem in Arbeitsteilung. Erstere mußten den umweltpolitischen Vollzug als Regierungspartei mittragen, da die Schließung Obirs wegen der hohen Kosten für die umwelttechnische Sanierung faktisch nicht abzuwenden war.[74] Folglich wurden auf Landesebene relativ konkrete Alternativkonzepte in die Diskussion gebracht. Die kommunalpolitischen Akteure dagegen zeigten volles Engagement in dem Versuch, die bedrohten Arbeitsplätze zu retten und gingen erst spät zu einer Forderung nach Ersatzarbeitsplätzen über. Der Bürgermeister von Eisenkappel nahm im Sommer 1989 im Radio zu der Schließungsankündigung Haiders Stellung.

74 »Wenn der Eigentümer nicht bereit gewesen ist, die Eigenmittel, die dafür notwendig sind, sicherzustellen, wäre wahrscheinlich auch der SPÖ nichts anderes übrig geblieben.« (ehemaliger Landeshauptmann-Stellvertreter/ SPÖ; Interview)

Bürgermeister: »Ein Zusperren des Betriebes mit 1. Juli und zwar ganz ohne Alternativen, wäre natürlich eine Katastrophe allerersten Ranges und zwar vor allem für die Arbeiter in einer ohnehin strukturschwachen Region.«

Frage ORF: »Kann die Gemeinde Eisenkappel irgend etwas tun?«

Bürgermeister: »Naja, die Gemeinde wird direkt wahrscheinlich nicht sehr viel unternehmen können. Wir stehen aber selbstverständlich hinter den Intentionen der Arbeiter, hinter den Intentionen des Betriebsrates und natürlich auch hinter den Intentionen der Slovenija Papir, solange sich das Unternehmen zum Standort Rechberg bekennt.« (ORF Radio Kärnten, Mittagsjournal vom 15.6.1989)

Der Hinweis, daß die Gemeinde konkret wenig würde tun können, deutet auf die Aufgabenteilung zwischen Landes- und Kommunalpolitikern der SPÖ. Da die Kommunalpolitiker, die Bürgermeister und Gemeinderäte der SPÖ, administrativ so gut wie keinen Einfluß auf den Gang der Dinge hatten, konnten sie sich (verbal) mit aller Kraft für die Sicherung der Beschäftigungsverhältnisse einsetzen. Für den Fall der drohenden Schließung konnte man ihnen keinen Vorwurf machen, aus Rücksicht auf die Umweltbelange nicht genug für den Erhalt der Arbeitsplätze getan zu haben. Die Bürgermeister der betroffenen Gemeinden federten den Druck ab, den die Landesregierung bzw. die SPÖ-Mitglieder der Landesregierung über die Behörden auf Obir ausübten. Die Vertreter der Gemeinden standen zum Werk, wohl wissend, daß sie konkret nichts ausrichten konnten. So sahen sich die 23 Mitglieder des Gemeinderats von Eisenkappel angesichts des Wasserrechtsbescheids für Obir veranlaßt, eine Resolution an die neue Kärntner Landesregierung zu senden. Sie wiesen auf die rückläufige Bevölkerungszahl, die »exorbitante Auspendlerquote«, den akuten Mangel an Arbeitsplätzen und auf ihre Unterstützung für die Pläne des Werkes hin, »wenngleich diese in Anbetracht der gegebenen Kompetenz lediglich auf dem Sektor der Meinungsbildung möglich war.« (Gemeinderat o.J.) Auch der Bürgermeister von Eisenkappel stellt im Gespräch mit mir fest, »daß die Gemeinde als Behörde letztendlich überhaupt keine funktionale Kompetenz hatte.« Die umweltrechtlichen Entscheidungen lagen bei der Landesregierung, die Gewerbeangelegenheiten bei der Bezirksverwaltungsbehörde.

> »Also die Gemeinde hatte an sich von der rechtlichen Seite her weder de facto noch de jure auf den Lauf der Dinge Einfluß zu nehmen. De facto nicht, weil wir nicht in der Lage waren, entsprechende Gelder zu mobilisieren.« (Bürgermeister von Eisenkappel/SPÖ; Interview)

Die Bürgermeister der Anrainergemeinden arbeiteten zusammen mit der Belegschaft, den Betriebsräten und Gewerkschaften für den Erhalt der Arbeitsplätze. Gemeinsam adressierten sie ihre Kritik an Landeshauptmann Haider, »daß der Betrieb der Zellstoffabrik Obir ohne jede Alternative stillgelegt werden soll. Dies aber kann von den Unterzeichneten keinesfalls hingenommen werden.« (Brief an Landeshauptmann Haider vom 26.7.1989) Das Interesse der Gemeindepolitiker an Obir beschränkte sich natürlich nicht nur auf die 217 fraglichen Arbeitsplätze, sondern bezog sich auch auf die Bedeutung des Werkes für die Wirtschaftskraft des gesamten Tales und die eigenen kommunalen Steuereinnahmen.[75]

Obwohl der Bürgermeister von Eisenkappel – wie viele seiner Amtskollegen in kleinen Gemeinden – quasi als »Nebenerwerbsbürgermeister« tätig ist und hauptberuflich eine Abteilung in der Agrarverwaltung der Kärntner Landesregierung leitet, wurde sein überzeugender, wenn auch nicht sehr erfolgreicher Einsatz für Obir von der Bevölkerung honoriert. Der Stimmenanteil für die SPÖ war in den Landtagswahlen 1989 Eisenkappel außerordentlich hoch. Die Verluste gegenüber der Landtagswahl 1984 blieben hier im Vergleich mit anderen Gemeinden verhältnismäßig gering (siehe die Tabelle auf der folgenden Seite).

Die SPÖ mußte nach der Wahl 1989 die absolute Mehrheit und den Posten des Landeshauptmanns abgeben. Die Sozialisten hatten sogar den Wahltermin vorgezogen, um vor allem die negativen Auswirkungen des St. Magdalen-Skandals auf die Wahl zu begrenzen und »weil sie den Rechnungshofbericht zu Magdalen gefürchtet

75 Eisenkappel verfügte über einen (subventionierten) Haushalt von 60 Millionen Schilling. Diese Summe entspricht rund 8,5 Millionen DM.

Ausgesuchte Wahlergebnisse in Kärnten

	LTW 89	NRW 86	LTW 84
		Kärnten	
SPÖ	45,99%	47,72%	51,63%
ÖVP	20,96%	27,07%	28,21%
FPÖ	29,00%	20,96%	15,96%
GRÜNE	1,68%	3,35%	2,18%
		Eisenkappel	
SPÖ	59,45%	61,82%	60,40%
ÖVP	16,51%	21,43%	21,30%
FPÖ	11,24%	7,93%	6,30%
GRÜNE	10,65%	6,70%	9,50%
		Sittersdorf	
SPÖ	53,90%	55,24%	55,72%
ÖVP	18,77%	22,21%	23,17%
FPÖ	16,01%	12,21%	9,15%
GRÜNE	10,20%	9,30%	10,92%
		Villach, Stadt[1]	
SPÖ	50,61%	53,29%	56,51%
ÖVP	15,53%	23,51%	24,07%
FPÖ	28,98%	18,16%	14,53%
GRÜNE	1,29%	3,54%	2,22%
		Villach, Land[1]	
SPÖ	50,85%	51,93%	56,27%
ÖVP	16,13%	21,33%	21,16%
FPÖ	28,41%	21,61%	17,60%
GRÜNE	2,19%	3,71%	3,16%

LTW 89 = Landtagswahl 1989; NRW 86 = Nationalsratswahl 1986;
LTW 84 = Landtagswahl 1984
1 Wahlkreise des Landeshauptmann-Stellvertreters der SPÖ
Quelle: SPÖ Klagenfurt.

haben, wie der Teufel das Weihwasser« (ehemaliger Gewerbereferent/ÖVP; Interview). Die FPÖ wurde noch vor der ÖVP zur zweitstärksten Partei.

Jörg Haider setzte durch, daß seine Partei den Landeshauptmann der Allparteienkoalition stellte, und ließ sich mit den Stimmen der ÖVP ließ sich wurden. Der frühere Landeshauptmann-Stellvertreter der SPÖ ging in den Ruhestand. Mit dem politischen Wechsel an der Spitze des Landes konnte Haider eine rasche Entscheidung gegen Obir durchsetzen. Er griff die Stimmung in der Bevölkerung auf, grenzte sich gegen die auf Arbeitsplätze fixierte Mißwirtschaft der SPÖ ab und kündigte ein kompromißloses Vorgehen gegen die Umweltsünder in Rechberg und Villach an: »Mit uns kann man nicht spielen. Wir sind nicht erpreßbar.« (ORF Radio Kärnten, Mittagsjournal vom 15.6.1989)

Obwohl die Umweltsituation entscheidend für den von Haider verkündeten Stillegungsbeschluß zu Obir war, ist anzunehmen, daß er den Schlag gegen die slowenischen Minderheiten in Südkärnten zumindest billigend in Kauf nahm. Über die ökologische Schiene konnte Haider zugleich an der Lösung der Minderheitenfrage arbeiten (Sekretär des Zentralverbandes der slowenischen Organisationen in Kärnten; Interview). Seine nationalliberale Position und die ideologische Nähe zum Kärntner Heimatdienst erleichterten den Schritt zur Schließung. Für die SPÖ dagegen war ein solches Vorgehen nicht nur wegen ihrer arbeitsmarktpolitischen, sondern auch wegen der minderheitenfreundlichen Haltung unmöglich gewesen:

> »Es hat gegolten, wenn man Obir saniert und Magdalen zusperrt, könnte in der Wahlauseinandersetzung kommen: 'Das Werk in dem Deutsche beschäftigt wurden, Deutsch-Kärntner, das hat man zugesperrt; dort im slowenischen Gebiet und wo die Besitzer Slowenen sind, das hat man gefördert und aufrechterhalten.' Und umgekehrt auch. Man kann nicht Magdalen erhalten und Obir zusperren, weil dort Slowenen beschäftigt sind.« (ehemaliger Landeshauptmann-Stellvertreter/SPÖ; Interview)

Die Arbeitnehmer wurden auf zwei Wegen für den Verlust ihrer Arbeitsplätze entschädigt. Die Unterstützung der Landesregierung bestand in einem »Notprogramm für das Vellachtal« (Kleine Zeitung vom 17.11.1989), das die Unterbringung der Arbeitnehmer in anderen Betrieben fördern sollte (Kärntner Landtag 1989, S. 437f.). Die Regierung kündigte an, sie würde bei Personalaufstockungen in bestehenden Unternehmen der Region die Lohnkosten für ein halbes Jahr übernehmen. Außerdem stellte das Land 130 Millionen Schilling für die Wirtschaftsförderung zur Verfügung.[76] Die Arbeitsmarktverwaltung Völkermarkt richtete zum 1. Januar 1990 in Eisenkappel ein Kontaktbüro für die Arbeitnehmer Obirs ein. Zunächst wurden die 172 Arbeiter betreut. Nach einem Monat hielt das Beratungsteam in seinem Zwischenbericht das bisherige Ergebnis ihrer Vermittlungsbemühungen fest: 44 Arbeiter hatten eine neue Stelle gefunden, »davon 12 mit festen Zusagen«, 50 hatten Pensionsanträge gestellt, 43 besuchten verschiedene Fortbildungkurse[77] und 16 ehemalige Obir-Arbeiter besuchten ein Selbständigenseminar (Kontaktbüro 1990). 19 Personen hatten sich nicht beim Büro gemeldet. Ab Mitte Februar sollte das gleiche Programm für die 45 Angestellten angeboten werden.[78]

Die Obir-Betriebsräte schlossen mit der Slovenija Papir einen Sozialplan über 5 Millionen Schilling ab. Die Belegschaft schien relativ ungehalten über die getroffenen Vereinbarungen, denn die Summe wurde nicht gleichmäßig an alle Mitarbeiter, sondern nach dem Senoritätsprinzip verteilt. Pro Monat Betriebszugehörigkeit gab es 260,- Schilling. Die zuvor von Slovenija Papir geleisteten

---

76 Schon im Januar 1989 hatte der SPÖ-Finanzlandesrat angekündigt, ein Sonderförderungsprogramm für die Region in Höhe von 170 Millionen aufzulegen (Der Standard vom 31.1.1989). Die im November zur Verfügung gestellten 130 Millionen waren Mittel, die das Land als Zuschuß für Umweltschutzmaßnahmen bei Obir bereitgestellt hatte und die nun umgeschichtet werden konnten (Kleine Zeitung vom 18.11.1989).

77 Unter anderem wurde festgehalten, daß sich 6 Arbeiter für einen Elektronikkurs, 9 für die EDV-Grundausbildung, 8 für den Staplerkurs angemeldet hatten. Im Erdbaukurs waren 5, im Schweißerkurs 4 und im Grundkurs für Metallberufe 8 Teilnehmer eingetragen.

78 Trotz mehrfacher Anfragen wurde mir der Endbericht über die Erfolge der Arbeitsvermittlungsbemühungen in Eisenkappel nicht zur Verfügung gestellt. Das Papier läge der Arbeitsmarktverwaltung zwar vor, sei aber nicht publizierbar. Ich konnte keine endgültigen Informationen über den Verbleib der Arbeitnehmer erhalten.

Kündigungsabfindungen waren ebenfalls nach der Dauer der Betriebszugehörigkeit gestaffelt gewesen, so daß die Sozialplanvereinbarung des Betriebsrates nicht ohne Widerspruch blieb. Ein Kommentar in den Kärntner Nachrichten kritisierte das »Privilegienpaket für längergediente treue Mitarbeiter des Werkes« (Kärntner Nachrichten vom 12.1.1990). Beschäftigte, die ohnehin in Pension gehen wollten, würden zweimal hoch abgefunden, junge Arbeiter dagegen, die sich auf eine längere Arbeitsplatzsuche einstellen müßten, bekämen nur geringe Unterstützung. Landeshauptmann Haider sagte die Verdoppelung der Sozialplanmittel aus der Landeskasse zu. Die Sozialistische Partei machte im Landtag ihre Zustimmung zu dieser Maßnahme davon abhängig, daß in Zukunft in allen gleichgearteten Fällen ebenso verfahren werden sollte. Die Fraktion im Landtag verlangte einen Sozialfonds für »die Gleichbehandlung aller Arbeitnehmerinnen und Arbeitnehmer in diesem Lande.« (Kärntner Landtag 1990, S. 995) Mit diesem Anspruch, mit dem die SPÖ erneut ihre Zuständigkeit für Arbeitnehmerfragen zementierte, schoß die Partei über das Ziel hinaus und brachte die Zusage der Landesregierung für Obir schließlich zu Fall. Der Kärntner Landtag lehnte ein knappes Jahr nach der Zusage die Verdoppelung der Sozialplansumme ab.

> »Die Lizidierung der Sozialisten, daß man aus diesen beiden Spezialfällen Obir und Magdalen den Maßstab für ganz Kärnten für alle Zukunft ebenso für alle Betriebe und Arbeitnehmer machen sollte, wurde von uns abgelehnt. Und deshalb ist dann auch kein Präzedenzfall geschaffen worden.« (Klubobmann/ FPÖ; Interview)

In diesem Fall in Kärnten wurde umweltpolitische Handlungsfähigkeit erst (wieder)hergestellt, als der politische Akteur sich zur Erhaltung von Arbeitsplätzen nicht mehr verpflichtet fühlte. Diese Entlastung kam nicht durch den Wandel politischer Prioritäten zustande, sondern durch den Wechsel des verantwortlichen politischen Akteurs. Nach der Regierungsübernahme setzt die FPÖ die Schließungsbestimmungen für Obir durch. Dabei ist anzunehmen, daß den neuen Ministerpräsidenten nicht in erster Linie sein ökologisches Engagement zu diesem Schritt veranlaßte, sondern daß er den unaufschiebbar gewordenen umweltpolitischen Handlungszwang der zuständigen Behörden zugleich als Chance zu einem unterschwelligen Angriff auf die slowenischen Minderheiten in dem österreichisch-slowenischen Grenzgebiet nutzte.

Nachdem ich in den vorangegangenen Fallstudien verschiedene Konfliktsituationen zwischen umweltpolitischen und beschäftigungspolitischen Zielen exemplarisch analysiert habe, werde ich im nächsten Kapitel die systematischen Elemente der Beziehungen zwischen den beteiligten Akteuren herausarbeiten.

IV. Akteure im Umweltschutz

Die Interessen der Unternehmen, die Politik der Kommunen[1] und die Rolle der Beschäftigten in den involvierten Unternehmen waren in den Fallstudien für den Verlauf der Auseinandersetzungen und die Art der Konfliktlösungen ausschlaggebend. In den folgenden Kapiteln will ich die bisher beschriebenen Handlungsstrategien der Akteure und die Beziehungen zwischen den Akteuren explizit machen und interpretieren. Mir geht es nun um die Bedingungen, die ein Votum der Betroffenen für oder gegen Arbeitsplätze beeinflussen und eine Entscheidung für oder gegen Umweltschutz auslösen. Ich muß dazu von den konkreten Fällen abstrahieren, um den Arbeitsplatz-Umwelt-Konflikt und das daraus erwachsende politische Dilemma theoretisch zu modellieren.

Ich werde im ersten Kapitel bei den Interessen von Unternehmen ansetzen, deren Produktion umweltverschmutzende Folgen hat. Wenn ein Unternehmen erwartet, daß die Auswirkungen einer strengeren Umweltpolitik die Realisierung der Unternehmensziele beeinträchtigen werden, wird es versuchen, die Anwendung von Umweltauflagen auf den Betrieb zu verhindern. Für große und regionalpolitisch bedeutende Unternehmen bieten sich insbesondere als wirksame Reaktionsmuster auf die Forderung nach Einschränkung oder Beendigung der Umweltbelastungen an: Die Drohung mit einer Verringerung der Produktionskapazitäten am Standort und die Drohung mit Entlassungen. Der verbale Druck erweist sich immer wieder als ausreichend wirkungsvoll, so daß ein Unternehmen seine Ankündigung nicht wahrmachen muß, um das gewünschte Ziel zu erreichen.

Der Adressat des unternehmerischen Drucks ist der zuständige politische Akteur. Im zweiten Kapitel dieses Teils der Arbeit befasse ich mich daher mit den Rahmenbedingungen kommunaler Um-

1 Erst in zweiter Linie die Politik der Landesregierungen.

weltpolitik. Die Implementation von Maßnahmen zum Schutz der Umwelt erfolgt überwiegend durch kommunalpolitische Akteure. Es läßt sich zeigen, daß wirksame Umweltpolitik keineswegs immer im Interesse der lokalpolitisch Verantwortlichen liegt. Der Bedarf an kommunalen Finanzmitteln und der Wunsch nach einer möglichst hohen Zahl sicherer Arbeitsplätze prägt die Kommunalpolitik grundsätzlich stärker als das Interesse an Umweltschutz. Die kommunalpolitischen Akteure möchten weder auf die Steuereinnahmen durch das ansässige Gewerbe verzichten, noch wollen sie ihre Wählerbasis verlieren. Die Gefahr des Legitimationsverlustes infolge der Durchsetzung von Umweltschutzvorschriften ist jedoch nicht auszuschließen, wenn Betriebe als Reaktion auf Umweltpolitik Entlassungen androhen.

An dieser Stelle muß man sich nun mit Arbeitnehmern als den potentiellen Opfern der unternehmerischen Ankündigung beschäftigen. Im dritten Kapitel werde ich zunächst den zahlreichen Hinweisen auf das gestiegene Umweltbewußtsein von Arbeitnehmern nachgehen. Die Beschäftigten, so heißt es, unterscheiden sich hierin nicht vom Durchschnitt der Bevölkerung. Um die Bestimmungsgründe für die Haltung von Arbeitnehmern in der Konfliktsituation zwischen Umweltschutz und Arbeitsplätzen zu eruieren, werde ich deren ökologisches Engagement und das individuelle Interesse an Beschäftigungssicherheit gegeneinander abwägen.

In einem Punkt zeigen die Interessen der untersuchten Akteure eine bemerkenswerte Übereinstimmung: Sowohl das umweltbelastende Unternehmen als auch die Kommune, in der das Unternehmen als Steuerzahler ansässig ist, als auch die Arbeitnehmer, die in dem Unternehmen beschäftigt sind, haben geringes Interesse an umweltpolitischen Interventionen, wenn sie den Status quo für alle Beteiligten verschlechtern. Der Anstoß für ökologische Politik kann in dieser Situation nur von »außen« kommen, zum Beispiel von Umweltinitiativen oder durch gesetzliche Vorgaben, die auf kommunaler Ebene zu implementieren sind. Die Problemkonstellation, die sich aus den Strategien der verschiedenen Akteure ergibt, wenn die Durchsetzung von Umweltschutzmaßnahmen eingefordert wird, analysiere ich in Kapitel 4. Der kommunalpolitische Akteur gerät in eine *Beschäftigungsfalle*, weil er in seiner Handlungsfähigkeit durch die unternehmerische Drohung paralysiert wird. Denn ein politisch Verantwortlicher risikiert, daß die betroffenen Arbeitnehmer ihm das Vertrauen entziehen, falls er die Beschäftigungsinteressen dieser Wählergruppe durch seine auf das Unternehmen gerichtete Umweltpolitik verletzt.

1. Unternehmen und Umweltschutzpolitik

Die Fallstudien haben gezeigt, daß den betroffenen Firmen die Auswirkungen von Umweltpolitik auf das Unternehmen keineswegs gleichgültig waren. Doch wovon hängt das Verhältnis eines Unternehmens zu ökologischen Fragen ab? Um die Determinanten identifizieren zu können, die die Beziehung von Firmen wie Daimler-Benz, Dynamit-Nobel oder Obir zum Umweltschutz bestimmen, setze ich eine Grundannahme voraus: Für die weitere Analyse gehe ich davon aus, daß es sich um Unternehmen handelt, die betriebswirtschaftlich die Priorität auf ein möglichst gutes Verhältnis zwischen Kosten und Erträgen legen. Unter dieser Voraussetzung kann die Frage nach der unternehmerischen Beziehung zu Umweltschutz präziser gefaßt werden: In welchem Verhältnis stehen ökologische Anforderungen zum Ertragsmaximierungsprinzip? Ich sehe zwei Antworten. Positiv gewendet, läßt sich Umweltschutz in das Unternehmensziel gewinnfördernd integrieren. In der negativen Variante steht Umweltschutz in Konflikt mit dem Ziel eines möglichst großen betrieblichen Erfolges. In diesem Fall steigern Maßnahmen zum Umweltschutz die betrieblichen Aufwendungen und die Kosten-Ertragsrelation verschlechtert sich.

1.1. Umweltschutz als betriebswirtschaftliche Größe

Wenn Umweltschutz mit dem unternehmerischen Prinzip der Gewinnmaximierung kompatibel ist, bietet sich die Aufnahme ökologischer Gesichtspunkte in die Betriebsziele als rationale Strategie an. Im expandierenden Umweltschutzsektor gibt es ungezählte Möglichkeiten für die ertragreiche unternehmerische Bearbeitung und Lösung von ökologischen Problemen. Ökologieorientierte Unternehmen entwickeln umweltverträgliche Produkte oder Produktionsverfahren, sie bieten Dienstleistungen zum Schutz und zur

Pflege der Natur an oder sie befriedigen Beratungsbedarf.[2] In diesen Unternehmen ist Umweltschutz eigenständiger Unternehmensgrund und Quelle des betrieblichen Erfolgs. Integration von Umweltschutz in unternehmerische Ziele kann aber auch heißen, daß ökologische Aspekte der ursprünglichen Betriebsstruktur hinzugefügt werden. Einer solchen Ergänzung mag die Erfahrung zugrunde liegen, daß sich der Hinweis auf die Umweltverträglichkeit eines Produktes oder eines Herstellungsverfahrens mit hoher Wahrscheinlichkeit als werbewirksam und verkaufsfördernd erweist. Der damals amtierende Präsident des Bundesverbandes der Deutschen Industrie Tyll Necker äußerte die Ansicht, daß kein Unternehmen die Berücksichtigung von Umweltschutz vernachlässigen könne.

> »Durch den Verlust des ökologischen Gleichgewichts würde die Wirtschaft ihre Existenz aufs Spiel setzen. Umweltschutz ist keine Wachstumsbarriere, sondern eine Voraussetzung für Wachstum.« (DIE ZEIT Nr. 43/1989, S. 35)

Trotz der positiven Aussichten für Umweltschutz als Wirtschaftsfaktor kann jedoch nicht davon ausgegangen werden, daß sich ökologieorientierte Strategien generell in jedem Unternehmen erfolgversprechend einsetzen lassen. Umweltorientierung zahlt sich nicht für alle Betriebe aus. Damit komme ich zu der Diskussion des Konfliktes zwischen Ertragsorientierung und Umweltschutz.

Wenn die betriebswirtschaftliche Kalkulation ergibt, daß die Kosten für Umweltschutzmaßnahmen die Erträge schmälern, wird ein ertragsorientiertes Unternehmen Wege suchen, um zu vermeiden, daß solche Kosten wirksam werden. In einer Studie zu ökologieorientiertem Unternehmensverhalten untersuchte Manfred Kirchgeorg, welchen Stellenwert Umweltschutzfragen in Industrie-

2 Zur Fülle der Literatur über ökologierorientierte Unternehmen und umweltbewußtes Management vergleiche unter anderem Winter 1987; Meffert, Benkenstein, Schubert 1987; Stitzel, Simonis 1988; Schmid 1989; Hopfenbeck 1990; Kirchgeorg 1990; Ostmeier 1990; Wagner 1990; Baumgartner, Rubik, Teichert 1992; Zahn, Gassert 1992. Zu einem nicht unerheblichen Teil handelt es sich bei den Veröffentlichungen zu diesem Thema um Ratschläge und Erfolgsberichte, die von Unternehmern selbst vorgelegt werden, oder um Beiträge von Funktionären aus Unternehmerverbänden.

unternehmen haben.[3] Obwohl alle befragten Firmen angaben, daß Umweltschutzmaßnahmen in den Unternehmenskonzepten eine Rolle spielten, übten doch auch alle Widerstand gegen Umweltschutzauflagen oder paßten sich nur defensiv und hinhaltend an geänderte Standards an. Die Hälfte des samples verwendete mehr Energie auf solche abwehrenden Strategien als auf ein innovatives ökologieorientiertes Vorgehen. Zur Begründung für dieses Verhalten gaben die Unternehmen an, die kurzfristige Gewinnerzielung und die Kostenentwicklung im Unternehmen würde durch Umweltschutz negativ beeinflußt (Kirchgeorg 1990, S. 238). »Der 'benefit' für's Unternehmen«, so teilte ein Manager des Mineralölkonzerns BP mit, »entscheide selbstverständlich über jede Öko-Initiative seines Hauses« (die tageszeitung vom 25.9.1990).

Viele Auflagen des Gesetzgebers schreiben den Stand der Technik als Norm vor, ohne diese Vorgabe zu präzisieren. Es ist darum für Unternehmen rational, ihr technisches Entwicklungspotential im Umweltschutzbereich nur zögernd auszuschöpfen. Sie können auf diese Weise vermeiden, daß das tatsächlich Mögliche manifest wird und im Stand der Technik quasi als Bumerang auf die Unternehmen zurückschlägt. Ein unbestimmter Rechtsbegriff dieser Art führt also dazu,

> »daß es durch solche Vorschriften für Unternehmer uninteressant werden kann, neue Techniken zu entwickeln; sie handeln sich damit ja zugleich strengere Auflagen ein.« (Hansmeyer 1983, S. 118; vergleiche Hucke 1983, S. 54)

Neben den steigenden Kosten für den eigenen Betrieb sind verärgerte Konkurrenz und Kundschaft zu erwarten, wenn »unter Verweis auf diesen technischen Fortschritt die umweltpolitischen Daumenschrauben für alle in Frage kommenden Betriebe noch stärker angezogen werden.« (Wirtschaftswoche Nr. 41/1984, S. 86) Paradoxe Folge des umweltpolitischen Instrumentariums ist die Bildung

3 Kirchgeorg konzentrierte sich auf rund 200 Betriebe aus Branchen, die von ökologischen Problemen besonders betroffen sind. Dazu gehören die Chemische Industrie, die Mineralölindustrie, Metallverarbeitung und Fahrzeugbau, Holz-, Papier- und Druckgewerbe und die Nahrungs- und Genußmittelindustrie (Kirchgeorg 1990, S. 126).

von Kartellen zur strategischen Zurückhaltung technischen Fortschritts (Leinen 1985, S. 25f., Klemmer 1990, S. 267).

Harold L. Johnson bot bereits Anfang der siebziger Jahre eine spieltheoretische Erklärung unternehmerischen Widerstands gegen Umweltschutz an: Er ging von umweltbelastenden Unternehmen aus, die in Konkurrenz zueinander stehen, die nicht miteinander kooperieren und die über die Absichten und Pläne des Konkurrenten nicht informiert sind. Dies sind die in der spieltheoretischen Standardsituation des Gefangenendilemmas üblichen Ausgangsbedingungen. In einer solchen Situation ist die Fortsetzung der Umweltverschmutzung rationale Unternehmensstrategie, selbst wenn die Unternehmen zu umweltfreundlicher Umstellung der Produktion bereit wären, und eine stärkere Ökologieorientierung allen Unternehmen nutzen würde (Johnson 1971, S. 87f.). Würde eines der Unternehmen Maßnahmen zum Schutz der Umwelt ergreifen, geriete es in »Gefahr, wegen Rentabilitäts- und Wachstumsnachteilen kurz- oder mittelfristig vom Markt verdrängt zu werden.« (Jehle 1980, S. 145) Denn wenn die Konkurrenz nicht ebenfalls zu umweltfreundlichen Produkten und Verfahren übergeht, erhöhen sich die Kosten des ökologischen Vorkämpfers sowohl absolut als auch relativ zu den anderen Unternehmen. »Thus, the competing firms are pushed to the undesirable, socially irresponsible solution of pollution« (Johnson 1971, S. 88).[4] In dieser Situation können Unternehmen ihr Risiko minimieren und die größten Erfolge erzielen, wenn sie sich (ähnlich wie gegenüber dem Stand der Technik) um die Erhaltung des Status quo bemühen (Jehle 1980, S. 145).

Die klassische Lösung des Gefangenendilemmas ist die Intervention von außen. »The only possible course of action is a governmental effort to prompt all firms to reduce environmental contamination« (Johnson 1971, S. 88).[5] Doch welche Abwehrstrategien wenden Unternehmen an, die Umweltschutzmaßnahmen nicht durchführen wollen oder können, wenn die Reduzierung der Umweltver-

4 Lösungen für das *prisoners' dilemma* durch kooperative Strategien wie das »tit for tat« (Axelrod 1984) diskutiert Johnson nicht.

5 Den, wie Johnson meint, einzigen Ausweg stellen Vorgaben der Regierung nicht dar. Daneben sind natürlich auch Aktionen von Bürgerinitiativen oder der Druck von Verbrauchern Auslöser für unternehmerische Verhaltensänderungen.

schmutzung politisch verlangt wird? Zunächst will ich darauf eingehen, daß Unternehmen die administrativen Vorschriften nicht beachten. Dabei handelt es sich um ein recht wirksames Mittel, das jedoch nicht jedes Unternehmen anwenden kann. Ist es einem Betrieb nicht möglich, umweltpolitische Ge- und Verbote zu ignorieren, wird er unter Umständen einen anderen Produktionsstandort in Betracht ziehen. Die Verlagerung von Unternehmenskapazitäten diskutiere ich als zweite mögliche Reaktionsform. In zahlreichen Untersuchungen wird der Standortwechsel aus Umweltschutzgründen jedoch als wenig praktikable und wenig praktizierte Lösung ausgewiesen. In einem dritten Schritt wende ich mich daher der unternehmerischen *Drohung* mit Produktionsverlagerungen und der Warnung vor Entlassungen als einer häufig erfolgreich genutzten Strategie gegen umweltpolitische Interventionen zu.

1.2. Die Bedeutung von Abgaben zum Schutz der Umwelt

Das Spektrum politisch-administrativer Sanktionen die in der Bundesrepublik Deutschland zum Schutz der Umwelt erlassen werden können, reicht von Geldbußen bis zum vollständigen Verbot umweltgefährdender Produkte oder Herstellungsverfahren. Eine gesetzliche Grundlage dafür bietet das Bundesimmissionsschutzgesetz. Nach § 20, Abs.1 BImSchG »kann die zuständige Behörde den Betrieb ganz oder teilweise bis zur Erfüllung der Auflage, der Anordnung oder der Pflichten aus der Rechtsverordnung nach § 7 untersagen.«[6] Das Chemikaliengesetz sieht in § 17 ähnliche Eingriffsermächtigungen vor. Die Bundesregierung kann danach Stoffe, Produkte und Herstellungsverfahren einschränken oder untersagen, wenn es

> »zum Schutz von Leben oder Gesundheit des Menschen oder zum Schutz der Umwelt vor Gefahren, denen durch Einstufung, Ver-

---

6 § 7 definiert die »Anforderungen an die Errichtung, die Beschaffenheit und den Betrieb genehmigungsbedürftiger Anlagen«.

packung und Kennzeichnung nicht hinreichend begegnet werden kann erforderlich ist.« (ChemG § 17, Abs. 1)[7]

Diese weitreichende Interventionsmöglichkeit, die beim Verbot von Asbest angewendet wurde, trifft alle Produzenten des betreffenden Stoffes oder Produktes. Die geforderten Produktionsveränderungen oder ergänzenden Investitionen für den Umweltschutz gelten für alle Hersteller des beanstandeten Produktes und lassen sich kaum umgehen. Solche zwar wirksamen, jedoch sehr dirigistischen Maßnahmen werden verhältnismäßig selten angewendet.

In den Paragraphen 324-330a des Strafgesetzbuches sind zahlreiche Straftatbestände festgeschrieben, doch das vorhandene gesetzliche Sanktionspotential ist schwach. Die für Umweltvergehen vorgesehenen Strafen sind gering und können kaum nachhaltige Umorientierung der Unternehmen hervorrufen. Es ist für ein Unternehmen oft rentabler, finanzielle Abgaben und auch Strafen zu akzeptieren, als in den Schutz der Umwelt zu investieren. Die Vernachlässigung ökologischer Kriterien im betriebswirtschaftlichen Kalkül wird den Unternehmen nach wie vor leicht gemacht. Kirchgeorgs Überlegung, daß es nicht nur unter juristischen Aspekten, sondern auch betriebswirtschaftlich sinnvoll sein kann, »durch Umweltschutzmaßnahmen eine Reduzierung der durch Abgaben belegten Emissionen vorzunehmen, solange die Vermeidungskosten geringer sind als die entsprechenden Abgaben« (Kirchgeorg 1990, S. 64), ist sicher nicht falsch. In der Praxis können die Umweltschutzauflagen diesen Effekt aber nur in den seltensten Fällen erreichen. Zwar können nach dem Strafgesetzbuch Freiheitsstrafen bis zu zehn Jahren und nach dem Chemikaliengesetz Freiheitsstrafen bis zu fünf Jahren verhängt werden, falls »das Leben oder die Gesundheit eines anderen oder fremde Sachen von bedeutendem Wert gefährdet« wurden (ChemG § 27, Abs. 2). In der Gerichtspraxis wird dieser Spielraum jedoch kaum ausgeschöpft. Wenn es überhaupt zur Verhängung von Freiheitsstrafen kommt, werden sie meistens zur Bewährung ausgesetzt (Rometsch 1992, S. 254). Die drohenden oder

7 Allerdings gilt das Chemikaliengesetz nur für die Anmeldung von Stoffen, die neu auf den Markt kommen. Es bezieht sich nicht auf Produkte oder Substanzen, die schon registriert und im Handel sind. Zur Kritik am Chemikaliengesetz vergleiche Stürmer 1984, S. 158ff.

auferlegten Abgaben sind meistens so niedrig, daß es für ein Unternehmen kostengünstiger ist, die Strafe zu zahlen, als die Ursache der Bestrafung zu beseitigen.[8] Nach dem Wasserhaushaltsgesetz, dem Chemikaliengesetz und dem Bundesimmissionsschutzgesetz der Bundesrepublik können grundsätzlich Bußgelder für Ordnungswidrigkeiten bis zu 100.000 DM verhängt werden. Aber »weniger als 3 v.H. der Strafen liegen über 9.000 DM.« (Rometsch 1992, S. 254) Meistens kommen nur Bagatellfälle in den Strafvollzug. Der Fall der *Chemischen Fabrik Marktredwitz* zeigt, wie groß die Diskrepanz zwischen dem ökologischen Schaden und dem Strafmaß sein kann. Das quecksilberverseuchte Gelände des Pflanzenschutzmittelherstellers mußte nach der Stillegung des Betriebs aus öffentlichen Mitteln saniert werden. Allein die Kosten für den Abbruch der Gebäude und den Bodenaustausch wurden auf 60 bis 100 Millionen DM geschätzt. Die Mitglieder der Geschäftsleitung, die für den Umweltskandal verantwortlich waren, erhielten Strafen von 10.500 DM, 80.000 DM und 110.000 DM (Frankfurter Rundschau vom 11.2.1989).

Trotz des niedrigen Strafmaßes ist diese Verurteilung eine bemerkenswerte Ausnahme. Die Wahrscheinlichkeit, bei Umweltschädigungen erwischt zu werden, ist klein. Die meisten »Umweltsünder« bleiben unerkannt. Rometsch errechnet für die nach §§ 324-330a StGB registrierten Umweltstraftaten eine Sanktionierungsquote von 12,25%. Bezieht man Dunkelzifferschätzungen der nicht zur Verfolgung kommenden Straftaten mit ein, wird die Sanktionswahrscheinlichkeit noch geringer.

> »Je nach Größe des Dunkelfeldes bewegt sich die Sanktionswahrscheinlichkeit für alle begangenen Umweltdelikte in dem wenig imponierenden Korridor von 1 v.H. bis 9 v.H.« (Rometsch 1992, S. 253).[9]

---

8 Das Strafgesetzbuch sieht in den §§ 73ff. die Möglichkeit der Abschöpfung von Vermögensvorteilen vor, die aus Straftaten resultieren. Die Gewinnabschöpfung ist jedoch ausgeschlossen, wenn privatrechtliche Ansprüche bestehen. Dies ist bei Umweltdelikten regelmäßig der Fall (Rometsch 1992, S. 250).

9 Die polizeiliche Kriminalstatistik registrierte 1991 in den alten Bundesländern 21.513 Umweltdelikte (Bulletin der Bundesregierung Nr. 56, vom 29.5.1992). Die Statistik spricht von einem Anstieg der regi-

Selbst für risikoscheue Unternehmer ist der Verstoß gegen die gesetzlichen Regelungen ceteris paribus nicht nur rational, sondern sogar optimale Verhaltenweise (Terhart 1986, S. 156ff.). Bei risikofreudigen Unternehmern ist eine Achtung der Ge- und Verbote allein durch das betriebswirtschaftliche Element in der Strafandrohung erst recht nicht zu erzielen. »Die antizipierten Strafen sind daher in aller Regel nicht geeignet, eine abschreckende Wirkung zu entfalten.« (Rometsch 1992, S. 255)[10]

Nicht nur strafrechtliche Regelungen, auch Lizenzen, Öko-Steuern oder Produktionsauflagen sollen dazu beitragen, daß in erster Linie der Verursacher von Umweltbelastungen die Kosten ihrer Vermeidung oder Beseitigung trägt.[11] Diese Instrumente basieren

strierten Umweltstraftaten gegenüber 1990 um mehr als 5% und weist eine Aufklärungsquote zwischen 70% und 90% aus. Die Dunkelziffer kann jedoch bei bis zu 90% der erfaßten Fälle liegen (Rometsch 1992, S. 253.). »Nach wie vor ist bei den Umweltstraftaten von einem großen Dunkelfeld auszugehen.« (Bulletin der Bundesregierung Nr. 47, vom 7.5.1991, S. 358)

10 Die geringe Erfolgswahrscheinlichkeit bei der Verfolgung und Ahndung von Umweltdelikten spiegelt sich im Verwaltungshandeln wider. »Von allen Sanktionen wird selten Gebrauch gemacht, wobei das Zwangsgeld noch relativ am häufigsten eingesetzt wird; es ist insofern einfach handhabbar, als kein Nachweis schuldhafter Normverletzung durch einen Betreiber vorliegen muß. Bußgeld- und vor allem Strafverfahren bringen dagegen Beweisschwierigkeiten für die Behörden mit sich und bedingen dadurch sowie im Falle längerer gerichtlicher Auseinandersetzungen einen hohen Arbeitsaufwand und zeitliche Verzögerungen.« (Mayntz u. a. 1978, S. 42; vergleiche auch Storm 1988, Sp. 770) In der Untersuchung von Renate Mayntz und anderen interpretierten die Behörden diese Situation nicht unbedingt als Vollzugsmangel: Da sie sich nicht als Strafverfolgungsbehörde sahen, sondern eher eine Verbesserung der Umweltsituation erreichen wollten, verzichteten sie selbst auf die Verhängung hoher Bußgelder. Für einen Verhaltensänderung der Unternehmen war nach Einschätzung der Beamten schon die rufschädigende Androhung auch niedriger Strafen wirksam (Mayntz u.a. 1978, S. 467ff. und 780ff.).

11 Zur Diskussion von Öko-Steuern und Sonderabgaben vergleiche Benkert, Bunde, Hansjürgens 1990; Nutzinger, Zahrnt 1989; Aeberhardt 1985 und das vehemente Plädoyer für Umweltsteuern von Breuel 1989. Gretschmann und Voelzkow 1986 wägen die beschäfti-

auf einem gemeinsamen Wirkungsprinzip: Die Nutzung der Umwelt bekommt einen Preis.

> »Durch die politische Festlegung eines Preises für die Nutzung der Ressource Umwelt sollen marktanaloge Prozesse für jene Ressourcen simuliert werden, die nicht marktfähig sind. ... Durch die Steuer wird die Nutzung der Umwelt zu einem normalen Produktionsfaktor und geht damit in die innerbetrieblichen Rentabilitätskalküle ein.« (Bergmann, Ewringmann 1989, S. 43)

Umweltsteuern oder ähnliche Abgaben führen dazu, daß ein Unternehmen für die Nutzung der Umwelt zahlen muß. Der Preis soll mit diesen Instrumenten im Prinzip so gesteuert werden, daß Umweltbelastung teurer wird als entsprechende Maßnahmen zum Umweltschutz. Gegen Öko-Steuern und Umweltabgaben wird häufig eingewandt, daß Unternehmen diese zu erwartenden Abgabenlasten genau wie andere im Geschäftsbetrieb anfallende Kosten auf die Preise ihrer Güter und Dienstleistungen aufschlagen und auf die Verbraucher abwälzen werden. Das Unternehmen »may well decide that the profitability situation is such that it will continue to pollute and sell the product at a somewhat higher price.« (Arrow 1973, S. 311)[12] Die Verteuerung eines Produktes aufgrund von Umweltabgaben wäre unter gesamtwirtschaftlichen Aspekten keine Fehlentwicklung, wenn die Preisgestaltung beim Verbraucher zu einer Neuorientierung in Richtung auf weniger umweltbelastende Produkte führen würde. Es ist allerdings fraglich, ob die Überwälzung für ein Unternehmen eine vernünftige Strategie ist, wenn damit die Gefahr verbunden ist, Marktanteile ganz zu verlieren.

gungspolitischen Implikationen von Öko-Steuern ab. Zum Prinzip des Umweltzertifikats siehe Cansier 1988. Für das Verursacherprinzip siehe Ewringmann 1988.

12 Anders: Teufel 1989.

1.3. Der Standortwechsel als Strategie gegen Umweltpolitik

Neben der bisher diskutierten, mäßig risikoreichen Verletzung der am Produktionsort geltenden Umweltnormen besteht ein möglicher Weg, um den umweltpolitischen Interventionen auszuweichen, in der Abwanderung des betroffenen Unternehmens. Da es sich bei der Planung, Begründung und Durchführung von Betriebsverlagerungen um unternehmensinterne Prozesse handelt, für die es kaum aussagefähige, repräsentative Daten gibt, werde ich der Behandlung der Standortfrage vor allem in wissenschaftlichen Untersuchungen nachgehen.

Insbesondere wenn Auflagen oder Abgaben einzelne Unternehmen treffen oder die Belastungen regional sehr unterschiedlich sind, wird »der Umweltschutz zu einem Kostenfaktor, der die internationale Wettbewerbsfähigkeit der Unternehmen beeinflußt oder sie zur Verlagerung entsprechender Fertigungszweige ins Ausland veranlaßt.« (Gaugler 1984, S. 261)

Marktapologeten und Umweltschützer sind sich in dieser Vision häufig einig: Der Standortwechsel in Länder, in denen weniger strenge Umweltgesetze gelten, kann für ein Unternehmen billiger sein als die Anpassung bestehender Produktionsverfahren an geltendes Recht. Der Europa-Abgeordnete der Grünen Üxküll vermutete schon Jahre vor der Einführung des EG-Binnenmarktes einen Vorteil für jene Standorte, »in denen die Umweltstandards am niedrigsten lägen.« (Süddeutsche Zeitung vom 29.11.1988; vergleiche Hey 1990) Die Ausnutzung unterschiedlicher Umweltstandards in den Ländern der Europäischen Gemeinschaft ermögliche einem Unternehmen die Einsparung von bis zu 60% der Aufwendungen für Umweltschutzmaßnahmen. Ähnlich lauten die auch von Unternehmen selbst, oder von Anderen in unternehmensfreundlicher Absicht, immer wieder geäußerten Behauptungen. Reinhard Clemens und Hermann Tengler befragten mittelständische Unternehmen im Bezirk der Industrie- und Handelskammer Dortmund nach den Konsequenzen von Umweltschutzanforderungen auf ihren Betrieb. Die Firmen berichteten von höheren Kostenbelastungen, eingeschränkten Expansionsmöglichkeiten, negativen Auswirkungen auf die Beschäftigung und klagten über die Bedrohung der gesamten Unternehmensexistenz. Die Autoren der Studie folgerten daraus:

> »Als Ausweg verbleibt häufig nur eine Verlagerung des Standortes, aber auch diese Lösung stößt bei mittelständischen Betrieben schnell an die Grenzen der finanziellen Möglichkeiten.« (Clemens, Tengler 1983, S. 113)

Andere Untersuchungen stützen diese häufig genannte These jedoch nicht. Gabriele Knödgen befragte Anfang der achtziger Jahre 150 Unternehmen, die in Entwicklungsländern investiert hatten. Der Autorin ging es um das Ausmaß und die Richtung umweltschutzinduzierter Kapitalbewegungen (Knödgen 1982, S. 73).[13] Nur 13 Firmenvertreter bezeichneten Umweltschutzauflagen als *wichtige* oder *sehr wichtige* Gründe für die getätigten Auslandsinvestitionen[14] (Knödgen 1982, S. 140ff.). Für die übrigen Befragten war das Umweltschutzmotiv aus verschiedenen Gründen von untergeordneter Bedeutung. Die Unternehmen nahmen Umweltschutz nur als einen Kosten- und Standortfaktor unter einer Vielzahl relevanter Komponenten für die Entscheidung zur Verlagerung oder Neuinvestition im Ausland wahr. Die meisten Befragten hielten Marktbedingungen, Lohnkosten, Transportfragen für wichtigere Standortkriterien als den Umweltschutz.[15]

Ganz im Gegensatz zu der Öko-Dumping-These via Auslandsverlagerung brachte die Entscheidung zur Investition in Entwicklungsländern unter ökologischen Gesichtspunkten eine Verbesse-

---

13 Knödgen referiert einige Untersuchungen der siebziger Jahre, in denen die Verlagerung von Betrieben auf strengere Normen und steigende Kosten im Umweltschutzbereich zurückgeführt wurde. Die methodischen Mängel sämtlicher dieser Studien seien jedoch so groß, daß sich daraus kaum Hinweise auf eine umweltschutzbedingte Industrieflucht ziehen ließen (Knödgen 1982, S. 91ff., 104ff.).

14 Bei diesen 13 Anwortenden ist überdies anzunehmen, »daß sich ein 'response set' eingeschlichen haben kann.« (S. 142) Die Gesprächspartner hielten nämlich auch viele der anderen auf dem Fragebogen vorgegebenen Verlagerungsgründe für wichtig oder sehr wichtig.

15 Zur Systematik und Gewichtung von Standortfaktoren und unternehmerische Standortpolitik in der EG vergleiche Volkmann 1990.

rung des Umweltstandards in der Produktion am neuen Standort mit sich. Da die Unternehmen die Anlagen nämlich nach den neuesten technischen Standards aufbauten, um geplante Produktionssteigerungen zu realisieren, konnte als nicht verlangtes, gleichwohl willkommenes Nebenprodukt der Schadstoffausstoß reduziert werden. Durch die Verwendung moderner Anlagen und Geräte erfüllten die Unternehmen oft mehr als das umweltpolitische Soll des Investitionslandes. Die Manager gingen langfristig von einer Verschärfung der Umweltstandards auch im Ausland aus und betrachteten die Integration von Umweltschutzinvestitionen in der Aufbauphase als Chance, die für einen späteren Zeitpunkt erwarteten Kosten für Umweltschutzauflagen gering halten zu können (Knödgen 1982, S. 204f.).

Diese Ergebnisse werden von einer Untersuchung bestätigt, die nach der Relevanz von Umweltschutzauflagen für unternehmerische Standortentscheidungen in der Chemischen Industrie fragt (Zimmermann 1982). Diese Branche war und ist von der in den achtziger Jahren verstärkt einsetzenden Umweltdiskussion besonders betroffen. Monika Zimmermann kommt wie Knödgen zu dem Schluß, daß angekündigte und verschärfte Umweltauflagen kaum ein Verlagerungsgrund für Unternehmen waren. Zu viele andere Daten beeinflußten die unternehmerische Entscheidung über den Wechsel oder den Erhalt eines Standortes. »Zweifel am Ernst größerer Abwanderungspläne der Großchemie sind berechtigt.« (Zimmermann 1982, S. 43) Die im Auftrag des VCI herausgegebene Zeitschrift *Chemische Industrie* verkündete, daß »nicht daran gedacht wird, die großen integrierten Werke ... aufzugeben.« (ebd.)

Auch neuere Untersuchungen befassen sich mit dem Zusammenhang von Umweltschutz und möglichen Kapazitätsverlagerungen. Das Institut für Marketing der Universität Münster führte 1986 eine repräsentative Befragung unter Managern zum Problem »Unternehmensverhalten und Umweltschutz« durch (Meffert, Benkenstein, Schubert 1987). Der unternehmerische Widerstand gegen Umweltschutzmaßnahmen rührt den Ergebnissen dieser Umfrage zufolge ursächlich von der zusätzlichen Kostenbelastung her. Trotzdem wurde »die Auslagerung der Produktion in Länder mit weniger restriktiven Umweltauflagen ... von den befragten Unternehmen gänzlich abgelehnt.« (Meffert, Benkenstein, Schubert 1987, S. 36)

Dennoch klagen Unternehmensvertreter und Verbandsfunktionäre immer wieder über den großen Einfluß der Umweltpolitik auf die Produktionsbedingungen in der Bundesrepublik.

> »Die Bedingungen, unter denen in Deutschland die chemische Industrie arbeiten muß, verschlechtern sich zusehends. Das hat sehr viel mit Politik zu tun. Von der Politik wird der Rahmen gesetzt, in dem wir uns wirtschaftlich betätigen können. ... Ein Bereich, in dem die Politik ganz offensichtlich jeden Bezug zum Geld verloren hat, ist der Umweltschutz. ... In der Chemie wirken sich die Standortvorteile, die die Schweiz, England und Frankreich inzwischen haben, schon jetzt spürbar aus«, bemerkte der Vorsitzende des bayerischen Landesverbandes der Chemischen Industrie (Wamsler 1991, S. 5f.).

Dieser Widerspruch in den Einschätzungen läßt sich auflösen, wenn man die Standortverlagerungsrhetorik selbst als empirisches Phänomen nimmt und untersucht. Unternehmen äußern Handlungs*absichten*, sie deuten manchmal nicht mehr als ihre *Optionen* an. Nicht die Verlagerung von Produktionskapazitäten in andere Länder oder Gegenden ist Gegenstand der Diskussion, sondern die *Möglichkeit* des Standortwechsels. Auf die Erfolgsbedingungen solcher warnenden Hinweise will ich genauer eingehen, denn sie gehören zu den wirkungsvollsten Mitteln, die Unternehmen zur Abwehr von (denkbaren) ökologiepolitischen Interventionen einsetzen.

1.4. Die Logik der Standortdrohung

Mit dem Hinweis auf Verlagerungen der Produktionsstätten und verlagerungsbedingte oder kostenbedingte Entlassungen sprechen die Unternehmen eine Drohung aus. Bernhard Külp gibt eine knappe Definition für dieses Konfliktinstrument. »Wer jemandem droht, stellt seinem Konfliktpartner einen Schaden in Aussicht.« (Külp 1965, S. 38) Die Wirksamkeit der Ankündigung ist jedoch an Voraussetzungen geknüpft:

> »Bevor eine Drohung ausgesprochen wird, bedarf es überhaupt der Möglichkeit, diese Drohung im Ernstfalle auszuführen. Zumindest muß der Bedrohte der Meinung sein, der Drohende könnte diese Drohung gegebenfalls verwirklichen.« (Külp 1965, S. 39)

In der Regel braucht der Drohende seine Drohung nicht wahrzumachen.

> »Wer wichtige Machtinstrumente besitzt, braucht die Macht – i.S. von Druckausübung – oft gar nicht erst hervorzukehren, weil der Widerpart den Druck antizipiert und darum unnötig macht« (Abromeit 1976, S. 14).

Der Vorteil der Verlagerungsdrohung gegenüber dem tatsächlich durchgeführten Standortwechsel oder anderen unternehmenspolitischen Konsequenzen ist, daß die Drohung sofort eingesetzt werden kann und kurzfristig keine Kosten verursacht. Mit der Warnung vor negativen Folgen für den Standort gibt ein Unternehmen den aktiven Part im Konflikt an den Bedrohten ab. Erst wenn der umweltpolitische Akteur die von ihm verlangte Leistung nicht erbringt und beispielsweise umweltpolitische Normen verschärft, entstehen für das drohende Unternehmen kostenwirksame Folgen.

Külp fügt seinen Überlegungen zur Wirksamkeit der Drohung hinzu, daß der Verzicht auf die Realisierung der Drohung wesentlich zu deren Erfolg als Konfliktmittel beiträgt. Wenn der Drohende die verlangte Leistung allein durch die Androhung von Konsequenzen erhalten hat, »kann er seine unversehrte Macht für erneute Drohungen einsetzen. ... Die Kampfmittel besitzen somit eine permanente Wirkung.« (Külp 1965, S. 43) Die Drohung mit dem Standortwechsel eines Unternehmens scheint diese unerschöpfliche Kraft zu haben. Sie wird immer wieder von einzelnen oder mehreren Firmen erfolgreich eingesetzt. In unternehmerischen Reaktionen auf die Bildung der ersten rot-grünen Koalition in Hessen zeigt sich der Gebrauch der Verlagerungsdrohung besonders anschaulich.

Schon die Absichtserklärung von SPD und Grünen, eine Koalition zu bilden, löste im Oktober 1985 eine Welle von öffentlich geäußerten Überlegungen zum Abschied vom Produktionsstandort Hessen aus. Zahlreiche Firmen erwarteten eine Verschlechterung des Wirtschaftsklimas und kündigten Konsequenzen für Investitionen und Arbeitsplätze in Hessen an. Bei der Hoechst AG, die mit 50.000 Arbeitsplätzen der größte Arbeitgeber des Bundeslandes ist, wurde das Bündnis mit »gewisser Bestürzung registriert« (Frankfurter Rundschau vom 19.10.1985). Der Vorstandsvorsitzende von Hoechst und Präsident des Verbandes der Chemischen Industrie Hilger bezeichnete eine Investitionsverlagerung als »durchaus ernste Alternative« (ebd.).[16] Der Geschäftsführer der Batteriefabrik Sonnenschein in Büdingen erwog, den geplanten Neubau eines dritten Werkes nicht in Hessen vorzunehmen. »Die 'Berechenbarkeit' von Genehmigungsvorgängen sei bei einem grünen Umweltminister nicht mehr gegeben.« (Frankfurter Rundschau vom 22.10.1985) Hans Joachim Langmann, persönlich haftender Gesellschafter des Darmstädter Chemiekonzerns Merck und damals Präsident der Bundesvereinigung der Deutschen Industrie, ging davon aus, daß ein Umweltminister der Grünen die vorhandenen gesetzlichen Grundlagen ausschöpfen würde. Langmann befürchtete deshalb,

> »daß kleine und mittlere Betriebe mit weiteren Investitionen vorsichtig sein werden, sie hinausschieben, bis die politischen Verhältnisse wieder kalkulierbar sind. Die größeren Konzerne werden wahrscheinlich mit ihren Investitonen teilweise in andere Bundesländer ausweichen. Viele tausend neue Arbeitsplätze werden durch das arbeitnehmerfeindliche Bündnis in Hessen gefährdet, weil ein vernünftiger Umweltschutz nicht gegen, sondern nur mit der Wirtschaft möglich ist.« (Frankfurter Rundschau vom 24.10.1985)

---

16 Der Betriebsrat von Hoechst teilte die Skepsis des Vorstandsvorsitzenden. Auch der Vorsitzende der IG Chemie-Papier-Keramik Rappe (SPD) meinte, »daß eine rot-grüne Koalition die Unternehmen verunsichere und Arbeitsplätze gefährde.« (Frankfurter Allgemeine Zeitung vom 23.10.1985) Auf das Verhältnis von Arbeitnehmern zu Umweltschutz und Unternehmensinteressen gehe ich im dritten Kapitel dieses Teils der Arbeit ein.
Hilger benutzt die Drohung noch heute. Aus Anlaß der geplanten CO_2-Abgabe warnt er: »Auch für den Umweltschutz gilt: Wir können jede Mark nur einmal ausgeben.« (zitiert nach DIE ZEIT Nr. 39/1992, S. 29)

Külp interpretiert die Drohung als eine besondere Variante des Tausches. Der Drohende verlangt eine Leistung, nach Erhalt macht er als Gegenleistung die Drohung *nicht* wahr. Während der Inhalt der Drohung in Hessen überdeutlich war, läßt sich die Leistung, die die drohenden Unternehmen erwarteten, nicht so konkret fassen. Im wesentlichen sollte in der neuen Landesregierung das Bewußtsein verankert werden, daß die hessischen Unternehmer eine durchsetzungsstarke, politisch nicht zu übergehende Interessengruppe sind. Nachdem die Koalition geschlossen worden war, und auch die hessische Landesgruppe der Grünen der Regierungsbeteiligung zugestimmt hatte, gab Umweltminister Fischer von den Grünen bekannt, er wolle »versuchen, seine Umweltpolitik möglichst im Konsens mit der Industrie durchzusetzen.« (Handelsblatt vom 29.10.1985) Nach erhaltener Leistung besteht die Gegenleistung des Drohenden darin, »daß der Drohende auf die Realisierung seiner Drohung verzichtet.« (Külp 1965, S. 42) Vier Wochen nach der anfänglichen Hysterie präsentierte Hilger die Investitionsplanungen der Hoechst AG für Hessen. »Dem langjährigen Durchschnitt folgend dürften 40 bis 50 Prozent der Inlandsinvestionen auf das Rhein-Main-Gebiet entfallen.« (die tageszeitung vom 21.11.1985) Die »immer wieder zu hörende Standortargumentation« (Schmid 1989, S. 25) hatte in Hessen keine spürbaren Folgen.

Nun läßt sich eine Reihe betriebswirtschaftlicher Gründe dafür anführen, daß in den hessischen Unternehmen hinter den Verlagerungsdrohungen nur geringe Durchführungsabsichten standen. Zum einen war die wirtschaftliche Situation in Hessen besser als in manchen anderen Bundesländern. Das verschlechterte industriepolitische Klima stand in keinem Verhältnis zu der positiven Entwicklung von Beschäftigungs-, Produktions- und Produktivitätszahlen (Frankfurter Rundschau vom 24.10.1985; Wirtschaftswoche Nr. 45/1985, S. 14ff.; Handelsblatt vom 28.11.1985). Zum anderen nimmt die Realisierung eines neuen Standorts Jahre in Anspruch. Die Entwicklung von Produktionskonzepten, die darauf folgenden Investitionsplanungen, Investitionsentscheidungen, Genehmigungsverfahren usw. können sich über einen Zeitraum von fünf bis zehn Jahren erstrecken (Verein Deutscher Ingenieure 1983). Bis der Betrieb am alten Standort abgebaut und am neuen Platz eröffnet ist, haben sich hier wie dort die politischen Verhältnisse schon wieder geändert.[17] Ein politisch begründeter Standortwechsel durchkreuzt langfristige unternehmerische Planungshorizonte und beinhaltet betriebswirtschaftliche Risiken, die den Nutzen eines politisch freundlicheren Investitionsklimas wahrscheinlich weit übersteigen. Als schnelle Reaktion auf politische Klimaveränderungen ist die Betriebsverlagerung daher wenig sinnvoll, sie würde vermutlich mißlingen. Als Drohmittel erfüllt sie gleichwohl ihren Zweck, denn die Drohung könnte Schritt für Schritt wahr gemacht werden. Eine Realisierung der Drohung »auf Raten« bietet den Drohenden einen Ausweg aus dem Dilemma, daß sowohl die volle Realisierung als auch eine dauernde Nicht-Realisierung der Drohung das Drohpotential zerstören. Unterhalb des Standortwechsels gibt es eine Reihe von betrieblichen Reaktionsformen, um sich gegen umweltpolitische Interventionen zur Wehr zu setzen. Die Reduzierung des regionalwirtschaftlichen Engagements eines Unternehmens kann in dem Verzicht auf Ersatzinvestionen bestehen. Die Belegschaft kann verkleinert werden. Die Pläne für Erweiterungsinvestitionen können aufgegeben werden. Geplante Neueinstellungen werden nicht getätigt.[18] Eine Firma kann sich von den lokalen Vorleistungsanbietern trennen. Der Abbau vorhandener Kapazitäten kann im letzten Schritt in der sukzessiven Aufgabe des Standorts unter Verlust aller Arbeitsplätze münden. Die Geschäftsführung von Daimler-Benz erwog, auf die Ansiedlung in Rastatt zu verzichten. Man dachte laut darüber nach, »das Werk Bremen auszubauen.« (Direktionsassistent Daimler-Benz Werk Gaggenau; Interview)

Entscheidend für den Erfolg der Drohung ist, wie Külp festhielt, daß der Konfliktpartner sie für glaubwürdig erachtet und sie zumindest nicht entkräften kann. Die von den Varianten der Stand-

17 Wären hessische Unternehmer dem Werben des damaligen, stellvertretenden niedersächsischen CDU-Landesvorsitzenden Seiters gefolgt, der »sein Land statt Hessen als Industriestandort« empfohlen hatte (Frankfurter Rundschau vom 23.10.1985), hätten sie 5 Jahre später erneut ihre Zelte abbrechen und nach verläßlichen Verhältnissen suchen müssen. Auch in Niedersachsen hatte eine rot-grüne Koalition die Regierung übernommen.

18 Die Reduzierung von *Plänen* ist ein besonders günstiges Mittel zur Drohung, weil kaum zu überprüfen ist, wie konkret und definitiv die Vorhaben wirklich waren, auf die angeblich verzichtet wird.

ortdrohung bzw. des »Totschlagsarguments Arbeitsplätze« Bedrohten sind die jeweils zuständigen politisch-administrativen Instanzen. Bei diesen politisch verantwortlichen Akteuren muß die Drohung ankommen. Hier lohnt erneut ein Blick auf die Ansiedlungsverhandlungen in Rastatt. Bei den Politikern Rastatts zeigte die Drohung des Automobilkonzerns Wirkung.[19] Der Vorsitzende des Landesnaturschutzverbandes, der inzwischen Fraktionsvorsitzender der SPD im Rastatter Gemeinderat geworden ist, gibt die Einschätzung der Abgeordnetenversammlung wieder: »... die Tischvorlagen für die Flächennutzungsplanung wurden über Nacht geändert. Dann hieß es nur: Wenn ihr nicht gleich zustimmt, sind die weg.« (Fraktionsvorsitzender/SPD, Vertreter des LNV; Interview)[20] Im Kon-

19 Ein Vertreter der Bürgerinitiative BENZ meinte: »Daimler Benz hat die Gemeinderäte über den Tisch gezogen. Bremen war nie eine ernsthafte Alternative für Daimler-Benz. Das war nur, um sie praktisch gefügig zu machen.« (ehemaliger Vorsitzender BENZ; Interview) Ebenso zweifelte der Betriebsrat des Gaggenauer Werkes an dem realen Gehalt der Drohung: »Ich hab damals ... gewußt, daß Bremen ja nicht beliebig erweiterbar ist. ... Und ich hab' immer gesagt, das kann vielleicht der Vorstand als Drohung gegenüber Rastatt oder den Umweltschützern verwenden, aber für uns war das nie so existenziell.« (Betriebsrat Daimler-Benz Werk Gaggenau; Interview)

20 Rückblickend will keiner der politisch involvierten Akteure den Druck des Konzerns ernst genommen haben. Der Oberbürgermeister der Stadt Rastatt schrieb mir: »Die Firma Daimler-Benz AG kündigte während der Vertragsverhandlungen den Ausbau des Bremer Werkes nicht an, sondern ließ diese Möglichkeit lediglich anklingen. Ob das ernst gemeint war, weiß ich nicht. Ich habe es jedenfalls seinerzeit nicht so ernst genommen ...« (Brief des Oberbürgermeisters vom 17.9.1990) Auf Verwaltungsebene wurde mir versichert: »Der Alternativstandort Bremen stand bei uns nie zur Frage. Die Firma Mercedes-Benz hat bei uns von Anfang an erklärt, sie wolle ... ein neues Pkw-Werk hier errichten mit einer Kapazität im Endausbau von 1.000 Pkw-Einheiten. Und das gibt der Alternativstandort Bremen nicht her. Das war nie eine Alternative« (Stadtplanungsamt Rastatt; Interview) Und der Vorsitzende der Rastatter Freien Wähler resumierte: »Ich würde nicht sagen, daß sie uns unter Druck gesetzt haben. Wenn letzten Endes Daimler-Benz gesagt hätte, sie gehen nach Bremen, hätten wir diese Entscheidung auch akzeptiert.« (Vorsitzender FWG Rastatt; Interview) Da die politischen Vertreter der Interes-

flikt um Dynamit Nobel in Rheinfelden genügte schon die latente Drohung, um politische Reaktionen auszulösen und die Voraussetzungen für einen produktionspolitischen Kompromiß zu schaffen. Auch in Eisenkappel hörte man von Obir, »Naja, dann müssen wir zusperren. ... Wenn da die Gelder nicht fließen, dann müssen wir zusperren.« (ehemaliger Gewerbereferent/ÖVP; Interview).[21] Durch den politischen Machtwechsel im Verlauf dieses Konfliktes erreichte die Warnung letztendlich einen Adressaten, der selbst die Schließung forcierte.

Ich fasse die Überlegungen zum Verhältnis von Unternehmen zu Umweltpolitik zusammen. Betriebsinterne Kollisionen zwischen den Auswirkungen umweltpolitischer Interventionen und dem Unternehmensinteresse an einer möglichst günstigen Kosten-Ertrags-Relation sind keine Seltenheit. Abhängig von den konkreten Umständen bieten sich verschiedene betriebliche Abwehrstrategien an. Die Drohung des Unternehmens mit negativen Konsequenzen für den Standort und die Beschäftigten an die Adresse des zuständigen politischen Akteurs hat sich als wirkungsvolles Mittel erwiesen. Voraussetzung für den Einsatz des aus Unternehmersicht sehr einfachen und kostengünstigen Instrumentes ist, daß der zu erwartende Schaden dem politisch-administrativen Akteur glaubwürdig angedroht werden kann.

Der umweltpolitische Konflikt und die unternehmerische Drohung treten in erster Instanz auf kommunalen Ebene auf. Im folgenden Kapitel untersuche ich daher die Bedingungen für den Einsatz umweltpolitischer Instrumente und das Interesse an der Erhaltung eines für Unternehmen wie Bürger attraktiven Standortes aus der Sicht des kommunalpolitischen Akteurs.

---

sen Rastatts den Eindruck hinterlassen müssen, eine freie Entscheidung im Interesse der Stadt und ihrer Bürger getroffen zu haben, kann die Interpretation der Vorgänge aus heutiger Sicht nicht anders sein.

21 Die relativ schwach ausgeprägte Drohung im Falle Obirs liegt daran, daß der slowenische Konzern selbst kein großes Interesse an der Sanierung der maroden Zellstoffkocherei hatte. Der Slovenija Papir lag vor allem an der umsatzstarken Handelsabteilung, die nicht an den Standort in Eisenkappel gebunden war.

2. Umweltpolitik in der Kommune

Die Kommune wird zum Adressaten unternehmerischer Drohungen, wenn Unternehmen Adressaten kommunaler Umweltpolitik werden. An diesem so selbstverständlich klingenden Schluß sind zwei Sachverhalte erklärungsbedürftig: Erstens die Zuständigkeit der Kommunen für Umweltpolitik und zweitens die Art und Wirkungsweise der umweltpolitischen Instrumente der Kommunen. Beide Aspekte behandle ich im folgenden ersten Abschnitt.

Die Bestandsinteressen der Kommune können von erforderlichen umweltpolitischen Interventionen, die sich gegen ansässige Unternehmen richten, gefährdet werden. Durch die Funktion der Unternehmen als Steuerzahler und als Arbeitgeber sind die Kommunen in hohem Maße von den Betrieben abhängig. Sie können sich daher kaum darauf einlassen, schwelende Umweltkonflikte mit den Unternehmen wirklich auszutragen. Im zweiten und dritten Teil dieses Kapitels analysiere ich die fiskalischen Interessen der Kommune an prosperierender Unternehmenstätigkeit anhand der kommunalen Bedeutung von Gewerbe- und Einkommensteuer.

2.1. Umweltpolitische Zuständigkeiten und umweltpolitische Instrumente

Die Gesetzgebungskompetenzen im Umweltbereich liegen in der Bundesrepublik Deutschland beim Bund und bei den Ländern.

> »Die Festlegung umweltpolitischer Normen obliegt vor allem der Bundesgesetzgebung, größtenteils im Zusammenwirken mit den Ländern. Dies gilt für die Bereiche Abfallbeseitigung, Luftreinhaltung und Lärmbekämpfung. Für die Bereiche Wasserhaushalt, Naturschutz und Landschaftspflege kann der Bund lediglich Rahmenvorschriften erlassen« (Welsch 1985, S. 714).

Zur Regelung von Fragen der Abfallbeseitigung hat der Bund 1972 das Gesetz über die Beseitigung von Abfällen und 1986 das Gesetz über die Vermeidung und Entsorgung von Abfällen in konkurrierender Gesetzgebung erlassen. Für beide Gesetze gibt es in allen (alten) Bundesländern Ausführungsgesetze. Ebenfalls in konkurrierender Gesetzgebung hat der Bund Aspekte der Luftreinhaltung und der Lärmbekämpfung im wesentlichen mit dem Bundesimmissionsschutzgesetz (BImSchG) geregelt. Sofern es in den Bundesländern zusätzliche Bestimmungen gibt, sind sie in Landesimmissionsschutzgesetzen, Lärmbekämpfungsverordnungen oder im Bauordnungsrecht festgehalten (Engelhardt 1990, S. 72ff.). Das Bundesnaturschutzgesetz, das Raumordnungsgesetz und das Wasserhaushaltsgesetz stellen Rahmengesetze des Bundes dar. Auch diese Gesetze wurden detailliert durch Ländergesetze ausgefüllt (ebd., S. 45ff.). Die Ausführung der Gesetze sowie abgeleiteter Verwaltungsvorschriften erfolgt je nach Aufgabenbereich ganz oder teilweise durch die Ordnungsbehörden in den Kommunen. Weite Teile der Implementation und Implementationskontrolle liegen auf kommunaler Ebene. Über den Aspekt des kommunalen Vollzugs des Umweltrechts hinaus verweist Rüdiger Göb auf die inhaltliche und formalrechtliche Zuständigkeit der Kommunen.

> »Die inhaltliche Zuständigkeit der Kommunen ergibt sich daraus, daß die stärksten Umweltbelastungen durch die Anhäufung von vielfältigen Nutzungsansprüchen des Menschen (wie Arbeiten, Wohnen, Erholung, Bildung, Verkehr usw.) auf engem Raum in den Städten und Gemeinden verursacht werden. Formalrechtlich sind die Kommunen für die kommunale Umweltpflege zuständig, weil die Kommunen nach Art. 28 Abs. 2 GG das Recht auf Wahrnehmung ihrer örtlichen Angelegenheiten in eigener Verantwortung haben.« (Göb 1986, Sp. 921)

Die Verlagerung von Teilen der Handlungskompetenz auf die dezentrale Ebene trägt dazu bei, daß umweltpolitische Auseinandersetzungen in hohem Maße auf der kommunalen Ebene virulent werden (Mayntz 1976). Denn der Konflikt zwischen ökologischen Notwendigkeiten und anderen Interessen, wie zum Beispiel betriebswirtschaftlichen Prioritäten wird in den Gesetzesvorgaben des Bundes und der Länder ausgespart.[22] In der Praxis treffen die Aus-

22 Edda Müller kritisierte die mangelnde Problemnähe in der Umweltgesetzgebung des Bundes und die auf Bundesebene fehlende Berück-

wirkungen solcher Unvereinbarkeiten die Kommunen, weil diese die Politik unmittelbar gegenüber den gesellschaftlichen Akteuren vertreten und durchsetzen müssen.

> »Ein auf Gesetzesebene ungelöster Zielkonflikt zwischen zwei Politikbereichen wird in der Implementationsphase auf die dezentrale Ebene überwälzt, wodurch die Gesetzgebung von konfligierenden Anforderungen legitimatorisch entlastet wird.« (Hucke, Ullmann 1980, S. 122)

Wie sehen die Instrumente aus, mit deren Hilfe die Kommunen Umweltpolitik implementieren? In der verwaltungswissenschaftlichen Literatur werden im wesentlichen vier Typen von Politikinstrumenten unterschieden, mit denen politische Administrationen von ihren Adressaten normkonformes Verhalten zu erreichen versuchen. Dabei handelt es sich um Informations- und Überzeugungsprogramme, um öffentliche Leistungserbringung, finanzielle Anreize sowie regulative Politik (Mayntz 1980, S. 5ff.). Nicht jedes dieser Instrumente ist in gleichem Maße umweltpolitisch wirksam.

Persuasive Politik (Zapf-Schramm 1989, S. 303) besteht aus Aufklärungskampagnen, Veröffentlichungen in Presse, Funk und Fernsehen, Informationsbroschüren, Wettbewerben oder Beratungsangeboten. Appelle an die Bürger sollen umweltbewußtes Verhalten initiieren.[23] Solche Maßnahmen und Angebote können einen praktischen Wandel zu mehr Umweltschutz nicht herbeiführen, sondern nur Anreize schaffen und Ideen liefern. Persuasive Politik hat kommunalpolitisch den Vorteil, daß sie niemanden nachteilig berührt, und doch ein hohes Maß an Präsenz dokumentiert.

> »Überzeugungsprogramme (sind) ein Mittel par excellence für symbolische Politik, mit der Aktivität signalisiert wird, ohne tatsächlich Veränderungen herbeiführen zu wollen – und dies außerdem in einer 'kostengünstigen' Form.« (Dahme, Grunow 1983, S. 139)

Mehr noch: Zeigt sich keine Wirkung, liegt die Ursache dafür bei den uneinsichtigen Bürgern. Informations- und Überzeugungspro-

---

sichtigung von Zielkonflikten, die in den Kommunen entstehen können (Müller 1983, S. 40ff.).

23 »Mach mit bei der Müll-Diät« (Hamburger Stadtreinigungsbetriebe).

gramme zählen zu den relativ schwachen Mittel ökologieorientierter Politik, da diese Maßnahmen das Verhalten der Adressaten kaum einschränken.

Die Kommune kann in ihrem umweltpolitischen Verhalten mit gutem Beispiel vorangehen. Kommunale *Eigenleistungen* oder ein Angebot an *öffentlichen Dienstleistungen* gehören wie die persuasive Politik zu reinen Vorleistungen der Gemeinde, deren positive Wirkungen nur erhofft, jedoch von der Kommune nicht erzwungen werden können. Die Präsentation der Kommune als Vorbild für die Bürger wirkt allerdings angesichts der Dimensionen der Umweltverschmutzung hilflos.[24]

Die Wirkung von kommunaler Informations- und Vorleistungspolitik kann sich verbessern, wenn diese Instrumente mit materiellen Anreizen verbunden werden. Zum Beispiel stellen Belohnungen oder die Gewährung von Kostenersparnissen bei umweltgerechtem Verhalten *positive finanzielle Anreize* dar. Dennoch ist die umweltpolitische Wirksamkeit auch dieses Instruments als eher schwach einzustufen. Die Gemeinden arbeiten mit engen finanziellen Restriktionen. Die Mittel für großzügige Geschenke an umweltbewußte Bürger oder ansässige Betriebe stehen nur selten zur Verfügung. Für finanzielle Anreize durch den Verzicht auf Einnahmen gibt es nicht viel Spielraum. Grundsätzlich enthalten positive Anreizprogramme immer ein gewisses Mitnahmerisiko, wenn die Adressaten sich ohnehin in der gewünschten Art verhalten oder verhalten hätten.[25] Wenn andere Interessen, Bequemlichkeiten oder Verhaltenstraditionen stärker sind als die angebotene Belohnung, läuft ein Programm positiver Anreize ebenfalls ins Leere.

Negative finanzielle Anreize versprechen dagegen größeren Erfolg. Negative Anreize in Form von Sanktionen sollen nichtumweltkonformes Handeln bestrafen. Wer sich nicht den Umwelt-

---

24 »Die Möglichkeiten, nach außen zu zeigen, wie ernst man es meint, sind zahlreich: ... – Benutzung von Recycling-Papier, ... – Abschaffung der 'Pinkelsteine' in den Toiletten der Verwaltungsgebäude, ... – Wiesen statt Rasen vor öffentlichen Gebäuden ... – heimische Gehölze auch vor dem repräsentativen Rathaus.« (Krauß 1985, S. 271f.; vergleiche auch Zimmermann, Hucke 1984).

25 Diese Erfahrungen schildert Scharpf bei der Implementation von arbeitsmarktpolitischen Anreizprogrammen (Scharpf 1983, S. 102f.).

normen entsprechend verhält, muß dafür zahlen. Allerdings schließen Auflagen und Kostenregelung auch den Anreiz ein, die Vorschriften zu umgehen. Ich bin weiter oben auf diesen Effekt eingegangen.[26] Negative Anreize als Abschreckungsmechanismen machen erhöhten Kontrollaufwand notwendig und fördern die kommunalpolitischen Konflikte mit der ansässigen Wirtschaft. Grundsätzlich widerspricht die Erhöhung von Gebühren und Tarifen »dem haushaltspolitisch begründeteten Trend der Kommunen zu wirtschafts- und gewerbefreundlichem Verhalten.« (Pehle 1990, S. 31)

Die Grenze zwischen negativen finanziellen Anreizen und *regulativer Politik* verläuft nicht immer eindeutig. Renate Mayntz kennzeichnet regulative Normen

> »als unpersönlich formulierte Verhaltensvorschriften ..., die sich an bestimmte Adressaten richten, mit einer Sanktionsdrohung verknüpft sind und als Gebote, Verbote oder bedingte Erlaubnisse formuliert sein können. Die Möglichkeit der Anwendung legitimen Zwangs durch die Vollzugsorgane ist daher für regulative Politik ... charakteristisch« (Mayntz 1983, S. 51).

Für die Administration stellen Gebote, Verbote und bedingte Erlaubnisse ähnlich wie negative Anreizen umweltpolitisch sehr wirkungsvolle Mittel dar. Die Kommune hat bei der Implementation dieser gesetzlichen Regelungen nur geringen Ermessensspielraum.[27] Sie kann allerdings eigene Umweltnormen in Satzungen und Planungen festschreiben. Zu den wichtigsten Anwendungsbereichen der Satzungshoheit gehören Schadstoffgrenzwerte in den Abwasser-

26 Im Kapitel Unternehmen und Umweltschutzpolitik.

27 Nach dem Bundesimmissionsschutzgesetz kann die Kommune als Genehmigungsbehörde Anträge auf Anlagengenehmigung nur dahingehend prüfen, ob die im Gesetz vorgeschriebenen Auflagen erfüllt sind. Ist dies der Fall, muß die Kommune dem Antrag stattgeben. Bei solcherart »gebundenen Erlaubnissen« kann die Kommune daher nur die Anwendung von Bestimmungen kontrollieren (Zapf-Schramm 1989, S. 304; Pehle 1990, S. 32). Ist dagegen der Kommune, beispielsweise als unterer Wasserbehörde, die Möglichkeit zu »freien Erlaubnissen« gegeben, kann sie Antragsinhalte auf ihre Kompatibilität mit anderen kommunalen Interessen prüfen und könnte grundsätzlich genehmigungsfähigen Anlagen die Erlaubnis verweigern (ebd.).

regelungen sowie mit wachsender Bedeutung Abfallsatzungen (Pehle 1990, S. 32). Stadtentwicklungsplanung und Bauleitplanung, d.h. der Flächennutzungsplan und der Bebauungsplan, geben den Gemeinden Gelegenheit, ökologische Grundsätze raumwirksam zu verankern.[28]

Die Struktur dieser hier im Überblick skizzierten Instrumente, die den Kommunen zur Verfügung stehen, trägt dazu bei, daß kommunale Umweltpolitik den Eindruck mäßiger Wirksamkeit hinterläßt. Die Effektivität der zahlreichen persuasiven Mittel hängt von der freiwilligen Kooperation der Politikadressaten ab. Die Erfolgswahrscheinlichkeit von Überzeugungsstrategien sinkt durch den Einfluß anderer Interessen erheblich. Um die Durchsetzung ihrer Umweltpolitik dennoch zu fördern, müssen die umweltpolitischen Instanzen aus dem Fundus regulativer Politikinstrumente Sanktionen ankündigen.

> »Die formale Konstruktion des rechtlichen Instrumentariums rückt ... die Behörden in die Rolle der Entscheidungsinstanz, die zwischen den Belangen des Unternehmens und den Anforderungen des Umweltschutzes, die häufig durch Einwendungen betroffener Bürger verstärkt werden, abwägt und entscheidet. Die faktische Situation sieht die Behörde jedoch weniger in der Rolle des Schiedsrichters als in der Rolle des Konfliktpartners, der in langwierigen Verhandlungen mit dem Betrieb einen Konsens über Art und Umfang der erforderlichen Umweltschutzmaßnahmen zu erzielen sucht.« (Hucke, Ullmann 1980, S. 114f.)

Insbesondere im Kontakt mit Unternehmen ziehen die Kommunen Kooperations- und Verhandlungslösungen den Konfliktlösungen vor, die normkonformes Verhalten erzwingen sollen. Der Einsatz umweltpolitischer Regelungen, die das unternehmerische Gewinninteresse negativ berühren, wendet sich gegen die vorrangig an Steuereinnahmen und Vollbeschäftigung geknüpften Bestandsinteressen der Kommunen, so daß die Umsetzung der »harten« umweltpolitischen Sanktionsinstrumente vor allem an dem mangelnden

---

28 Allerdings können geänderte kommunalpolitische Prioritäten dazu führen, daß umweltpolitische Normen aus den Regelungswerken rasch wieder entfernt werden, wie bei der Ansiedlung von Mercedes-Benz in Rastatt gesehen.

kommunalen Durchsetzungswillen scheitert. Aufgrund der »Parallelität von wirtschaftlichen Wachstums-, staatlichen Steuer- und gewerkschaftlichen Einkommensinteressen« (Jänicke 1978, S. 15) können die politischen Akteure auf kommunaler Ebene nur ein schwaches Interesse entwickeln, durch wirksame Umweltpolitik diesen Konsens zu stören.

> »Gemeinden haben daher an der Persistenz ihrer ansässigen Unternehmen und an der Ansiedlung neuer Betriebe ein vitales Interesse, das mit dem Interesse der staatlichen Umweltpolitik, die zu einer Verschlechterung des Standortfaktorenbündels führt, konfligieren muß.« (Ewringmann, Zimmermann 1978, S. 84)

In zahlreichen Beiträgen zur Implementationsforschung ist auf diesen Zusammenhang immer wieder hingewiesen worden.[29] In den folgenden Abschnitten will ich die Stichhaltigkeit des Arguments prüfen. Dazu skizziere ich Struktur und Umfang kommunaler Steuereinnahmen und verfolge die empirischen wie analytischen Hinweise auf die Bedeutung der Steuern für Städte und Gemeinden.

2.2. Steuereinnahmen der Gemeinden

Die Kommunen sind durch selbstgestellte und durch ihnen vom Staat übertragene Aufgaben zu ständig wachsenden Leistungen gezwungen. Um ihre Verpflichtungen finanzieren zu können, müssen sie besonders daran interessiert sein, ihre Einnahmesituation laufend zu verbessern. Dazu bleibt den Gemeinden kaum ein anderes Mittel als der Versuch, die eigene Wirtschaftskraft zu steigern. Vor allem die Gewerbesteuerzahlungen und die von der Zahl der Arbeitsplätze abhängigen Lohn- und Einkommensteuereinahmen machen Unternehmen für eine Kommune so außerordentlich interessant.

---

29 Vergleiche unter anderem die Beiträge in Mayntz u.a. 1978 und Mayntz 1980, darin insbesondere den Aufsatz von Jochen Hucke und Arieh A. Ullmann; siehe auch Hucke, Ueberhorst 1983; Zapf-Schramm 1989.

1. *Gewerbesteuer*[30]

Die überragende Bedeutung der Gewerbesteuer für die kommunale Einnahmesituation wird immer wieder hervorgehoben. »Denn welche Gemeinde wäre ohne die Einnahmen aus der Gewerbesteuer zur Ansiedlung von Industrie und Gewerbe (vor allem wenig umweltfreundlicher Unternehmen) bereit?« (Faiß u.a. 1986, S. 41) Die Gewerbesteuer sei die wichtigste Einnahmequelle und garantiere den Kommunen darüber hinaus Handlungsautonomie, da die Gemeinden die Hebesätze zu den Realsteuern selbst festsetzen könnten. Die Realsteuern, also Gewerbesteuer, Grundsteuer A und Grundsteuer B[31]

> »sind das Kernstück der kommunalen Finanzhoheit im Rahmen ihres Selbstverwaltungsrechtes im Sinne von Art. 28 des Grundgesetzes und Art. 71 Abs. 2 der Landesverfassung von Baden-Württemberg. Als Kernstück gelten sie nicht nur wegen ihrer finanzwirtschaftlichen Bedeutung, sondern vor allem deswegen, weil der Ertrag dieser Steuern durch die Festsetzung von Hebe-

---

30 Ich gehe hier auf die in der Bundesrepublik Deutschland gültigen Regelungen ein. Die mit Blick auf die Obir-Fallstudie interessanten österreichischen Prinzipien sind in der Grundstruktur identisch mit den deutschen. Die österreichische Gewerbesteuer basiert auf deutschem Okkupationsrecht, das nach dem Krieg beibehalten wurde. In der Praxis haben sich seitdem einige Änderungen ergeben. Die Gewerbekapitalsteuer wird in Österreich seit 1986 nicht mehr erhoben. Die Festlegung des Hebesatzes liegt nicht in der Autonomie der Gemeinden, er wird vom Bund bestimmt. Die Kommunen können die Gewerbeertragssteuer entweder zum festgesetzten Hebesatz einfordern oder ganz auf diese Steuereinnahme verzichten. Neben der Gewerbesteuer bleibt den Gemeinden die Lohnsummensteuer als eigenständige Steuerquelle, die in Österreich nicht abgeschafft wurde, und für die die Gemeinden eigenständig Hebesätze bis zu 1.000% festsetzen können (Zitzelsberger 1990, S. 79f.; zur Kommunalverfassung in Österreich siehe Oberndorfer 1982).

31 Mit der Grundsteuer A werden land- und forstwirtschaftliche Vermögen belastet, die Grundsteuer B bezieht sich auf Wohn- und Betriebsgrundstücke (Marcus 1987, S. 71). Zusammen machen Grundsteuer A und B knapp 12% der kommunalen Steuereinnahmen aus.

sätzen von den Gemeindeorganen (Gemeinderäten) vermehrt oder vermindert werden kann.« (Sander 1986, S.80)

Die Gewerbesteuer der Gemeinden setzt sich zusammen aus der Gewerbe*ertrag*steuer und der Gewerbe*kapital*steuer. Für die Berechnung der Gewerbesteuer werden der unternehmerische Erfolg und der Einheitswert des Betriebsvermögens als Ausgangsgrößen durch Hinzurechnungen (Dauerschuldzinsen, Spenden ...) und Abzüge (Beteiligungsgewinne ...) korrigiert (Clemens, Held 1986, S. 17). Die Zwischensummen werden um Freibeträge von 36.000 DM beim Ertrag und 120.000 DM beim Kapital ermäßigt und mit den Steuermeßzahlen multipliziert (5% für Gewerbeertrag, 0,2% für Gewerbekapital). Erst die Summe der sich aus diesen Multiplikationen ergebenden Steuermeßbeträge stellt die Bezugsgröße für den Gewerbesteuerhebesatz dar.

Die Gemeinden betrachten die Hebesätze als den entscheidenden Faktor, mit dem sie die Höhe ihrer Steuereinnahmen bzw. den Steuerdruck auf die Unternehmen beeinflussen können. Mit der Finanzreform von 1969/1970 ging das Recht zur Festlegung der Hebesätze bei den Realsteuern von den Ländern auf die Gemeinden über (Art. 106 Abs. 6 GG). In Gemeinden, die ungünstige Standortfaktoren aufweisen, sind die Hebesätze niedriger als an attraktiven Standorten. Entsprechend liegt der Hebesatz in Ballungsgebieten deutlich über dem ländlicher Regionen oder von Randgemeinden.[32] Die Gemeinden begründen überdurchschnittlich hohe Hebesätze häufig mit notwendigen Infrastrukturvorleistungen, um den Platz attraktiv zu machen und zu halten. Andere Kommunen versuchen gerade mit niedrigen Hebesätzen für den Investitionsstandort zu werben.

Die Gemeinden messen den Hebesätzen und dem kommunalen Recht zur Festsetzung dieser Sätze ein hohen Wert als Ausdruck kommunaler Autonomie und als Mittel im Standortwettbewerb um

32 Eine Übersicht des Statistischen Bundesamtes für 1989 zeigt die Schwankungsbreite der Hebesätze: 480% in Frankfurt, 450% in München, 200% in Berlin. In drei Gemeinden mit weniger als 3.000 Einwohnern wurde ein Gewerbesteuerhebesatz von unter 150% erhoben. Der »gewogene Durchschnittssatz« lag 1989 bei rund 360% (Statistisches Bundesamt 1990, S. 46f.).

Ansiedlungen und Investitionen bei. Zur Beeinflussung der Höhe der Gewerbesteuereinnahmen sind die Hebesätze jedoch keineswegs der entscheidende Faktor. Wichtiger als der Multiplikator ist die Ertragssituation der Unternehmen, die in der Gemeinde zur Steuer veranlagt werden. Der Anstieg des Gewerbesteueraufkommens seit 1970

> »läßt sich zu weniger als einem Drittel (7,4 Mrd. DM) auf die Erhöhung der Hebesätze und zu zwei Dritteln auf die wachsende Bemessungsgrundlage zurückführen: Die Hebesätze sind um 27 vH gestiegen, die Bemessungsgrundlage wuchs um 150 vH.« (BMF 1989, S. 119f.)

Darüber hinaus ist die Zusammensetzung der Gewerbesteuer aus der Ertrags- und der Kapitalkomponente für ihre Wirkungsweise von großer Bedeutung: Der Gewerbeertrag spielt für die Bemessungsgrundlage eine wesentlich größere Rolle als das Gewerbekapital, denn 80% bis 85% der Gewerbesteuer sind Gewerbeertragsteuer (Zitzelsberger 1990, S. 65, Clemens, Held 1986, S. 27). Aus der starken Abhängigkeit des Steueraufkommens vom Unternehmensertrag ergibt sich folglich eine spürbare Konjunkturreagibilität der Gewerbesteuer. In Rezessionszeiten sinken bei abnehmenden Unternehmenserträgen die Gewerbesteuereinnahmen der Gemeinden, so daß der finanzielle Spielraum der Kommunen bei gleichbleibenden bzw. tendenziell steigenden Ausgaben schrumpft. Die Gemeinden verstärken die Konjunkturreagibilität der Steuer noch zusätzlich, wenn sie in wirtschaftlichen Abschwungphasen den Hebesatz steigern müssen, um ihre Einnahmen zu erhöhen, und dadurch den Unternehmen investive Mittel entziehen (Clemens, Held 1986, S. 27f., Faiß u.a. 1986).

Neben dieser konjunkturell begründeten Notwendigkeit, das Steueraufkommen zu erhöhen, hat die Aufstockung der Hebesätze strukturelle Ursachen. Die schlechte kommunale Gewerbesteuersituation wurzelt auch in den Steuerfreigrenzen, »die dazu führten, daß heute nur noch ein Bruchteil der Gewerbetreibenden diese Steuer bezahlen muß.« (Sander 1986, S. 93) Vom Gewerbeertrag bleiben 36.000 DM ohne Anrechnung. Das Gewerbekapital kann um 120.000 DM und um einen Freibetrag für Dauerschulden in Höhe von 50.000 DM ermäßigt werden (Petzold 1986). Je weniger Betriebe zur Gewerbesteuer veranlagt werden, desto höhere Steuern werden von denen verlangt, die zahlen müssen. In der Tat werden inzwischen noch rund 15% der Betriebe zu Gewerbekapitalsteuer und 40% zur Gewerbeertragsteuer veranlagt.[33]

Diese rechtliche Konstellation ist für unsere Diskussion des Verhältnisses von Kommunen und Unternehmen folgenreich. Angesichts der kommunalen Angewiesenheit auf die Einnahmen durch die Gewerbesteuer richtet sich das Interesse in der Unternehmenspolitik der Gemeinden nicht allein auf die Ansiedlung irgendeines Unternehmens oder möglichst vieler Betriebe.[34] Die gesetzlich intendierte Entlastung des Mittelstandes zwingt die Kommunen vielmehr, in allererster Linie Großbetriebe zu halten und zu umwerben, wenn sie die Gewerbesteuereinnahmen steigern und den Anteil des Steuerausfalls durch Freibeträge minimieren wollen. Das kommunale Interesse am Steueraufkommen führt daher dazu, daß sich die Gemeinden gerade auf solche Unternehmen konzentrieren müssen, von denen sie dann finanziell und konjunkturell besonders abhängig sind. Die umweltpolitische Durchsetzungsfähigkeit gegenüber diesen Unternehmen hingegen nimmt in dem Maße ab, in dem die fiskalische Angewiesenheit steigt.

33 Es war jedoch ein wesentliches Ziel der Steueränderungsgesetze von 1977 und 1979, »möglichst große Kreise des gewerblichen Mittelstands aus der Gewerbesteuer herauszunehmen.« (Zitzelsberger 1990, S. 70) Je Unternehmen entgehen den Kommunen aufgrund der Freibeträge bei dem gewogenen Durchschnittshebesatz des Jahres 1989 von 362% 7.700 DM, bei einem Hebesatz von 200% 4.280 DM und bei einem Hebesatz in Höhe von 480% sogar 10.272 DM an Steuereinnahmen.

34 Vergleiche zu den kommunalen Anstrengungen in der Ansiedlungs- und Wirtschaftsförderpolitik Bickenbach, Canzler, Nissen 1989; Nissen 1986.

2. *Einkommensteuer*

Zweiter wesentlicher Posten im Steueraufkommen der Gemeinden ist ihr Anteil an der Einkommensteuer[35]. Art. 106 Abs. 5 GG garantiert den Gemeinden

> »einen Anteil an dem Aufkommen der Einkommensteuer, der von den Ländern an ihre Gemeinden auf der Grundlage der Einkommensteuerleistungen ihrer Einwohner weiter zu leiten ist.«

Die Gemeinden erhalten 15% der Einkommensteuer, je 42,5% gehen an den Bund und an die Länder. Die Verteilung der Einkommensteuer auf die Gemeinden im einzelnen ist im Gemeindefinanzreformgesetz (GemFinRG) spezifiziert. Danach wird für jede Gemeinde eine Schlüsselzahl festgestellt. Maßgeblich für die Verteilung der Schlüsselzahlen sind nur die Steuern auf Einkommen bis zu einer Bemessungsgrundlage von 32.000 DM für Alleinstehende und 64.000 DM für zusammen Veranlagte. Der Beitrag einer Gemeinde zu diesem Steueraufkommen legt ihren Anteil am Gemeindeanteil des gesamten Lohn- und Einkommensteueraufkommen fest. Über die Zuordnung der Steuerbeträge zu einer Gemeinde entscheidet der Wohnsitz des Steuerpflichtigen.

Unter dem Gesichtspunkt der kommunalen Einnahmen muß eine Gemeinde folglich Interesse an Arbeitsplätzen in ihrem Verwaltungsbereich haben. Jeder ansässige Arbeitnehmer ist Steuerzahler, trägt zum örtlichen Steueraufkommen bei und erhöht zugleich den Anspruch der Gemeinde auf die Verteilungsmasse. Das Interesse der Gemeinde Rastatt an der Ansiedlung von Mercedes-Benz hatte daher natürlich auch einkommensteuerliche Gründe, wie mir im Interview bestätigt wurde.

> »Es ist ja so, daß die Gemeinden einerseits aus der Gewerbesteuer, und dann insbesondere aus den Anteilen an der Einkommensteuer ihrer Bürger partizipieren und (sich) refinanzieren. ... Deswegen sind sie ja auch so interessiert, daß die Lohnsteuerkarten

---

35 Gemeindlicher Einkommensteueranteil steht verkürzend für den Teil des Aufkommens an Lohnsteuer und an veranlagter Einkommensteuer, der den Gemeinden zufließt (siehe unter anderem § 1 GemFinRG).

bei ihnen bleiben und wieder zurückkommen am Jahresende. Da gibt es schon eine Allianz zwischen Verwaltung und Gemeinderäten, die für eine solche Ansiedlung spricht.« (Vorsitzender der SPD-Fraktion im RVMO; Interview)

Die Ansiedlung des Pkw-Werkes war unter dem Einkommensteueraspekt nur ein halber Erfolg für Rastatt. Der Automobilkonzern wollte in erster Linie die Arbeitsplätze der Beschäftigten in Gaggenau sichern. Durch den Wechsel der Arbeitsstätte von Gaggenau nach Rastatt ändert sich für Rastatt jedoch nicht viel, da Gaggenau zum Verwaltungsbezirk Rastatt gehört. Erst bei Neueinstellungen wird sich die Ansiedlung in dieser Hinsicht für die Stadt auszahlen können. Immerhin führte die Umschichtung nicht zu einem Verlust an Einnahmen, wie dies bei einem Ausbau des Bremer Werkes der Fall gewesen wäre.

Aus denselben Gründen ist das Interesse einer Kommune, einen Betrieb aus ökologischen Gründen zu schließen, nicht sehr groß. Die Steuereinnahmen würden, zumindest vorübergehend, sinken, während die Ausgaben für Sozialleistungen vermutlich steigen würden. Ein Rheinfelder Gemeinderat befürchtete neben steigenden Ausgaben und sinkenden Einnahmen auch Kaufkraftschwund als Folge einer Betriebsschließung. »Die Lohnsumme, die so ein Werk praktisch im Monat auszahlt, die fehlt dann nachher in der Stadt.« (Fraktionsvorsitzender/CDU Rheinfelden; Interview)

Mehr noch als Rheinfelden mußte der strukturschwache Raum Eisenkappel solche Folgen fürchten. Ein großer Teil der Obir-Arbeitnehmer stammte aus Eisenkappel und war auf den Arbeitsplatz im Vellach-Tal angewiesen.

»Wenn diese Fabrik in meiner Gemeinde zusperrt, dann habe ich einen realen Kaufkraftabfluß aus meiner Region von Getränkesteuern usw., der mir nur Nachteile bringen kann. Das heißt, die Bürgermeister waren daran interessiert, daß es in dieser Region einen großen Betrieb gibt, oder daß Ersatzarbeitsplätze geschaffen würden.« (Gewerkschaftssekretär, Gewerkschaft der Privatangestellten; Interview)

Wenn allerdings die Ersatzarbeitsplätze nur außerhalb der Region liegen und nur für Pendler erreichbar sind, oder die Arbeitnehmer zum Wohnortwechsel zwingen, geht mehr als nur die Getränkesteuer verloren. Der ehemalige Geschäftsführer von Obir hatte auf die Bedeutung des Werkes für die Region hingewiesen und betont, daß »doch jedem klar sein müsse, welch große arbeitsmarktpolitische Bedeutung ein Zusperren des Betriebes hätte, (weil) ein schöner Betrag an Steuereinnahmen der Gemeinde und dem Land verloren gehen würde« (zitiert nach Volksstimme vom 1.5.84).

2.3. Die finanzielle Bedeutung der Steuern für die Kommunen

Die Gewerbesteuer und gleichermaßen der Gemeindeanteil an der Lohn- und Einkommensteuer sind die wichtigsten kommunalen Steuereinnahmen. Jede dieser Quellen bringt den Gemeinden mehr als 40% ihrer Steuereinnahmen.[36] Neben den Realsteuern erheben die Kommunen auch jene Aufwands- und Verbrauchssteuern in eigener Regie, die wegen ihrer geringen finanziellen Bedeutung Bagatellsteuern genannt werden.[37] All diese Einnahmen aus Einkommensteuer, Realsteuern und Bagatellsteuern machen nur etwas mehr als ein Drittel der gesamten Gemeindeeinnahmen aus. Weitere 26% bestehen aus gesetzlich geregelten Zuweisungen von Bund und Ländern: den nicht gebundenen Finanzzuweisungen wie den Schlüsselzuweisungen sowie den objektgebundenen Zuweisungen, mit denen Bund und Länder einen Beitrag zur Erfüllung kommunaler Aufgaben leisten (goldene Zügel). Ein weiteres knappes Viertel aller kommunalen Einnahmen stammt aus Gebühren und Beiträgen, die

36 Manche Autoren stellen zwar fest, daß die Gewerbesteuer selbst nach Abzug der an Bund und Länder abzuführenden Gewerbesteuerumlage, die Gewerbesteuer netto, »absolut und relativ den größten Beitrag zum gemeindlichen Steueraufkommen« leistet (Marcus 1987, S. 64; ebenso Clemens, Held 1986, S. 12). Aus dem Bericht des Bundesfinanzministerium geht jedoch hervor, daß der 1970 eingeführte und mit dem Steuergesetz von 1979 von 14% auf 15% angehobene kommunale Einkommensteueranteil die *Gewerbesteuer netto* immer übersteigt. Erst 1990 drehte sich das Verhältnis einmal um (BMF 1991, S. 131).

37 Hundessteuer, Vergnügungssteuer, Schankerlaubnissteuer.

restlichen 10% aus wirtschaftlicher Tätigkeit. Diese Verteilung ist über die Jahre stabil geblieben.

Die gesamten kommunalen Einnahmen beliefen sich Ende der achtziger Jahre auf knapp 200 Mrd. DM. Bezogen auf diese Gesamtsumme entfiel nur ca. ein Achtel der Einnahmen auf die Gewerbesteuer. Konjunkturelle Schwankungen wirken sich daher nur begrenzt auf die Entwicklung der gesamten kommunalen Einnahmen aus, auch wenn sie das Gewerbesteueraufkommen spürbar beeinflußen. Dennoch gilt die Tatsache, daß die kommunalen Steuereinnahmen zu 80% aus Gewerbesteuern und Einkommensteuern bestehen, als ausreichender Beleg für ein Interesse der Gemeinden an unternehmensfreundlicher Politik, hinter der die Bearbeitung ökologischer Probleme häufig zurückstehen muß.

> »... Wobei die Stadt natürlich aus eigenem Interesse sagt, wenn die sich in der unmittelbaren Nachbarschaft niederlassen, fehlt uns die Gewerbesteuer. Und was die Ansiedlung an notwendigen Infrastrukturmaßnahmen mit sich bringt, das fällt dann doch auf die Stadt zurück.« (Fraktionsvorsitzender/SPD, Rastatt; Interview)

Nicht allein die absolute Höhe der Steuereinnahmen, sondern auch die Autonomie der Kommunen bei der Gestaltung der Hebesätze, machen diese Steuer für Kommunen sehr interessant. Gleichwohl betonen Kommunalpolitiker auch gern ihr Engagement für die Zukunft der Arbeitsplätze und die Steigerung der örtlichen Kaufkraft und versuchen, die Bedeutung der Gewerbesteuer zu relativieren.

> »Die Gewerbesteuer spielt für uns nicht die Rolle, die man ihr so gern anhängt. ... Für uns sind der Arbeitsplatz und die Arbeitsplatzsicherung wichtiger. ... Selbstverständlich, auf Einnahmen will man nicht verzichten. Sie sind erforderlich, und Sie wissen ja, jeder Haushalt muß ausgeglichen sein. Projekte, die der Bürger für den Bürger gerne möchte, müssen ja bezahlt werden. Aber daß wir sagen, nur wegen der Gewerbesteuer stimmen wir für die Ansiedlung, das würde ich verneinen.« (Vorsitzender FWG Rastatt; Interview)

Ein Landtagsabgeordneter der SPD (und Bezirkschef der IG Metall) nennt ebenfalls beide Aspekte: Arbeitsplätze und Gewerbesteuer.

> »Um Unternehmen wie die Firma Daimler-Benz reißen sich die Städte, weil es Unternehmen sind, die sichere Arbeitsplätze bieten und letztendlich, das beweisen ja auch die anderen Städte, wo Daimler-Benz angesiedelt ist, auch fleißige und gute Gewerbesteuerzahler sind.« (Vorsitzender des IG Metall Bezirks Gaggenau; Interview)

Angesichts der kommunalen Interessen an stetig wachsenden Steuereinnahmen und angesichts des unternehmerischen Drohpotentials kann es kaum verwundern, wenn die kommunalpolitischen Abwägungen der möglichen regionalpolitischen und wirtschaftlichen Folgen von ökologischen Maßnahmen häufig dazu führen, »daß das Ziel 'Sicherung und Schaffung von Arbeitsplätzen' weit vor allen anderen Zielen der kommunalen Wirtschaftspolitik« (Welsch 1986, S. 721) rangiert und Umweltpolitik ins Hintertreffen gerät. Über diese Zusammenhänge hinaus knüpft an die Ansiedlung und die Pflege ansässiger Unternehmen als Arbeitgeber noch ein weiteres Interesse der Kommunalpolitiker. Maßnahmen für den Schutz der Umwelt sind in der Einschätzung (kommunal)politischer Akteure weniger wählerwirksam als eine erfolgreiche Wirtschafts- und Arbeitsmarktpolitik. Umweltschutzinvestitionen

> »sind keine Vorzeigeobjekte politischer Aktivität, mit denen sich kommunalpolitische Ehren erringen ließen, wie dies etwa Schwimmbad- und Rathausneubauten, Fußgängerzonen oder Maßnahmen zur Verbesserung des innerstädtischen Verkehrsflusses sind.« (Müller 1980, S. 68)

Da Politiker in der Regel an ihrer Wiederwahl interessiert sind, müssen sie für Mehrheiten sorgen. Im nächsten Kapitel werde ich zeigen, daß die Chancen für eine Mehrheit bei einer konsequent unternehmens- und damit beschäftigungsorientierten Politik größer sind als bei einem Vorrang umweltpolitischer Belange. Trotz spürbar steigenden Umweltbewußtseins der Bevölkerung, bei Arbeitnehmern, so meine These, dominiert das Interesse an sicheren Beschäftigungsverhältnissen, wenn es zwischen Umweltschutz und Arbeitsplätzen zum Konflikt kommt.

> »Die örtliche Politik steht auch unter dem Druck der Wähler, die ein Interesse an sicheren und gut bezahlten Arbeitsplätzen haben. ... Eine Gemeindevertretung oder ein Bürgermeister, der ... bereit

wäre, ein Beschäftigungsrisiko als Preis für das Erreichen von Umweltschutzzielen in Kauf zu nehmen, stünde unter einem erheblichen öffentlichen Druck.« (Zapf-Schramm 1989, S. 323 und 325)

3. Arbeitnehmerinteresse an Umweltschutz

Als Zwischenergebnis der vorangegangenen Diskussion kann festgehalten werden: Für jene Unternehmen, die nicht in der Umweltschutzindustrie engagiert sind, findet sich eine Reihe von rationalen Gründen, umweltpolitische Entscheidungen nicht unwidersprochen hinzunehmen. Die Drohung mit dem Abbau von Arbeitsplätzen und Produktionskapazitäten ist dafür ein wirksames Mittel. Da Kommunen auf die Steuereinnahmen aus den Betrieben angewiesen sind, zögern sie die Durchsetzung von Maßnahmen gegen das unternehmerische Interesse solange wie möglich hinaus. Sie tun dies auch ohne äußeren Zwang, also ohne die unternehmerische Drohung abzuwarten, in Antizipation des von Arbeitgebern möglicherweise ausgeübten Drucks. Die tatsächliche oder vorweggenommene Drohung allein genügt allerdings nicht, um die zögerliche Durchsetzung von Umweltpolitik auf kommunaler Ebene zu erklären. Neben der Perzeption von wirtschaftlichen Interessen muß in den politischen Instanzen die Annahme vorherrschen, daß die Wirtschaftsförderung und die Schaffung von Arbeitsplätzen auf mehrheitliche Zustimmung in der Bevölkerung trifft. Diese Voraussetzung will ich überprüfen.

Ich werde im ersten Abschnitt die in Umfragen ermittelte, öffentliche Meinung zum Umweltschutz im allgemeinen darstellen. Daran anschließend spitze ich die Fragestellung auf Arbeitnehmer zu. Während ich im zweiten Abschnitt Erklärungsansätze untersuche, die das positive Verhältnis von Arbeitnehmern zu ökologischen Fragen betonen, wende ich mich im dritten und vierten Teil der Abwehr von Umweltschutz als rationalem Verhalten von Arbeitnehmern zu, die an der Sicherheit ihrer Beschäftigungsverhältnisse interessiert sind. Im letzten Abschnitt werde ich schließlich zeigen, wie sich Arbeitsplatzinteressen in gewerkschaftlicher Umweltpolitik wiederfinden.

3.1. Umweltschutz in der öffentlichen Meinung

Aus den Ergebnissen demoskopischer Untersuchungen geht hervor, daß die Forderung nach mehr und besserem Umweltschutz von einer wachsenden Zahl von Menschen unterstützt wird. Allerdings zeigen die Daten auch, daß die Bedeutung von Umweltschutzpolitik von der Aktualität anderer wirtschafts- oder gesellschaftspolitischer Themen beeinflußt wird. Die Entwicklung auf dem Arbeitsmarkt spiegelt sich in einer interessanten Konjunktur der Relevanz von ökologischen Fragen wider. 1974 befürworteten 56% der befragten Bevölkerung mehr Umweltschutz, selbst »unter der Annahme eines Arbeitsplatzrisikos für sich selbst oder für jemanden in der Familie« (Fietkau 1984, S. 76). 3 Jahre später war die Krise auf dem Arbeitsmarkt spürbar geworden und die Zustimmung zu dieser Frage sank auf 45%. Das Institut für Umwelt und Gesellschaft des Wissenschaftszentrums Berlin fragte 1980 und 1982 nach dem Stellenwert von Umweltschutz im öffentlichen Bewußtsein und bekam zur Antwort, daß das Ziel, Arbeitsplätze zu sichern, noch wichtiger geworden war. Nur noch 36% der Befragten hielten 1982 Umweltschutz für vorrangig, während 40% Arbeitsplätze an erster Stelle nannten (Kessel, Tischler 1984, S. 111).

Seit 1984 läßt das Bundesinnenministerium die innenpolitische Einstellung der Bevölkerung jährlich durch repräsentative Umfragen ermitteln. Danach halten rund 70% der Befragten Umweltschutz für sehr wichtig. 1989 war diese politische Aufgabe erstmals wichtiger als die Sicherung von Arbeitsplätzen.

In den neuen Bundesländern wiederholt sich die Präferenzverschiebung im Zeitraffer, die im Westen während der Wirtschaftskrise in den siebziger Jahren zum Ausdruck kam. 1990 war Umweltschutz für 79% der im Osten Befragten ein sehr wichtiges Ziel, für 70% war es die Schaffung von Arbeitsplätzen. Zum Jahreswechsel 1990/91 stieg die Zahl der gemeldeten Arbeitslosen in Ostdeutschland sprunghaft um 115.000 auf 760.000 an und bewegte sich rasch auf die Millionengrenze zu (Bulletin der Bundesregierung Nr. 15 vom 8.2.1991). Die Ergebnisse der Umfrage des Innenministeriums, die im Mai 1991 durchgeführt wurde, geben die Verschlechterung der Arbeitsmarktlage wieder. 91% der Befragten nannten nun Arbeitsplätze als das wichtigste Problem. Die Bedeutung von Umweltschutz war auf den 7. Rang zurückgefallen.

Als »sehr wichtig« eingestufte politische Aufgaben und Ziele

Jahr	West 1987	1988	1989	1990	1991[1]	Ost 1990	1991
Wirksamer Umweltschutz	67	69	70	74	71 (1)	79	75 (7)
Kampf gegen Rauschgift	63	60	66	71	66 (2)	83	80 (4)
Renten sichern	67	69	67	68	64 (3)	81	80 (4)
Wohnungsmarkt	–[2]	–	–	63	64 (4)	60	57 (8)
Arbeitsplätze schaffen	73	76	66	64	61 (5)	70	91 (1)
Verbrechensbekämpfung	62	58	61	61	58 (6)	77	85 (2)
Wirtschaft stabilisieren	–	–	–	58	56 (7)	82	80 (4)
Gleiche Lebensverhältnisse zw. Ost und West	–	–	–	–	34 (8)	–	83 (3)

1 in Klammern Rangfolge der Nennung
2 nicht gefragt
Quelle: IPOS 1991, S. 7.

Ähnlich wie der schnelle Meinungswandel in Ostdeutschland in den vergangenen zwei Jahren deuten die verschiedenen Umfrageergebnisse in Westdeutschland aus der Zeit Ende der siebziger, Anfang der achtziger Jahre auf einen trade-off zwischen der Bedeutung von arbeitsmarktpolitischen Fragen und der Relevanz von Umweltschutz hin. Als die Arbeitslosigkeit in der Bundesrepublik stieg, wurde Umweltschutz von einem geringeren Teil der Bevölkerung als wichtige oder sehr wichtige politische Aufgabe angesehen. Nach den neueren Daten hat Umweltschutz im Westen inzwischen uneingeschränkten Vorrang. Die positive Entwicklung auf dem Arbeitsmarkt (der alten Bundesländer) schuf Raum für die Sorge um die Umwelt.[38]

---

38 Die Bedeutung von Umweltschutz als politischer Aufgabe hängt nicht allein von der Arbeitsmarktsituation ab, sondern wird auch wesentlich von der Einschätzung der generellen wirtschaftlichen

Die Repräsentativbefragungen erlauben im wesentlichen zwei Aussagen: Erstens, daß der Stellenwert von Umweltschutz in der Einschätzung der Bevölkerung hoch ist. Und zweitens, daß er um so höher sein kann, je besser die wirtschaftliche und arbeitsmarktpolitische Situation ist. Für die Analyse des Konfliktes zwischen Arbeitsplätzen und Umweltschutz, wie er in den Fallstudien zum Ausdruck kommt, genügt diese Feststellung jedoch nicht. Die Frage, die sich im Anschluß an die bisherigen Befunde stellt, zielt auf das Umweltbewußtsein von Arbeitnehmern.

3.2. Umweltsensibilität von Arbeitnehmern

Sind ökologische Fragen aus der Sicht von Arbeitnehmern wichtig oder nicht so wichtig? Die Literatur bietet für jede mögliche Antwort eine Erklärung an. Ich suche zunächst Belege für die Einschätzung, daß Arbeitnehmer Umweltschutz eine hohe Bedeutung zumessen.

Die These, daß Arbeitnehmer Umweltpolitik unterstützen werden, beruht auf einer Situationsdeutung, die vor allem in gewerkschaftlich und sozialdemokratisch orientierten Kreisen anzutreffen ist.

> »Arbeitnehmer werden in der Mehrzahl von Umweltbeeinträchtigungen am stärksten betroffen. Sie sind ihnen am Arbeitsplatz ungeachtet aller von den Gewerkschaften durchgesetzten Fortschritte ausgesetzt und können sich auch von ihnen im Wohn- und Freizeitbereich nicht freikaufen.« (SPD 1984, S. 15; vergleiche auch Malunat 1987)

Insbesondere Arbeiter in umweltbelastenden Produktionszusammenhängen sind nach dieser Auffassung am Arbeitsplatz größeren Gesundheitsgefahren ausgesetzt als andere Beschäftigte. Angehörige der unteren Einkommensgruppen, so die weitere Schlußfolgerung,

---

Entwicklung beeinflußt. Daher ist anzunehmen, daß die Krisenstimmung, die im zweiten Jahr nach der Vereinigung gewachsen ist, wieder andere als ökologische Fragen in den Vordergrund des öffentlichen Interesses gerückt hat.

können Belastungen am Arbeitsplatz nur selten durch eine hohe Umweltqualität am Wohnort kompensieren. Denn auch die Wohnungen, die diese Arbeitnehmer sich leisten können, liegen vielfach in der Nachbarschaft von Industriegebieten. Dort sind die Mieten relativ niedrig, die ökologischen Belastungen jedoch verhältnismäßig hoch. Aus Geldmangel verbringen Arbeitnehmer ihre Freizeit häufig zu Hause oder in Naherholungsgebieten, wo sie sich den Umweltbelastungen ebenfalls nicht ausreichend entziehen können. In einer Studie zur schichtspezifischen Verteilung von Umweltbelastungen im Ruhrgebiet resümiert Jan Jarre 1975, daß

> »Arbeiter am Wohnort weitaus stärker durch Staub-, Schwefeldioxid- und Fluorionen-immissionen belastet werden als die Gruppen der Angestellten und Selbständigen«, daß »sich die unterschiedlichen Immissionsbelastungen tendenziell verstärken, da bei Arbeitern und unteren Einkommensschichten, die im Wohnbereich den höchsten Belastungen ausgesetzt sind, ein wohnungszentriertes Freizeitverhalten festzustellen ist«, und daß »Arbeiter ... auch am Arbeitsplatz größeren Gesundheitsrisiken ausgesetzt (sind) als die Gruppe der Angestellten, Beamten und Selbständigen.« (Jarre 1975, S. 68, 95 und 96)

Nun hat sich seit dieser Untersuchung nicht nur die Umweltqualität im Ruhrgebiet verbessert, sondern auch die Arbeitnehmereinkommen sind gestiegen. Insofern können derartige Untersuchungsergebnisse, die fast zwanzig Jahre alt sind, nicht ungeprüft auf aktuelle Verhältnisse übertragen werden. Das ist auch nicht meine Absicht. Doch Jarres Befunde sind noch heute hilfreich, denn sie illustrieren den Kern jener These, die nach wie vor präsentiert wird (Bogun, Osterland, Warsewa 1990): Da Arbeitnehmer besonders unter Beeinträchtigungen der Umwelt leiden, gehören sie zu den Befürwortern von Umweltschutzmaßnahmen.[39]

---

39 Diese These wird vielfach durch ein Argument ergänzt, das sich auf die Kosten von Umweltschutz bezieht: Arbeitnehmer tragen als Angehörige unterer Einkommensschichten auch den wesentlichen Teil der Lasten für den Schutz der Umwelt. »Die monetären Kosten der Umweltpolitik sind signifikant regressiv.« (Zimmermann 1983, S. 421) Um die solcherart doppelt Belasteten dennoch als Unterstützer von Umweltpolitik bei der Stange zu halten, schließt sich an diese

Ursula Feist, Wolfgang Hartenstein u.a. werteten repräsentative Arbeitnehmerbefragungen aus, die im Bundesgebiet unter besonderer Berücksichtigung von Arbeitnehmern in Nordrhein-Westfalen durchgeführt worden waren. Das in Nordrhein-Westfalen erhobene empirische Material basiert auf Interviews im Bergbau, in der Metallverarbeitenden Industrie (Stahlwerk, Kfz-Handwerk) und im Öffentlichen Dienst (Großklinikum, Gartenbauamt). Die Fragenkomplexe drehten sich um Aspekte des technischen Wandels, um Arbeit und um Umweltbelange. Wie die folgende Tabelle aus dieser Studie zeigt, sehen Arbeitnehmer in Nordrhein-Westfalen die Bedeutung von Umweltschutz nicht grundsätzlich anders als der Durchschnitt der befragten Arbeitnehmer auf Bundesebene.[40]

Feststellung die Forderung nach einer anderen Verteilung der Lasten an (DGB 1985). Bruno Frey bemüht sich allerdings zu zeigen, daß die besonders von Umweltverschmutzung betroffenen Arbeitnehmer und Angehörigen unterer Einkommensschichten von einer Verbesserung der Umweltqualität mehr als andere profitieren und einen über ihren Beitrag hinausgehenden Vorteil ziehen. »Weit mehr als die Hälfte der Wähler bezieht ein unterdurchschnittliches Einkommen und zahlt, verstärkt durch die Steuerprogression, auch unterdurchschnittlich viel Steuern. Erwarten diese Wähler eine einigermaßen gleichmäßige Verteilung des Nutzens aus der Umweltpolitik, ziehen sie daraus einen Nettovorteil.« (Frey 1985, S. 134) Ihnen muß daher die Unterstützung von Umweltpolitik gar nicht finanziell erleichtert werden. Es ist jedoch kaum zu erwarten, daß Arbeitnehmer so komplizierte Kalküle anstellen und danach ihr Verhältnis zum Umweltschutz definieren.

40 Die Befragten dieser Untersuchung messen Umweltschutz einen geringeren Stellenwert bei, als dies die Gesamtbevölkerung in den Umfragen des Innenministeriums angibt. Daraus sollte jedoch nicht vorschnell der Schluß gezogen werden, die Daten belegten ein geringeres Umweltbewußtsein von Arbeitnehmern. Obwohl es sich in beiden Fällen um Repräsentativerhebungen handelt, muß man davon ausgehen, daß Unterschiede in den Erhebungsmethoden und der Fragestellung Einfluß auf die Ergebnisse hatten. Bei Feist lautete die Frage: »Hier auf dieser Karte stehen einige politische Aufgabenbereiche; welche drei (ab 1986 fünf) davon halten Sie persönlich für die wichtigsten?« (Feist u.a. 1989, S. 88) Das Bundesinnenministerium läßt fragen: »Hier haben wir eine Reihe von Aufgaben und Zielen, über die in Deutschland gesprochen wird. Sagen Sie uns bitte für jede

Umweltschutz als wichtige politische Aufgabe

	Arbeitnehmer Bundesgebiet	Arbeitnehmer Nordrhein-Westfalen
1978	19 %	18 %
1979	24 %	23 %
1980	26 %	28 %
1981	22 %	25 %
1982	23 %	22 %
1983	32 %	25 %
1984	43 %	38 %
1985	45 %	50 %
1986	56 %	57 %

infas-Repräsentativerhebung im Bundesgebiet ohne Berlin (West), Deutsche ab 18 Jahre, Random-Auswahl;
Quelle: Feist 1989, S. 88.

In der von Feist u.a. für 1986 ausgewerteten Umfrage waren 69% der Arbeitnehmer im Bundesgebiet der Ansicht, daß bis dahin sehr wenig für den Umweltschutz getan wurde. 74% hielten Umweltschutz für wichtiger als Wirtschaftswachstum (Feist u.a. 1989, S. 89ff.). Die Relevanz von Umweltschutz, die in diesen Antworten zum Ausdruck kommt, deutet darauf hin, daß Arbeitnehmer umweltpolitischen Fragen eine ähnlich hohe Aufmerksamkeit schenken wie der Rest der Bevölkerung.

Diese Auffassung vertreten auch Hartwig Heine und Rüdiger Mautz auf der Basis ihrer in Norddeutschland durchgeführten Detailanalyse (Heine, Mautz 1989). Die Autoren beschäftigten sich nicht generell mit der Einstellung von Erwerbstätigen, sondern spitzten ihre Untersuchung auf Facharbeiter zu. Die 120 inter-

dieser Aufgaben, ob sie Ihnen persönlich sehr wichtig, wichtig, nicht so wichtig oder ganz unwichtig erscheint.« (IPOS 1991, S. 9) viewten Industriefacharbeiter[41] in einem Industrialisierungsgebiet an der Unterelbe sollten unter anderem angeben, für wie stark bedroht sie die Natur hielten. Fast zwei Drittel bestätigten: »Die Natur ist heute tatsächlich besonders gefährdet« (Heine, Mautz 1989, S. 39), und ebensoviele zogen daraus den Schluß, daß »noch mehr« getan werden müsse (ebd., S. 56ff.). Viele Arbeiter führten in den Interviews aus, daß sie selbst bereits ihr Verhalten geändert hätten und sich mit den ökologischen Selbstverständlichkeiten im Haushalt und Privatleben in vielerlei Hinsicht nicht mehr begnügten. Heine und Mautz folgerten aus der breiten Resonanz auf das Umweltthema, daß »ein derartiges 'überschüssiges' Verhalten, dessen Triebkraft eine jeweils individualisierte ökologische Verantwortungsethik ist, zur Norm zu werden beginnt.« (Heine, Mautz 1989, S. 67)

Ich will nicht im einzelnen prüfen, ob diese Emphase, mit der die Autoren den ökologiebewußten Arbeiter feiern, trotz verschiedener Einwände, die gegen die Untersuchung erhoben werden können, standhält.[42] Prinzipiell wird ihre These von den Ergebnissen einer ähnlichen Untersuchung gestützt, die ebenfalls in Norddeutschland zum Risikobewußtsein von Arbeitnehmern durchgeführt wurde. »An der Mehrzahl der Arbeiter ist nämlich die allgemeine Sensibilisierung für ökologische Probleme nicht vorübergegangen,« stellen Roland Bogun und Günter Warsewa fest (Bogun, Warsewa 1989, S. 44). Doch auch für die Gegenthese, daß nämlich Arbeitnehmer tendenziell nicht zu den Unterstützern von Umweltpolitik gehören, findet sich eine Reihe von Argumenten und empirischen Belegen.

41 58 Anlagen- und Meßwartenfahrer in der neu dort angesiedelten Chemieindustrie, 40 Facharbeiter in alteingesessenen Nicht-Chemie-Betrieben, 19 arbeitslose Facharbeiter, z.T. in ABM-Maßnahmen (Heine, Mautz 1989, S. 26).

42 Heine und Mautz weisen selbst darauf hin, daß es bei allen umweltbewußten Äußerungen der Befragten und ihren Hinweisen auf umweltbewußtes Verhalten »genau genommen das 'soziale Selbstbild' ist, das die Facharbeiter von sich entwerfen, dessen Übereinstimmung mit der Realitiät offen bleiben muß« (S. 64). Wie stark Umweltbewußtsein und Umweltverhalten auseinanderfallen können, zeigen Andreas Diekmann und Peter Preisendörfer (Diekmann, Preisendörfer 1992).

3.3. Arbeitnehmer gegen Umweltschutz

Arbeitnehmer äußern dann Vorbehalte gegen Umweltschutz, wenn sie durch die Maßnahmen zum Umweltschutz Nachteile für sich erwarten. Diese Situation ergibt sich vor allem, wenn Umweltschutzmaßnahmen in umweltbelastenden Betrieben Arbeitsplätze kosten können oder wenn Unternehmen mit dieser Konsequenz drohen.[43] Selbst Arbeitnehmer, die prinzipiell ihre Aufgeschlossenheit für ökologische Fragen zum Ausdruck gebracht haben, ändern ihre Haltung, sobald es um die Verhältnisse in »ihrem« Betrieb geht. Sie wenden dann verschiedene Strategien an, um die umweltbelastenden Auswirkungen von Produktionen abzuwehren, in denen sie arbeiten.

Viele Arbeitnehmer streiten die Existenz des Problems grundsätzlich ab. Sie selbst seien gesund, so ihr Argument, daher seien die Vorwürfe haltlos. Engelbert Schramm fand diese Reaktionsform schon in einem Konflikt um saure und schwefelhaltige Emissionen eines englischen Chemiebetriebs im Jahre 1843 dokumentiert.

> »Gerüchte um eine mögliche Schließung waren im Umlauf; davon alarmiert führten die Arbeiter eine Sympathiedemonstration für den Fabrikherren zum Rathaus durch. Dort ließ sich ein großer, gesund aussehender Arbeiter von seinen Kollegen als ein lebendes Beispiel dafür ausstellen, daß die Wirkungen der sauren und blei-

43 Der Zielkonflikt zwischen Arbeitsplätzen und der Sorge um eine intakte Umwelt beschreibt nur eine mögliche Kollision von Individualinteressen an Arbeitsplatzsicherheit mit gesellschaftlichen Fragen. Die Folgen von Friedens- und Abrüstungspolitik können ganz ähnlich mit Beschäftigungssicherheit zusammentreffen. Das Verschwinden von militärischen Feindbildern läßt zum Beispiel negative Auswirkungen auf die Arbeitsplätze in der Rüstungsindustrie erwarten, so daß der DGB auf dem Antikriegstag 1990 mahnte: »Abrüstung soll keine Arbeitsplätze kosten.« (Süddeutsche Zeitung vom 3.9.1990; vergleiche Rodejohann 1985, Gersterkamp 1990, Zühlke-Robinet 1992) Ebenfalls mit Hinweis auf die Sicherheit von Arbeitsplätzen verteidigte der niedersächsische Ministerpräsident Gerhard Schröder (SPD) seine Befürwortung eines Waffenexportgeschäfts norddeutscher Werften mit Taiwan (Süddeutsche Zeitung vom 21.1.1993).

geschwängerten Fabrikatmosphäre angeblich die Gesundheit sogar wohltätig beeinflußten.« (Schramm 1989, S. 5)

Aufgrund ihrer engen persönlichen und materiellen Bindung an den Betrieb spielen sie die umweltbelastenden und gesundheitsgefährdenden Zustände herunter. Ein Rentner der Firma Dynamit Nobel berichtete im Radio: »Ich hab' auch 43 Jahre in der Dynamit gearbeitet und bin heut' fast 80 Jahre alt und fühl' mich noch gut.« (SWF 1, 22.3.1982) Der Fraktionsvorsitzende der SPD im Rheinfelder Stadtrat betonte im Interview: »Ich bin 39 Jahre in der Dynamit, ... war noch nie eine Stunde krank.« Adelheid Dietz-Will bekam die gleiche Antwort von den Arbeitern eines Münchener Metallseifen- und Cadmiumbetriebes. »Bei uns sind Leute, die arbeiten schon 30 Jahre da ..., haben im Blei und im Cadmium gearbeitet und sind auch nicht krank geworden.« (Dietz-Will 1982, S. 234) Und weil die Verhältnisse schon immer so waren, sollen sie auch so bleiben. Sie sollen heute nicht anders beurteilt werden als früher. Ein Obir-Pensionist verteidigt seinen ehemaligen Arbeitgeber nach diesem Prinzip. »Ich spüre nichts von der Gefährdung meiner Gesundheit, ich habe zehn Jahre im Werk gearbeitet. Meine Söhne arbeiten auch dort. Jetzt soll es plötzlich der Gesundheit schaden?« (Kleine Zeitung vom 22.10.1988) Sein Kollege, Vorarbeiter in dem Zellstoffwerk, ergänzt: »Auf einmal soll die Umwelt stark belastet sein. Das kann ich mir nicht vorstellen.« (ebd.) Der implizite Vorwurf in diesen Stellungnahmen richtet sich gegen die zuständigen politischen Instanzen, die anders als früher nun die Verbesserung der Umweltbedingungen fordern und damit die Arbeitsplätze dieser Arbeitnehmer in Gefahr bringen. Die oben erwähnten Beschäftigten des englischen Chemiewerkes hatten ihren Demonstrationszug zum Rathaus geführt.[44] Die Arbeitnehmer sehen sich selbst dagegen als

44 Als die Geschäftsleitung von SEL ankündigte, die Produktion in Berlin aufzugeben, zogen die Beschäftigten vor das Rathaus Schöneberg, weil der Senat den Wegfall der Berlinförderung angekündigt hatte (Süddeutsche Zeitung vom 8.2.1991). Demonstrationen vor dem Rathaus sind eine besonders anschauliche Reaktion der Arbeitnehmer auf die politische Verantwortung, die sie in solchen Situationen hinter der Unternehmensentscheidungen sehen. Diese Wahrnehmung und ihre Folgen behandele ich im nächsten Kapitel.

den Beweis für das Gegenteil. »I wohn 50 Meter von der Firma entfernt, hob zwei Kinder. Mir sind oba noch nie dastunk'n«[45], sagte ein Arbeiter der Zellstoffabrik in St. Magdalen (Kärntner Tageszeitung vom 10.11.1989).

Während also viele Arbeitnehmer auf die Überzeugungskraft der historischen Perspektive setzen, wählen andere den räumlichen Vergleich, um ihren Arbeitgeber oder die Branche von umweltpolitischen Vorwürfen zu entlasten. Sie weisen darauf hin, daß andere Firmen ebenfalls hohe oder gar höhere Umweltbelastungen verursachen, um von der Problematik im eigenen Betrieb abzulenken. Diese Haltung fanden Bogun, Osterland und Warsewa bei einem Metallfacharbeiter, der über die hohe Abwasserbelastung durch einen Betrieb in der Nachbarschaft seines Arbeitgebers klagte.

> »Ich hab' dann mal eine Schöpfkelle voll davon bei (C)[46] analysieren lassen, und dort wurde festgestellt, daß die Abwässer von dieser Fruchtsaftfabrik waren. Dieser kleine Krauter, der kann seinen ganzen Dreck ungeklärt in die Elbe pumpen, und die Großindustrie wird immer beschimpft und soll immer alles auf dem Gewissen haben.« (Metallfacharbeiter, zitiert nach Bogun, Osterland, Warsewa 1990, S. 102)

Autoverkehr, Landwirtschaft oder die sozialistische Mißwirtschaft werden zur Verteidigung als Mit- oder gar Hauptverursacher von Umweltschäden angeführt.

> »In Gefahr ist die Natur schon ... Aber man soll das nicht alles der Chemie in die Hacken schieben. Das kommt ja auch von anderen Ländern, z.B. von den Ostblockstaaten. Der Dreck in der Elbe kommt ja auch von dort, und die Fabriken dort pusten auch mehr in die Luft als hier.« (Chemiearbeiter, zitiert nach Heine, Mautz 1989, S. 51)

Die verschiedenen Verteidigungsstrategien folgen einem gemeinsamen Muster. Je enger der Kontakt zum Unternehmen und je stärker die Bindung an den Arbeitgeber, desto wichtiger ist es den Betroffe-

45 »Ich wohne 50 Meter von der Firma entfernt, habe zwei Kinder. Wir sind aber noch nie am Gestank erstickt.«

46 Verschlüsselte Bezeichnung eines der von den Autoren untersuchten Chemiebetriebes.

nen, Vorwürfe gegen den Betrieb abzuwehren. Wer auf seinen Arbeitsplatz in einem Betrieb angewiesen ist, der Umwelt und Gesundheit belastet, muß vor sich selbst und gegenüber anderen versuchen, die negativen Auswirkungen der Produktion zu relativieren. Die Arbeitnehmer zeigen dann nur geringe

> »Bereitschaft, den eigenen Betrieb als umweltbelastend zu bezeichnen oder gar die Industrieansiedlung aus ökologischen Gründen grundsätzlich in Frage zu stellen. Und auf Formen nachhaltiger persönlicher Betroffenheit, d.h., das Eingeständnis, sich selbst durch Folgen der Industrieansiedlung belastet, beeinträchtigt oder bedroht zu fühlen, stößt man schließlich nur bei einer Minderheit.« (Bogun, Osterland Warsewa 1992, S. 240)

Die Mehrheit wehrt ab, sie steht »ständig im Konflikt zwischen Gesundheit und Geld.« (Dietz-Will 1982, S. 213) Dieser Konflikt ist der Schlüssel zum Verständnis des Arbeitnehmerverhaltens.

3.4. Arbeitsplätze und Umweltschutz als Alternativen

Wenn Arbeitnehmer ökologische Fragen abwehren, liegen die Ursachen, ich habe es schon angedeutet, in der materiellen Angewiesenheit der Beschäftigten auf ihre Arbeitsplätze in umweltverschmutzenden Betrieben. Positive Folgen der umweltpolitischen Maßnahmen, wie zum Beispiel eine geringe Gesundheitsbelastung, können diese Abhängigkeit nicht mildern. Der Betriebsratsvorsitzende von Dynamit Nobel schildert, welche Folgen die fehlende Wahlfreiheit der Beschäftigten hat.

> »Was meinen Sie, was wir als Betriebsrat erleben? Da kriegen wir Atteste vom Werksarzt oder vom Hausarzt über Mitarbeiter. Da steht natürlich nicht die Diagnose drin, aber die haben sie ja ganz schnell. Aber da steht dann drin: Der Mitarbeiter ist sofort von der Schicht zu nehmen. Was meinen Sie, was der uns sagt? Der will auf der Schicht bleiben, obwohl er weiß, daß es für seine Gesundheit schädlich ist. Nicht Einzelfälle. Da haben wir alle Arme voll zu tun, den oder die Mitarbeiter davon zu überzeugen, daß seine Gesundheit vor Geld geht. Da kann es noch passieren, daß ich dumm angeguckt oder angeschossen werde: 'Was geht

Euch meine Gesundheit an?' Es ist furchtbar schwierig, aber man muß das auch verstehen. Es sind Mitarbeiter, die waren 25, 30 Jahre lang ... auf Schicht gewesen, und das ist vom Einkommen her natürlich ein Batzen Geld. Die haben sich eingerichtet auf das Monatseinkommen. Dann soll das plötzlich nicht mehr da sein.« (Betriebsrat von Dynamit Nobel; Interview)

Es ist nicht wahrscheinlich, daß die Arbeitnehmer protestieren, weil sie an der Ausübung von gesundheitsschädlichen und umweltgefährdenden Tätigkeiten wirklich interessiert sind. Sie haben vermutlich kein originäres Interesse daran, daß Arbeitsplätze erhalten bleiben, die sie selbst krank machen und die Umwelt zerstören. Aber die Arbeitnehmer müssen ihre Einkommensinteressen verteidigen, die durch diese (und wahrscheinlich nur durch diese) Arbeitsplätze erfüllt werden, und von denen niemand erwarten kann, daß sie sie freiwillig aufgeben. »No ... worker can be seriously expected to give up his environmentally questionable job if the alternative was to suffer the ignominy of claiming unemployment benefits.« (Powell 1990, S. 16) Das intensive Festhalten an objektiv schlechten Arbeitsbedingungen hängt sowohl mit betriebsexternen als auch mit betriebsinternen Faktoren zusammen.

Die Perzeption ihrer Arbeitsmarktchancen bildet für die Beschäftigten eine *betriebsexterne* Barriere, die sie zum Bleiben veranlaßt und folglich zur Verteidigung der Verhältnisse zwingt. Oft sind sie auf dem Arbeitsmarkt kaum konkurrenzfähig. Durch ihre Tätigkeit in altindustriellen, maroden Betrieben sind viele Arbeitnehmer nur schlecht ausgebildet, da sie am Arbeitsplatz angelernt wurden oder sich auf die ausgeübte Tätigkeit spezialisiert haben (Dietz-Will 1982). Würden Umweltschutzmaßnahmen Rationalisierungen notwendig machen, fielen die Arbeitsplätze dieser Beschäftigten als erste den Umstrukturierungen zum Opfer. Ihre Aussicht auf Wiederbeschäftigung ist gering. Gerade diese Arbeitnehmer müssen ihre Vermittlungschancen auf dem Arbeitsmarkt als schlecht einschätzen. Angesichts solcher »Sackgassen-Beschäftigungen« mit wenig Alternativen würde jeder gegen seine Erwerbsinteressen handeln, der umweltbedingte Produktionseinschränkungen oder gar Stillegungen befürwortete.[47]

Betriebsintern spricht die relativ hohe Entlohnung gegen Veränderungen. Werden die Anlagen im Schichtbetrieb auf Verschleiß gefahren, um den Output zu maximieren, können die Beschäftigten wegen der starken körperlichen Belastungen durch Schicht-, Schmutz- und Lärmzulagen erhebliche Mehreinkommen erzielen.

In den untersuchten Chemiebetrieben in Rheinfelden und Eisenkappel finden sich interne wie externe Ursachen für das Festhalten der Arbeitnehmer am Status quo. Gerade in der Chemieindustrie sind viele Tätigkeiten nicht ungefährlich, so daß die Bezahlung für die Arbeiten dort häufig über der Entlohnung liegt, die der Qualifikation allein angemessen wäre. Die Tarifabschlüsse in der Chemieindustrie sind außerdem meist höher als in anderen Branchen des Verarbeitenden Gewerbes. Arbeiter und Angestellte von Obir und von Dynamit Nobel erhielten im regionalen Vergleich sehr hohe Gehälter. Der frühere Geschäftsführer des österreichischen Zellstoffwerkes nannte drei Gründe für das relativ hohe Verdienstniveau in seiner Firma.

> »Erstens, weil wir in diesem Kollektivvertrag[48] waren. Zweitens, weil wir mehr über den Kollektivvertrag bezahlt haben als die übrigen in dieser Region, und drittens, weil man ja so Nachtschichten gemacht hat und Samstags- und Sonntagsschichten. Wenn man das alles zusammen zählt, waren auf einmal 4.000, 5.000 (Schilling) mehr in der Kasse. Und die Leute haben das unheimlich gern gemacht. Ich hab mich ab und zu gewundert, wie sie für diese Samstags-, Sonntagsschichten und Nachtschichten gekämpft haben, weil sie gewußt haben, da kommen 2.000,

47 Diese Situation findet sich heute bei den zahlreichen Stillegungen in Osteuropa. In den Kernindustrien des ehemaligen Sozialismus fallen tausende früher besonders privilegierte Arbeitsplätze dem Transformationsprozeß zum Opfer (vergleiche Nissen 1992b). Der erbitterte Protest der 4.500 Arbeiter im Atomkraftwerk Tschernobyl gegen die Abschaltung der Anlage, die »ein Kraftwerk wie jedes andere auch« sei (Süddeutsche Zeitung vom 25.2.1993), zeigt eindringlich, wie wichtig der Erfolg der ökonomischen und ökologischen Transformation auch für den Westen ist.

48 Tarifvertrag.

> 3.000 Schilling im Monat mehr raus.« (ehemaliger Geschäftsführer von Obir; Interview)

Bei Dynamit Nobel rechneten die Beschäftigten Erschwerniszulagen für Lärm, Hitze und Schmutz selbst ab. Die Arbeiter in dem Münchener Chemiebetrieb erhielten Leistungsprämien.

> »Die Prämie ermöglichte zwar den Arbeitern, je nach Menge der produzierten Stoffe, ein Einkommen, was sie niemals vorher verdienten und was ihnen an anderen Arbeitsplätzen kaum noch einmal geboten worden wäre. Zu erkaufen war das aber nur über Hetze, mangelnde Sorgfalt im Umgang mit den Arbeitsstoffen, durch Verzicht auf persönliche Schutzmaßnahmen. Der Preis für das hohe Einkommen war die Gesundheit.« (Dietz-Will 1982, S. 214)

Die Beschäftigten in jeder dieser Firmen müssen umweltbedingte Eingriffe in die Produktion individuell als Verschlechterung der eigenen Lage wahrnehmen. Die Beseitigung besonderer Belastungen am Arbeitsplatz würde für sie das Ende mancher Zulage bedeuten. Eine konsequente Anwendung von Umweltstandards muß ihnen als Bedrohung ihrer Arbeitsplätze erscheinen.

Auch in den bereits erwähnten Befragungen, die die ökologische Sensibilität von Arbeitnehmern nachzuweisen versuchen, wurde der mögliche Konflikt zwischen Arbeitsplatzinteressen und Umweltschutzanforderungen thematisiert. Die Arbeiter und Angestellten wurden in der Regel gefragt, ob *sie persönlich* Sorge hätten, aus Umweltschutzgründen und aufgrund ökologischer Sanierungen ihren Arbeitsplatz zu verlieren. Ursula Feist und ihre Kollegen stellten zunächst eine einfache Hypothese für die Anwort auf: Da ihre Befragungen zuvor ergeben hatten, daß die meisten Arbeitnehmer mit Umweltschutz die Schaffung neuer Arbeitsplätze verbanden, folgerten die Forscher: »Es ist daher anzunehmen, daß die Sorge um den eigenen Arbeitsplatz in diesem Zusammenhang keine große Rolle spielt«, und stellten fest: »Das ist auch der Fall.« (Feist u.a. 1989, S. 100) Die Mehrheit der nordrhein-westfälischen Arbeitnehmer sähe keine Gefahren für ihre Arbeitsplätze.

Die Detailanalyse des samples nach Branchen und Ausbildung ermöglicht jedoch eine aufschlußreiche Differenzierung der geäußerten Meinungen. Es stellt sich heraus, daß gerade die Beschäftigten in den krisengeschüttelten Bergbaubetrieben anders als die Arbeitnehmer der Metallindustrie und des Öffentlichen Dienstes in großer Sorge um ihre berufliche Zukunft waren.

> »Bergleute sind an ihrer Arbeitsstätte stärker als Beschäftigte vieler anderer Branchen mit der Umweltproblematik konfrontiert. Von daher befürchten sie aus ihrer persönlichen Sicht, daß die Kombination von Bergbau und Umweltschutz immer auch zu Lasten ihrer eigenen Arbeitsplätze gehen würde.« (ebd., S. 93)

Ebenso war bei den unterdurchschnittlich qualifizierten Arbeitern die Angst vor dem Verlust der Beschäftigung stärker spürbar als bei Angestellten oder dem befragten Klinikpersonal im Öffentlichen Dienst. Aus diesen berufsspezifischen Ergebnissen zogen die Autoren für diese Arbeitnehmergruppen eine von ihrer ursprünglichen These abweichende Schlußfolgerung: »Im Ernstfall wären gerade sie aus existentiellen Gründen wohl nicht für den Umweltschutz, sondern für Arbeit.« (Feist u.a. 1989, S. 103).

In den vielen Fällen zum Arbeitsplatz-Umwelt-Konflikt taucht immer wieder die doppelte Bindung der Arbeitnehmer an ihre Arbeitsplätze auf: Die Beschäftigten wurden gut bezahlt und sie hatten keine Alternative zu ihren Arbeitsverhältnissen. Die Obir-Arbeiter waren kaum zu Kompromissen bereit und forderten mit Demonstrationen und Hungerstreiks (Kärntner Tageszeitung vom 15.11.1989) noch die Weiterführung des Betriebes, als Gewerkschaften und Politiker angesichts der absehbaren Entwicklung schon Ersatzarbeitsplätze, Sozialpläne und Arbeitsmarktsonderprogramme für die Region ins Gespräch brachten. Die einzig akzeptable Alternative schien den Beschäftigten die Schaffung von gleichwertigen anderen Arbeitsplätzen zu sein. »Wir haben immer gesagt, wenn schon wirklich alles unabwendbar ist, dann wollen wir aber zumindest adäquate Arbeitsplätze.« (ehemaliger Angestelltenbetriebsrat von Obir; Interview)[49]

---

49 Durch das hohe Verdienstniveau bei Obir war diese Forderung praktisch unerfüllbar. Vier große Arbeitgeber aus dem Raum Völkermarkt meldeten im August vor der Schließung des Betriebes offene Stellen für 150 Mitarbeiter an. »Die in Aussicht gestellten Löhne liegen freilich unter den von Obir bezahlten Durchschnittslöhnen.« (ORF, Radio Kärnten, Kärtner Landesrundschau vom 18.8.1989). In den

Arbeitnehmer(haushalte), die so stark von ökologisch fragwürdigen Jobs abhängen, kommen als Vorkämpfer in Sachen Umweltschutz kaum in Betracht. Im Gegenteil, für sie ist es rational, sich solchen Sanierungsmaßnahmen aktiv zu widersetzen, die die Sicherheit ihrer Existenz berühren.[50] Materielle Angewiesenheit auf den Arbeitsplatz führt nicht zwangsläufig zu unterentwickeltem ökologischen Bewußtsein, zieht aber vermutlich ein geringeres umweltpolitisches Engagement nach sich.

> »Nicht diejenigen, die einem überdurchschnittlichen Mortalitätsrisiko ausgesetzt sind, weil sie z.B. Geringverdienerhaushalten in 'altindustrialisierten Verdichtungsregionen' angehören, engagieren sich für eine ökologische Wende, sondern Teile der sozioökonomischen 'Mittellagen'. Die objektiv am stärksten Betroffenen haben wesentlich drängendere Probleme als die Zukunft ihrer Umwelt.« (Wiesenthal 1983, S. 73).

Ihr Interesse an Einkommenssicherung steht einer uneingeschränkt positiven Haltung zum Umweltschutz entgegen, weil sie befürchten, daß die Kosten für mehr Umweltschutz bei ihnen anfallen werden. Viele Arbeitnehmer haben in dieser Situation keinen materiellen Spielraum für ein gesundheits- oder umweltorientiertes Engagement.

> »Wenn die Arbeiter es sich wegen der mangelnden alternativen Arbeitsmöglichkeiten schon nicht leisten können, Arbeit und Gesundheit in Zusammenhang zu sehen, haben sie erst recht nicht den Rücken frei genug, um Verständnis für Umweltpro-

---

Augen mancher Arbeitnehmer pokerten die Obir-Arbeiter zu hoch. Ein Eisenbahner meinte: »Was wollen die bei Obir? Daß man ihnen die Arbeit in die Küche hineinträgt?« (Kleine Zeitung vom 25.11.1989)

50 Friedrich Hauss, Hagen Kühn und Rolf Rosenbrock stellten 1980 in einer Untersuchung über betrieblichen Arbeitsschutz das vorrangige Interesse der Arbeitnehmer für den Arbeitsplatz auch auf Kosten der eigenen Gesundheit fest. Mit Blick auf die Ursachen für ein solches Verhalten zogen sie damals den Schluß: »Oft verhindert das völlige Fehlen alternativer Handlungsmöglichkeiten, daß der einzelne Arbeiter es sich psychisch überhaupt leisten könnte, seine Arbeit und seine

> bleme zu haben, die ihr Betrieb verursacht.« (Dietz-Will 1982, S. 233)[51]

Es gibt wenig Gründe anzunehmen, daß ein Arbeitnehmer, der für die materielle Sicherheit seiner Familie verantwortlich ist, den Zwang zur Befriedigung von Arbeitsplatz- und Einkommensinteressen vernachlässigen kann.

> »Die Durchsetzung des Verursacherprinzips und der Ansatz für Umweltschutz auf der Produktionsebene müssen Arbeitnehmerinteressen berühren – entweder in der Form wachsender Betriebsrisiken in einzelnen Branchen und Betrieben (Arbeitsplätze und Lohnniveau) oder auf der gesamtwirtschaftlichen Ebene als Einkommensminderung« (Wey 1982, S. 167).

Rational agierende Arbeitnehmer geben die Quelle zur Befriedigung dieser Interessen daher nicht für ihre Gesundheit oder zum Nutzen der Gesellschaft auf, ohne daß Ersatz in Sicht ist. Und sie verlangen, daß auch ihre Interessenvertretungen nicht gegen diese Prioritäten verstoßen. Ein kurzer Blick auf Gewerkschaftspolitik und -programmatik bestätigt diese Vermutung.

3.5. Umweltschutz in der Politik von Gewerkschaften

Der frühere DGB-Vorsitzende Ernst Breit konnte den Protest von Arbeitnehmern gegen Umweltschutzmaßnahmen gut nachempfinden. »Wenn die Menschen ihre Arbeit verlieren und ihnen niemand etwas anderes anbietet, ist doch verständlich, daß sie kämpfen.« (Breit 1984, S. 27) Für den *Deutschen Gewerkschaftsbund* ist eine klare Bestimmung seiner Position zu Ökologie und Umweltpolitik keine leichte Aufgabe, denn sowohl zwischen den im Dachverband zusammengeschlossenen Gewerkschaften als auch innerhalb der Einzelgewerkschaften treten erhebliche Unterschiede in der Haltung zu ökologischen Fragen auf. Eine von allen Mitgliedern des

---

Gesundheitsperspektive gedanklich in Zusammenhang zu bringen.« (Hauss, Kühn, Rosenbrock 1980, S. 12)

51 Zur individuellen Verdrängung dieses Konflikts aus psychologischer Sicht siehe Eckensberger u.a. 1988, insbesondere S. 206ff. und 215f.

DGB getragene Position muß daher so allgemein bleiben wie das Votum für »Umweltschutz und qualitatives Wachstum«, das der DGB-Bundesvorstand 1985 in seinem Grundsatzpapier festschrieb. Die einzelnen Industriegewerkschaften haben unterschiedliche Haltungen zu ökologischen Fragen entwickelt, die zum Ausdruck bringen, ob die Interessen an Umweltschutz und Arbeitsplätzen für die jeweiligen Gewerkschaftsmitglieder in Konflikt zueinander stehen oder nicht.[52]

Zu den Gewerkschaften, die sich umweltpolitisch zurückhalten, gehört die (in Rheinfelden für Dynamit Nobel zuständige) *IG Chemie, Papier, Keramik*. Auf dem Papier setzte sich diese Gewerkschaft zwar schon 1984 dafür ein, »volkswirtschaftlichen und ökologischen Aspekten höheren Stellenwert einzuräumen als einzelbetriebswirtschaftlichen Gesichtspunkten.« (Oelsner 1986, S. 220) In der Praxis überwiegt jedoch eine strukturkonservative, arbeitsplatzorientierte Industriepolitik, die Umweltschutz nur eng begrenzten Raum läßt. Seitdem die Chemieindustrie in das Schußfeld der Öffentlichkeit geraten ist und die Branche in der »Legitimationsklemme« steckt (Hertle, Kädtler 1990, S. 191), kommt es zum Schulterschluß zwischen Gewerkschaften und Chemischer Industrie.

> »Wer heute gegen die Chemie in der Gesellschaft vorgehen will, verbaut ... die notwendigen Reformen zur Zukunft. Dagegen sage ich einen unerbitterlichen Kampf an, Seite an Seite mit den Unternehmern« (Frankfurter Rundschau vom 25.7.1991),

betonte der Vorsitzende der IG Chemie Hermann Rappe in einer Grundsatzrede zum Verhältnis von Umweltschutz und Arbeit. Die IG Chemie wählte die Strategie des industriepolitischen Konsens zur Sicherung der Arbeitsplätze ihrer Mitglieder. 1987 schloß die Gewerkschaft mit dem Verband der Chemischen Industrie (VCI) eine Umweltvereinbarung, in der das gemeinsame industriepolitische Vorgehen festgeschrieben wurde. Der VCI kündigte eine Bindung der Unternehmenspolitik an die wachsenden öffentlichen

52 Auf seiten der Arbeitgeber und ihrer Verbände ist dies nicht anders. Betriebe in Umweltschutzbranchen stehen mit ihren Präferenzen gegen solche in traditionellen Industriezweigen (Voelzkow 1989).

Umweltansprüche an. Die IG CPK ihrerseits versprach Kooperation mit dem Verband.

Die Reichweite dieses »Vertrauensschutzes für die Chemie« (Hertle, Kädtler 1990, S. 193) dokumentierte der Vorsitzende der IG Chemie Ludwigshafen, Hans-Dieter Brand: »Wir haben kein Interesse, die Umweltschiene zu fahren.« (die tageszeitung vom 13.1.1990)

In der *IG Metall* klagen Gewerkschaftsmitglieder über die Schwierigkeiten bei der Realisierung von Umweltschutz im Betrieb und über den Widerstand der Arbeitgeber.

> »Wenn die Betriebsräte entsprechende Forderungen stellen, werden sie abgeblockt. Gefährdungen werden verharmlost, es wird darauf hingewiesen, daß Grenzwerte unterschritten werden, daß es keine Ersatzstoffe – zum Beispiel für Asbest – gibt und ähnliches mehr. Immer wieder heißt es außerdem, Umweltschutz gefährde Arbeitsplätze.« (Gall 1988, S. 139)

Dennoch wurde die »ökologische Verantwortung« der Gewerkschaften zur Diskussion gestellt (Roth 1989, S. 720ff.). Die größte Einzelgewerkschaft gibt sich ein umweltpolitisches Gewissen, indem sie Umweltinitiativen wie die Aktion »Tatort Betrieb« unterstützt und die Beteiligung der Gewerkschaften bei der Bearbeitung ökologischer Fragen fordert (Steinkühler 1988, S. 151). Tatsächlich ist aber das Problem, daß Umweltschutz auch Arbeitsplätze kosten kann, in der IG Metall noch nicht gelöst, wie ein Metaller auf dem Zukunftskongreß deutlich machte: »Wir kämpfen für die Erhaltung unserer Arbeitsplätze, so, wie sie sind, weil Arbeitslosigkeit die größere Not bedeutet.« (Zeretzke 1988, S. 147f.).

Zu den Gewerkschaften die offensiv mehr Umweltschutzmaßnahmen fordern, um die Interessen ihrer Mitglieder zu wahren, gehört die *Gewerkschaft Gartenbau, Land- und Forstwirtschaft*. Da die Sicherheit der Arbeitsplätze eines Teils ihrer Klientel durch das Waldsterben von der fortschreitenden Umweltverschmutzung betroffen sind, versucht diese Einzelgewerkschaft, die umweltpolitische Diskussion im DGB zu forcieren. Die *Gewerkschaft der Eisenbahner Deutschlands* fordert den Ausbau umweltfreundlicher Transportsysteme. Denn ein politischer Vorrang für den Schienenverkehr könnte die Arbeitsplätze der Angestellten der Bundesbahn sichern, die zunehmend von betriebswirtschaftlich begründeten Rationalisierungen gefährdet sind.[53]

Die verschiedenen Positionen der Einzelgewerkschaften zu ökologischen Fragen sind im Kern Ausdruck unterschiedlicher *Arbeitsplatzinteressen*, die ihre Mitglieder mit Umweltschutz verbinden. Bedroht *Umweltverschmutzung* die Arbeitsplätze der Forstarbeiter, gehört die Forderung nach der Beendigung des Waldsterbens zum Repertoire der Forstgewerkschaft. Beeinträchtigen Umweltschutzauflagen die Arbeitsplatzsicherheit für Chemiearbeiter, zeigt die IG CPK kein aktives Interesse an zunehmendem Umweltschutz. Die gegensätzlichen Ziele behindern eine Vertretungspolitik des DGB, die nicht nur an partikularistischen Einzelinteressen orientiert sein will. Der Dachverband bemüht sich in seinem Grundsatzprogramm um einen Kompromiß, den die Einzelgewerkschaften und deren Mitglieder tragen können. Das Gewerkschaftscredo: »Nur ökologisch vertretbare Arbeitsplätze sind auf Dauer auch sichere Arbeitsplätze« (DGB 1985, S. 19) drückt diesen Versuch aus. Der DGB zieht sich mit diesem wohlklingenden Verweis auf die positive Verknüpfung von Beschäftigungs- und Umweltinteressen zurück. Die Grenzen dieser Position habe ich am Anfang der Arbeit aufgezeigt. Die akuten Konfliktfälle werden dadurch nicht gelöst. Vor dem gewerkschaftlichen wie individuellen Engagement für umweltpolitische Ziele steht in solchen Fällen die Lösung der Arbeitsplatzfrage.[54]

> »Innerhalb dieser Logik bleiben Interessen, die sich nicht durch forcierte Investitionen und Produktion bedienen lassen, sondern partiell gegen sie stehen, stets auf der Strecke. 'Vorrang hat im Augenblick die Sicherung der Arbeitsplätze'. Der Augenblick ist immer.« (Vobruba 1983, S. 168)

---

53 Einen Überblick über die umweltpolitischen Positionen einer Reihe von Einzelgewerkschaften gibt Oelsner 1986, S. 218ff.

54 Die »ambivalente Haltung der Gewerkschaften gegenüber der Umweltpolitik« diskutierten schon Dieter Ewringmann und Klaus Zimmermann 1978. Sie vermuteten, »daß die Gewerkschaften nur dann eine aktive Umweltpolitik betreiben können, wenn das Arbeitsplatzrisiko 'verstaatlicht' wird« (Ewringmann, Zimmermann 1978, S. 77 und 81).

Ich habe bisher die Interessen und Präferenzen von Arbeitnehmern, kommunalpolitischen Akteuren und Unternehmen im einzelnen untersucht. In allen drei Fällen hat sich Zurückhaltung gegenüber engagierter Umweltpolitik individuell als rationale Verhaltensweise herausgestellt. Zum Abschluß werde ich nun auf die Beziehung zwischen diesen Akteuren eingehen, um die strukturelle Blockade von Umweltpolitik in der *Beschäftigungsfalle* skizzieren.

4. Die Beschäftigungsfalle

Die Fallstudien und die Analysen der Interessenlagen der beteiligten Akteure haben ergeben, daß die Durchsetzung von umweltpolitisch erforderlichen Maßnahmen auf gravierende Schwierigkeiten stößt, wenn dadurch die Belange von Unternehmen und Arbeitnehmern negativ berührt werden. Zwar haben ökologische Fragen in der Öffentlichkeit inzwischen einen Stellenwert erreicht, der es unmöglich macht, Umweltaspekte zu ignorieren. Doch wenn aus der Unvereinbarkeit von Umweltschutz einerseits und dem Wunsch nach der Sicherheit von Arbeitsplätzen andererseits Konflikte entstehen, finden sich bei Arbeitgebern, Arbeitnehmern und auch den Vertretern der Kommunalpolitik kaum aktive Umweltschützer. Denn jede Gruppe hat rationale Gründe, den Schutz der Umwelt zwar zu befürworten, jedoch nicht als Priorität zu betreiben. Ich werde die Positionen in der Arbeitsplatz-Umweltschutz-Konfliktsituation zusammenfassen, um zu zeigen, daß die unternehmerische Drohung sich an die konkret zuständigen politischen Instanzen oder »den Staat« im allgemeinen wendet, daß dies aber nicht in Form von direkter ökonomischer Machtausübung im Sinne früherer Stamokap-Thesen geschieht. Durch die Arbeitsplatzfrage werden vielmehr die Arbeitnehmer angeregt, die unternehmerische Kritik an Umweltpolitik aufzunehmen und gegen die Politik zu richten. In dem Dreiecksverhältnis der Interessen von Unternehmen, Arbeitnehmern und politischer Instanz gerät Umweltpolitik in die *Beschäftigungsfalle*.

Die Untersuchungen zu *Arbeitnehmern* und *Arbeitnehmervertretungen* lassen wenig Zweifel daran, daß Arbeitnehmer Nutzen und Notwendigkeit von Umweltpolitik hoch einschätzen. In zahlreichen Stellungnahmen haben sie die Förderung von Umweltschutzaktivitäten mit dem Hinweis auf positive Arbeitsplatzwirkungen befürwortet. Wenn jedoch ökologische Schutzmaßnahmen im einzelnen negative Folgen für die Sicherheit von Arbeitsplätzen erwarten lassen, wächst die Ablehnung von Umweltpolitik. Viele beitnehmer fürchten, daß sich ihre materielle Situation verschlechtert. Sie rechnen mit Arbeitslosigkeit, wenn keine Alternativen zu den bisherigen Beschäftigungsverhältnissen in Sicht sind. Weder wollen noch können sie auf ihre Einkommensquellen verzichten.

> »Kurzfristige ökonomische und existenzielle Interessen stehen so in jedem einzelnen gegen langfristige Gesundheits- und Umweltinteressen. Und 'das Hemd' ist notwendigerweise 'näher als der Rock', das heißt, ein solcher Interessenkonflikt wird in der Regel – nicht immer! – dann zugunsten der kurzfristigen Interessen entscheiden, wenn diese ernsthaft durch ökologische Anforderungen tangiert werden.« (Hoffmann 1990, S. 725)

Sarkastisch formulierte ein Arbeiter des Zellstoffwerkes St. Magdalen in Villach die Alternative: »Lieber 2 g'sunde Fisch' als 280 Arbeitsplätze?« (Kärntner Tageszeitung vom 10.11.1989). Auch für einen Chemiker bei den Buna-Werken in Skopau ist unzweifelhaft klar, welche Folgen die Durchsetzung von umweltpolitischen Standards in seinem Betrieb haben wird: »Was nützt mir die schönste saubere Luft, wenn ich damit meine Arbeit verlier?« (Teuscher 1990) Und ein von Bogun, Osterland und Warsewa interviewter Pförtner ist sicher, daß Umweltschutz im Zweifel zurückstehen muß: »Ich glaub' eher, daß Arbeitsplätze und Verdienstmöglichkeiten wichtiger sind. Ich würd' die Industrieansiedlung auch befürworten. Denn ohne Arbeit nützt mir auch der sauberste Fluß nichts!« (Bogun, Osterland, Warsewa 1990, S. 94)

Dieser spürbare Nachrang von Umweltschutz gegenüber Arbeitsplatzinteressen korrespondiert mit den Interessen von *Unternehmen*. Umweltfreundlichkeit ist inzwischen für die meisten Hersteller zu einem Imagebestandteil von Produkten, Unternehmen und Branchen geworden, der für unverzichtbar gehalten wird. Doch die wachsende Bedeutung von Umweltschutz hat für die Unternehmen auch einige Schattenseiten. Strengere Umweltvorschriften schränken die Dispositionsfreiheit über Investitionsmittel zumindest zum Teil ein. Die verordnete und auch die freiwillige Einhaltung von Umweltstandards kostet Geld. Folglich kann sich der Unternehmensertrag verringern, wenn nicht sicher ist, ob die Aufwendungen ohne Absatzeinbußen über die Preise abgewälzt werden können. Schließlich gibt es Befürchtungen, daß einmal durchgesetzte Normen rasch weitere Verschärfungen nach sich ziehen, so daß Unternehmen sich präventiv gegen Umweltschutz wehren, um die Zunahme von weiteren Vorschriften zu begrenzen. Auch für Unternehmen ist es daher in vielen Fällen rational, zur Wahrung ihrer Interessen Umweltschutz grundsätzlich zu befürworten, sich jedoch zugleich gegen den Vormarsch der Umweltpolitik in Unternehmensbelange zu wehren.

Wegen der Anbindung ihrer Arbeitsplatzinteressen an den Unternehmenserfolg messen die betroffenen Arbeitnehmer umweltpolitische Interventionen daran, ob und wie ihre Unternehmensinteressen berührt werden. »Die Interessen von Arbeitskraft- und Kapitalbesitzern sind ... ökonomisch in bezug auf Erhalt der Einkommensquellen identisch.« (Hoffmann 1990, S. 725) Der Vorrang von betriebswirtschaftlichen Zielen auch bei Arbeitnehmern gibt den Unternehmen für die Abwehr umweltpolitischer Intervention ein wirkungsvolles Druckmittel in die Hand. Mit dem Hinweis, daß Umweltschutz Arbeitsplätze kosten kann, ziehen sie die Beschäftigten endgültig gegen die Vertreter der Umweltpolitik auf die Seite der Unternehmensinteressen. Beate Zimpelmann, Udo Gerhardt und Eckehardt Hildebrandt machten diese Erfahrung in ihrer Studie über den Konflikt um die Berliner Akkumulatorenfabrik Sonnenschein.

> »Dominantes Interesse der Beschäftigten über den ganzen Konfliktverlauf war die Erhaltung der Arbeitsplätze, um ihr Einkommen zu sichern. Je mehr mit der Zuspitzung des Konfliktes insbesondere die Unternehmensleitung mit dem Arbeitsplatzargument argumentierte und Druck erzeugte, um so mehr wurde die Angst um den Arbeitsplatz zum beherrschenden Motiv für das Verhalten.« (Zimpelmann, Gerhardt, Hildebrandt 1992, S. 269)

Einige Meldungen der vergangenen zehn Jahre können das immer wieder, nicht nur in Fragen des Umweltschutzes, von Arbeitgebern eingesetzte und von Arbeitnehmern aufgenommene Arbeitsplatzargument illustrieren:

Investoren drohen mit der Berlin-Karte

> »'Wir überlegen uns wegzugehen, weil die Stadt nicht voll auf unsere Bedingungen eingeht', drohte der Unternehmenssprecher

(der Knorr-Bremse AG, München) ganz offen. Auf dem Spiel standen angeblich 2.600 Arbeitsplätze, die man dann nach Berlin verlagern wollte.« (Weser-Kurier vom 27.12.1991, meine Einfügung)

1.300 MBB-Mitarbeiter verklagen Betriebsrat

Weil der Betriebsrat des MBB-Tochterunternehmens *Deutsche Airbus GmbH* im Werk Bremen Überstunden für den Golfkrieg verweigert hatte, haben 1.393 der 3.600 Beschäftigten beim Arbeitsgericht beantragt, den Betriebsrat wegen »grober Verletzung seiner gesetzlichen Pflichten« aufzulösen, weil das Gremium »vorhandene und zukünftige Arbeitsplätze« gefährdet habe. (Süddeutsche Zeitung vom 27./28.4.1991)

Von der Mühsal, aus dem 'Leopard' eine Lokomotive zu machen

»Jürgen Schrempp drohte schon im Dezember letzten Jahres ganz unverblümt Richtung Bonn. Wenn das Projekt *Jäger 90* platze, so der Vorstandsvorsitzende der neuen Daimler-Benz-Tochter 'Deutsche Aerospace' (Dasa), dann müsse die Bundesregierung mit Fabriksschließungen und Massenentlassungen rechnen.« (Gesterkamp 1990, S. 689)

Wildlife vs. Wage Earner Troubles Taos

»We're willing to do all we can to show our commitment to the environment. But you can only go so far until you start looking somewhere else. And shutting down the mine would severely disrupt the lives of a lot of people.« (Geschäftsführer einer Molybdän-Metall-Miene, der für die Förderrückstände eine Abfalldeponie anlegen will; zitiert nach New York Times vom 14.8.1990)

Paradies auf Abruf?

»Seit Siemens – mit etwa 30.000 Beschäftigten der größte Arbeitgeber der Stadt (Erlangen) damit gedroht hatte, bei weiterer Beeinträchtigung des motorisierten Individualverkehrs Teile des Unternehmens in andere Standorte zu verlagern, kann trotz einiger Straßensperrungen von einer 'krassen Autofeindlichkeit' nicht mehr gesprochen werden. Der Druck des Konzerns hatte Erfolg.« (DIE ZEIT Nr. 29/1990)

FCKW-Verbot nicht haltbar

»Unbeeindruckt von den allgemein zugänglichen Informationen über den Stand der Technik wiederholte Miele nun Argumente, die der Zentralverband Elektrotechnik und Elektroindustrie (ZVEI) vor einer Anhörung des Bundesumweltministers im Januar publiziert hatte. Bliebe der genannte Verbotstermin bestehen, müßten die deutschen Hersteller von Haushalts-Kältegeräten mit einem Umsatz von zwei Milliarden Mark und 10.000 Arbeitsplätzen ihre Produktion auf Dauer einstellen, behauptet der Unternehmer.« (Frankfurter Allgemeine Zeitung vom 14.2.1990)

Chemiefirma droht mit Verlegung ins Ausland

»Das Chemie-Unternehmen Kronos Titan hat für den Fall weiterer Umweltauflagen mit dem Abzug aus der Bundesrepublik gedroht. 'Wenn man uns die Möglichkeit der Produktion nimmt, dann stellt sich für uns die Standortfrage', sagte der Geschäftsführer.« (Frankfurter Rundschau vom 14.6.1988)

Ein Erdbeben, das Entlassungen fordern wird

»Seit dem 19. Dezember, an dem der Bundesinnenminister der Öffentlichkeit den Bericht des Bundesumweltamtes über die Umweltbelastung durch Asbest präsentiert hat, hat sich die Welt für uns grundlegend verändert. Es war für unser Unternehmen wie ein Erdbeben, das mit Sicherheit Opfer in Form von Kurzarbeit und Entlassungen fordern wird,« meinte der Vorstandsvorsitzender der Eternit AG Berlin (zitiert nach Frankfurter Allgemeine Zeitung vom 13.2.1981) Die Arbeitnehmer erklärten sich umgehend mit ihrem Betrieb solidarisch. In einem Brief des Gesamtbetriebsrats an den damaligen Gesundheitsminister Ehrenberg hieß es: »Verbotsempfehlungen dürfen nicht ausgesprochen werden ... Allein bei uns würden innerhalb kurzer Zeit ca. 5.000 Arbeitsplätze vernichtet.« (Frankfurter Rundschau vom 10.10.1984)

Boehringer droht: Mehr Umweltschutz kostet Arbeitsplätze

»Das Chemieunternehmen C.H. Boehringer droht mit der Schließung des Werkes in Hamburg-Billbrook, falls ihm verboten wird, Chemieabfälle weiterhin auf See zu verbrennen. Betroffen wären 329 Arbeitnehmer in Hamburg und weitere rund 800 in der Boehriger-Vertriebsfirma Celamerck in Ingelheim.« (Hamburger Abendblatt vom 11.9.1982)

Die *politisch verantwortliche* Administration ihrerseits ist angesichts solcher Drohgebärden in einer mißlichen Lage. Kommunalpolitiker haben genügend Anlaß, auf umweltpolitische Strenge zu verzichten. Wenn durch die Verschärfung der Umweltnormen tatsächlich Arbeitsplätze und Einnahmen verloren gehen, trifft die Kommune dadurch ihre eigenen Refinanzierungsquellen. Umweltpolitik wirkt sich fiskalisch zum Nachteil der Kommune aus. Die unternehmerische Drohung bringt daher die Reste kommunaler Selbständigkeit in Gefahr, die die Kommunen aus ihren Steuerquellen schöpfen und insbesondere mit der Hebesatzhoheit bei der Gewerbesteuer verbinden. Nun liegt die Entscheidung darüber, in welchem Ausmaß die Kommunen Umweltschutzmaßnahmen in ihrem Zuständigkeitsbereich verlangen, nicht allein in der Macht der Gemeindevertreter. Die Implementation und Überwachung von Umweltpolitik gehört zu den kommunalen Aufgaben, doch die kommunalen Instanzen »unterliegen einem nicht durch die Garantie der kommunalen Selbstverwaltung eingeschränkten fachlichen Weisungsrecht der ihnen übergeordneten Fachbehörden.« (Engelhardt 1990, S. 113)

Könnten die Kommunen die umweltpolitischen Vorgaben ignorieren und ginge man allein von den kommunalen Bestandsinteressen aus, dann ließe sich der Konflikt mit Unternehmen und Arbeitnehmern verhältnismäßig leicht lösen: Angesichts unternehmerischer Gewinn-, individueller Arbeitsplatz- und kommunaler Steuerinteressen läge es nahe, Umweltschutzpolitik weiterhin nachrangig zu behandeln.

Doch die Situation für die Kommune ist komplizierter. Einerseits verlangen strengeres Umweltrecht und die Rücksicht auf wachsendes öffentliches Umweltbewußtsein von den Kommunen angemessene Maßnahmen. Auf der anderen Seite artikulieren Arbeitgeber und Arbeitnehmer ihre Kritik an den Forderungen der Gemeinde und kündigen Sanktionen an. Die Unternehmen können eine für sie günstige Situation schaffen, weil sie mit einem ursächlichen Zusammenhang zwischen den umweltpolitischen Absichten der Kommune und dem Verlust von Arbeitsplätzen argumentieren. Murray Edelmann zeichnete eine plastisches Bild von der, wie er sagt, »organisatorischen Vereinnahmung« der Administration durch die Unternehmen:

> »So agieren die Beamten der Aufsichtsbehörden in einer Konstellation, in der sie selbst effektiv Agenten des Managements jener Industrie werden, die sie kontrollieren sollen. Man konfrontiert sie massiv und ununterbrochen mit Erklärungen über die hohen Kosten und wirtschaftlichen Probleme der jeweiligen Branche, arrangiert offizielle und oft auch inoffizielle Treffen mit den Topmanagern und weiht sie ein in deren Perspektiven und Werte. Zugleich werden sie unmißverständlich auf mögliche Sanktionen hingewiesen, mit denen sie und ihre Behörde zu rechnen hätten, wenn sie die wirtschaftlichen und organisatorischen Vorstellungen der Industrie nicht gebührend berücksichtigen.« (Edelmann 1990, S. 51)

Jochen Hucke und Arieh A. Ullmann machten 1980 in ihrem Forschungsbericht zum Vollzug der Luft- und Gewässerreinhaltepolitik in der Bundesrepublik deutlich, daß die für die verantwortlichen Instanzen ungünstigen Implementationsbedingungen eng mit dem Arbeitsplatzargument zusammenhängen:

> »Gerade der Umstand, daß der Verlust von Arbeitsplätzen infolge Schließung oder Verlagerung von Betrieben oder Betriebsteilen vom Bürger dem Staat angelastet wird, erhöht die Durchsetzungsfähigkeit des Arguments bei der Abschwächung von Behördenforderungen, weil dadurch ein inneradministrativer Interessenwiderspruch aktualisiert wird, der für den Umweltschutz meist nachteilig gelöst wird.« (Hucke, Ullmann 1980, S. 110)

Kein Kommunalpolitiker, der die umweltschutzbedingten Eingriffe in die betriebliche Autonomie verfügt, kann sicher sein, *nicht* für die (potentielle) Verschlechterung der wirtschaftlichen Lage zur Verantwortung gezogen zu werden. Viele Politiker ziehen die Wirkung dieser Argumentationskette auf ihr politisches Schicksal kaum in Zweifel.[55]

---

55 Ralf Brunowsky und Lutz Wicke zitieren den ehemaligen Berliner Umweltsenator. »Volker Hassemer, durchaus ein Verfechter schärferer Umweltnormen, bekannte pragmatisch: 'Wenn ich als Kommunalpolitiker 1.000 Arbeitsplätze aufs Spiel setze, bin ich politisch tot.'« (Brunowsky, Wicke 1984, S. 44)

Auch meine Interviewpartner sprachen mögliche wahlpolitische Folgen ökologieorientierter Entscheidungen an. Ein Abgeordneter der SPD im baden-württembergischen Landtag erklärte die Zurückhaltung der Politiker in bezug auf umweltpolitische Schutzmaßnahmen mit der Rücksicht auf die nächste Wahl.

> »Das ist eine Angst um die Wiederwahl bei den Politikern. Wenn ich mich in meinem Wahlkreis hinstelle und sage: 'Der Betrieb ist aus umweltpolitischen Gründen zu schließen und ich habe für euch keinen Ersatz für die Arbeitsplätze', dann brauche ich bei der nächsten Wahl nicht mehr anzutreten.« (Landtagsabgeordneter/SPD; Interview)

Die politischen Entscheidungsträger können nicht davon ausgehen, daß die Durchsetzung von Umweltnormen gegen vielfache Arbeitsplatzinteressen für sie ohne Folgen bleiben wird. Die Schließung eines Betriebes aus ökologischen Gründen ist in der Kommune sichtbar und wirtschaftlich spürbar. Folglich müssen Politiker, die um ihre Wiederwahl kämpfen, solche Maßnahmen präferieren, die umweltpolitisches Engagement ohne negative Folgen zeigen. Sie verzichten, wenn möglich, auf Sanktionen, die Arbeitsplätze kosten können. Es ist anzunehmen, »daß der sich stimmenmaximierend verhaltende Politiker die Ergreifung von Umweltschutzmaßnahmen dann unterlassen wird, wenn sie zu einer merklichen Steigerung der Arbeitslosigkeit führten.« (Paul 1986, S. 297)[56]

In einem Gespräch mit der Wochenzeitung DIE ZEIT meinte Joschka Fischer von den Grünen: »Eine ökologisch induzierte

56 Paul hält diesen Schluß auch für den Fall aufrecht, daß die Umweltschutzmaßnahmen andernorts zur Schaffung von Arbeitsplätzen führen: »Wenn aufgrund von Umweltschutzauflagen etwa ein Chemiewerk stillgelegt werden muß oder ein Kraftwerk nicht gebaut wird, dann hat dies für jedermann deutlich sichtbar zur Folge, daß zum Beispiel 500 Arbeitsplätze verlorengehen bzw. nicht geschaffen werden. Dieser Verlust mag gesamtwirtschaftlich ausgeglichen bzw. sogar überkompensiert werden, etwa weil die Nachfrage nach den nun relativ billigeren umweltfreundlicheren nicht-chemischen Produkten steigt oder mit den im Kraftwerksbau gesparten Geldern Alternativinvestitionen unternommen werden. Aber: Die so geschaffenen Arbeitsplätze sind viel weniger sichtbar als die verlorengegangenen bzw. nicht geschaffenen.« (ebd.)

Arbeitsplatzvernichtung in einer bestimmten Größenordnung würde keine demokratische Regierung überstehen.« (DIE ZEIT Nr. 31/1989)[57] Es ist nicht entscheidend, ob die Wähler dem kommunalpolitisch verantwortlichen Akteur nachweislich die Quittung für den Verlust von Arbeitsplätzen geben.[58] Entscheidend ist, daß die Politiker legitimatorische Konsequenzen nicht sicher ausschließen können. Diese über Arbeitsplatzinteressen und Wiederwahlkalküle verflochtenen Beziehungen führen zu umweltpolitischen Immobilismus und lassen sich in dem Bild der *Beschäftigungsfalle* darstellen:

In ihrer Funktion als Arbeitgeber einer relevanten Zahl von Wählern erhalten Unternehmen im Konflikt um umweltpolitische Maßnahmen eine durchsetzungsstarke Position. Sie sind in der Lage, den verantwortlichen Kommunalpolitikern wirkungsvoll mit negativen Konsequenzen für die Beschäftigten zu drohen, falls administrative Entscheidungen anders als im unternehmerischen Interesse erfolgen sollten. In der anglo-amerikanischen Diskussion wird diese

---

57 Der ehemalige Kärntner Landeshauptmann-Stellvertreter interpretierte diesen Zusammenhang als besonderes Problem für die traditionellen Vertreter von Arbeitnehmerinteressen. »Die Schuld kriegt meistens die Sozialdemokratie und die Gewerkschaftsbewegung mit der Begründung: 'Die sind die ersten, die dafür zu sorgen haben, daß mein Arbeitsplatz erhalten wird. Und wenn euch das nicht gelingt, dann seid ihr für uns nicht mehr wählbar.' Und man wählt dann genau das Gegenteil, wie sich das in der Vergangenheit bedauerlicherweise erwiesen hat.« (ehemaliger Landeshauptmann-Stellvertreter/-SPÖ; Interview)

58 Bruno Frey prüfte diesen Zusammenhang durch eine Korrelation von Wahlergebnissen und makroökonomischen Variablen wie Inflationraten und Arbeitslosigkeitsquoten und stellte fest: »Die Wähler scheinen die Regierung für zunehmende Beschäftigungslosigkeit besonders stark verantwortlich zu machen.« (Frey 1978, S. 555) Manfred G. Schmidt vertrat dagegen die These, daß Regierungsparteien »mit Arbeitslosigkeit ganz gut überleben« können. »Rein rechnerisch sind die Wiederwahlchancen bei Massenarbeitslosigkeit nicht schlechter als bei Vollbeschäftigung.« (Schmidt 1983, S. 468f.)

Die Beschäftigungsfalle:
Anbindung des politisch-adminstrativen Systems an Kapitalinteressen

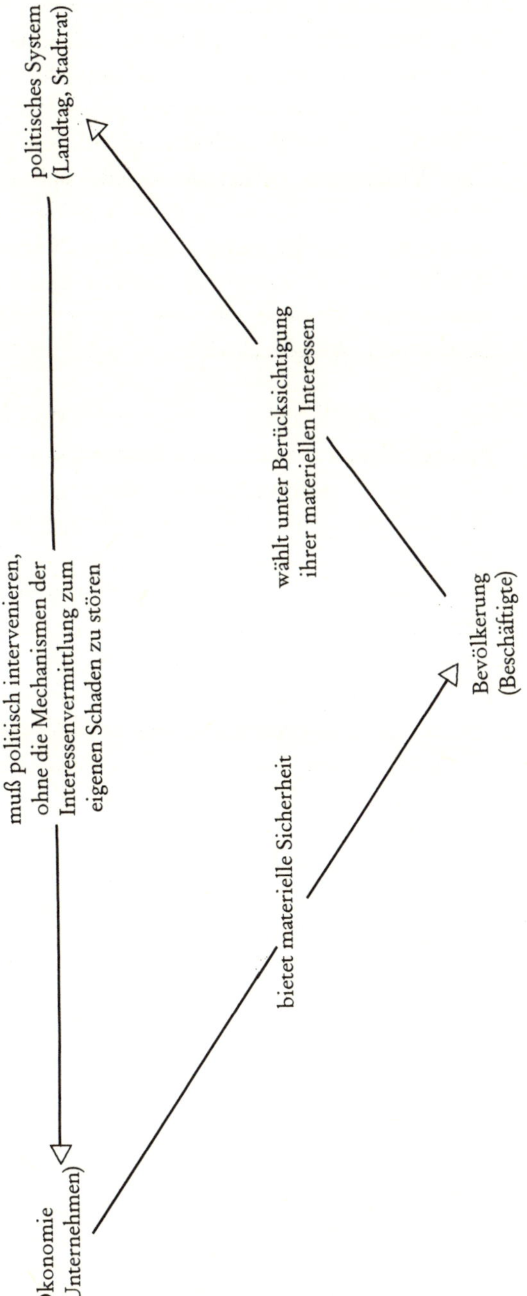

Konstellation als *Beschäftigungserpressung*[59] oder als *Umwelterpressung* bezeichnet: »'Environmental blackmail' refers to such cases where a company seeks to avoid anti-pollution measures by falsely claiming that these measures would inevitably cost jobs.« (Siegmann 1985, S. 48) Der Wunsch der betroffenen Politiker nach erfolgreicher Wiederwahl zwingt sie zu Rücksichtnahme auf die unternehmerische Drohung, die über die Arbeitsplatzinteressen der Wähler vermittelt wird. In dieser möglichen Nutzung der Interessen von Wählern und Politikern für unternehmerische Zwecke liegt eine strukturelle Ursache für die immer wieder spürbar werdende umweltpolitische Blockade.

Auf der Grundlage dieser Analyse von Akteursinteressen öffnet sich nun der Blick auf Auswege aus der umweltpolitischen Beschäftigungsfalle. Der Ansatz für Lösungen kann nicht in der verstärkten normativen Forderung nach Umweltschutz aus »eigenem Recht« (Reiche 1986, S. 161) liegen. Das Postulat der Wünschbarkeit, Notwendigkeit oder Eigenständigkeit von Umweltpolitik bleibt folgenlos, sobald es mit durchsetzungsfähigeren Ansprüchen kollidiert. Umweltpolitischer Handlungsspielraum kann erst dann gewonnen werden, wenn die Möglichkeiten zur Transformation unternehmerischer Interessen über individuelle Beschäftigungsinteressen in den Prozeß der Politikformulierung und Politikimplementation eingeschränkt werden. Erst wenn sichergestellt ist, daß Umweltpolitik Arbeitnehmer nicht in Existenznöte bringt, kann sich der Spielraum für wirksame Maßnahmen zum Schutz der Umwelt erweitern. Damit wird deutlich, wo nach Lösungungen für den Konflikt zu suchen ist: Sie liegen in Formen der Entkoppelung von politischen Legitimationsbedürfnissen und individuellen Existenzsicherungsinteressen.

59 Richard Kazis und Richard L. Grossmann bringen zahlreiche Beispiele für job blackmail (Kazis, Grossmann 1982, S. 7ff.).

V. Literatur

Abromeit, Heidrun 1976. Zum Verhältnis von Staat und Wirtschaft im gegenwärtigen Kapitalismus. In: Politische Vierteljahresschrift, Heft 1, S. 2-22.

Aeberhardt, Werner 1985. Die Umweltpolitik im Spannungsfeld politischer und wirtschaftlicher Interessen, Köln.

Albracht, Gerd 1981. Umweltschutz und Arbeitnehmerinteressen. Argument Sonderband 56: Alternative Umweltpolitik, S. 22-38.

Alternative Liste 1986. AL-Info Nr. 2, September 1986, Rastatt.

Amt der Kärntner Landesregierung 1973. Bescheid an die Zellstoffabrik Rechberg Ges.mbH bezüglich Abwasserbeseitigung vom 10.4.1973, Zl. 8Wa-433/1/73. Klagenfurt.

Amt der Kärntner Landesregierung 1988. Bescheid über Ansuchen des Reinhalteverbandes Eisenkappel-Vellach und der Zellstoffabrik Obir Ges.mbH auf Fristerstreckung für den Baubeginn und die Inbetriebnahme der Abwasserreinigungsanlagen vom 7.12.1988, Zl. 8W-Kan-659/I/4/1988. Klagenfurt.

Amt der Kärntner Landesregierung 1989a. Untersagung der Einleitung der Produktionsabwässer in den Vellachbach vom 25.7.1989, Zl. 8W-KAN-659/I/23/1989. Klagenfurt.

Amt der Kärntner Landesregierung 1989b. Bescheid über Ansuchen der Zellstoffabrik Obir Ges.mbH auf Bewilligung zur Abarbeitung der Lagerbestände bis zum Ende des Jahres 1989 vom 25.7.1989, Zl. 8W-KAN-659/I/24/1989. Klagenfurt.

Amt der Kärntner Landesregierung 1989c. Derzeitiger Zustand und limnologische Entwicklung der Gewässer Vellach und Drau. Polzer-Gutachten vom 19.7.1989, Zl. 15 – 4006/31/89. Klagenfurt.

ANBA 1988. Amtliche Nachrichten der Bundesanstalt für Arbeit. Jahreszahlen 1988. Nürnberg.

Arbeitsamt Rastatt 1990. Pressemitteilung Nr. 39/90 des Arbeitsamtes Rastatt vom 3.7.1990.

Arrow, Kenneth J. 1973. Social Responsibility and Economic Efficiency. In: Public Policy, Heft 3, S. 303-317.

Axelrod, Robert 1984. The Evolution of Cooperation. New York.

Battelle-Institut 1975. Schätzung der monetären Aufwendungen für Umweltschutzmaßnahmen bis zum Jahre 1980. Frankfurt/M.

Baumgartner, Thomas, Frieder Rubik, Volker Teichert 1992. Ökologische Produktpolitik. Stuttgart.

BENZ o.J (1986), Bürgeraktion zur Erhaltung der Natur für die Zukunft e.V., Informationen zum Thema Daimler-Benz-Ansiedlung in Rastatt, Rastatt.

Benkert, Wolfgang, Jürgen Bunde, Bernd Hansjürgens 1990. Umweltpolitik mit Öko-Steuern? Ökologische und finanzpolitische Bedingungen für neue Umweltabgaben. Marburg.

Bergmann, Eckehard, Dieter Ewringmann 1989. Öko-Steuern: Entwicklung, Ansatzpunkte und Bewertung. In: Hans G. Nutzinger, Angelika Zahrnt (Hrsg.), Öko-Steuern. Umweltsteuern und -abgaben in der Diskussion, S. 43-73, Karlsruhe.

Betriebsrat o.J. (1987). »Die Belegschaft meldet sich zu Wort«, Flugblatt des Betriebsrats Daimler-Benz Werk Gaggenau / Rastatt und der IG Metall Ortsverwaltung. Gaggenau.

Bezirkshauptmannschaft Völkermarkt 1988a. Bericht des Bezirkshauptmanns über die Zellstoffabrik Rechberg vom 16.6.1988, Zl. 1915/88. Völkermarkt.

Bezirkshauptmannschaft Völkermarkt 1988b. Bescheid an die Zellstoffabrik Obir Ges.mbH, Rechberg, über Verfügung gemäß 360 Abs. 2 GewO 1973 vom 2.11.1988, Zl. 1915/6/1988. Völkermarkt.

Bickenbach, Dieter, Weert Canzler, Sylke Nissen 1989. Innovationsförderpolitik. Berlin.

Binswanger, Hans Christoph, Heinz Frisch, Hans G. Nutzinger, Bertram Schefold, Gerhard Scherhorn, Udo E. Simonis, Burkard Strümpel 1983. Arbeit ohne Umweltzerstörung. Strategien einer neuen Umweltpolitik. Frankfurt/M..

BMF, Bundesministerium der Finanzen 1989. Finanzbericht 1990. Bonn.

BMF, Bundesministerium der Finanzen 1991. Finanzbericht 1992. Bonn.

Bogun, Roland, Martin Osterland, Günter Warsewa 1990. »Was ist überhaupt noch sicher auf der Welt?« Arbeit und Umwelt im Risikobewußtsein von Industriearbeitern. Berlin.

Bogun, Roland, Martin Osterland, Günter Warsewa 1992. Arbeit und Umwelt im Risikobewußtsein von Industriearbeitern. In: Soziale Welt, Heft 2, S. 237-245.

Bogun, Roland, Günter Warsewa 1989. Zwischen ökologischem Problembewußtsein und Risikoakzeptanz – Welche Konsequenzen ziehen Industriearbeiter aus der Umweltkrise? In: Kooperation Universität/Arbeiterkammer Bremen (Hrsg.), Mitteilungsblatt der Zentralen Wissenschaftlichen Einrichtung (ZWE) »Arbeit und Betrieb«, Band 22, S. 43-52, Bremen.

Borries, Dietrich von 1983. Störfallverordnung. In: Theo Dahlhoff, Hartmut Bick, Karl Heinrich Hansmeyer, Gerhard Olschowy (Hrsg.), Funkkolleg Mensch und Umwelt, Band 2, S. 83-84, Frankfurt/M.

Breit, Ernst 1984. »Die ganze Arbeitnehmerschaft wandelt sich«. Interview in: Der SPIEGEL Nr. 40/1984, S. 25-27.

Breit, Ernst 1985. Umweltschutzinvestitionen als Grundlage des qualitativen Wachstums. In: Volker Hauff, Michael Müller (Hrsg.), Umweltpolitik am Scheideweg, S. 13-20, München.

Breuel, Birgit 1989. Aus Eigennutz mehr Umweltschutz. In: Die Zeit, Nr. 13/1989, S. 36.

Brunowsky, Ralf-Dieter, Lutz Wicke 1984. Der Öko-Plan. München, Zürich.

BUND (Landesverband Baden-Württemberg) 1988. BUND-Landesdelegiertenkonferenz lehnte einstimmig eine Vereinbarung mit der Landesregierung über die Folgen der Daimleransiedlung in Rastatt ab. Presseinformation vom 28.1.1988, Freiburg.

Cansier, Dieter 1988. Umweltzertifikat. In: Otto Kimminich, Heinrich Freiherr von Lersner, Peter-Christoph Storm (Hrsg.), Handwörterbuch des Umweltrechts, Band II: Nachbarrecht – Zweitanmeldung, Sp. 943-947, Berlin.

Clemens, Reinhard, Thomas Held 1986. Gewerbesteuerreform im Spannungsfeld von Unternehmenssteuerbelastung und kommunaler Finanzautonomie. Stuttgart.

Clemens, Reinhard, Hermann Tengler 1983. Standortprobleme von Industrieunternehmen in Ballungsräumen. Göttingen.

Dahme, Hans-Jürgen, Dieter Grunow 1983. Implementation persuasiver Programme. In: Renate Mayntz (Hrsg.), Implementation politischer Programme II. Ansätze zur Theoriebildung, S. 117-141, Opladen.

Daimler-Benz AG 1987. Daimler-Benz in Rastatt – Informationen zur Planung eines Werkes, Faltblatt.

Dehmel, Hartmut 1990. Der Einfluß ökologischer Vorgaben auf den Bestand und die internationale Wettbewerbsfähigkeit deutscher Raffinerien. In: Gerd Rainer Wagner (Hrsg.), Unternehmung und ökologische Umwelt, S. 149-155, München.

Deutscher Bund für Vogelschutz u.a. (Hrsg.) 1986. Sternstunden. Informationen zur Ansiedlung eines Pkw-Montagewerks von Daimler-Benz in Rastatt, Rastatt.

Deutscher Bund für Vogelschutz u.a. (Hrsg.) 1987a, Ein Trauerspiel. Informationen zur Ansiedlung eines Pkw-Montagewerks von Daimler-Benz in Rastatt, Rastatt.

Deutscher Bund für Vogelschutz u.a. (Hrsg.) 1987b. Der Kompromiß, Rastatt.

DGB, Deutscher Gewerkschaftsbund 1985. Ökologie und qualitatives Wachstum. In: Frankfurter Rundschau vom 13.5.1985, S. 19-20.

DGB, Deutscher Gewerkschaftsbund 1990. Wahlprüfsteine des DGB. Gewerkschaftliche Monatshefte, Heft 11, S. 736-744.

Diekmann, Andreas, Peter Preisendörfer 1992. Persönliches Umweltverhalten: Diskrepanzen zwischen Anspruch und Wirklichkeit. Kölner Zeitschrift für Soziologie und Sozialpsychologie, Heft 2, S. 226-251.

Dietz-Will, Adelheid 1982. Bärlocher München – Geographische Aspekte eines ökonomisch-ökologischen Konflikts. Ms., München.

Eckensberger, Lutz H., Ulrike Sieloff, Elisabeth Kasper, Anita Nieder, Sigrid Schirk 1988. Der Konflikt zwischen Ökonomie und Ökologie am Beispiel eines saarländischen Kohlekraftwerkes (Bexbach): Moralisches Urteil, Faktenwissen, Bewältigung und Abwehr von Betroffenheit. Forschungsbericht Nr. 1 der Fachrichtung Psychologie, Universität des Saarlandes, Saarbrücken.

Edelman, Murray 1990. Politik als Ritual. Die symbolische Funktion staatlicher Institutionen und politischen Handelns. Frankfurt/M. (dt. Erstausgabe 1976).

Engelhardt, Hanns 1990. Bürger und Umwelt. Beck-Rechtsberater im dtv. München.

Ewringmann, Dieter 1988. Verursacherprinzip. In: Otto Kimminich, Heinrich Freiherr von Lersner, Peter-Christoph Storm (Hrsg.), Handwörterbuch des Umweltrechts, Band II: Nachbarrecht-Zweitanmeldung, Sp. 1049-1055, Berlin.

Ewringmann, Dieter, Klaus Zimmermann 1978. Umweltpolitische Interessenanalyse der Unternehmen, Gewerkschaften und Gemeinden. In: Martin Jänicke (Hrsg.), Umweltpolitik, S. 66-100, Opladen.

Faiß, Friedrich, Konrad Faiß, Peter Giebler, Manfred Lang, Hansdieter Schmid 1986. Kommunales Wirtschaftsrecht in Baden-Württemberg. Stuttgart.

Feist, Ursula, Wolfgang Hartenstein, Reinhard Rudat, Reinhart Schneider, Menno Smid 1989. Wandel der Industriegesellschaft und Arbeitnehmerbewußtsein. Frankfurt/M.

Fietkau, Hans-Joachim 1984. Bedingungen ökologischen Handelns. Gesellschaftliche Aufgaben der Umweltpsychologie. Weinheim und Basel.

Flick, Hans, Franz Wassermeyer, Karl-Dieter Wingert 1981/84. Doppelbesteuerungsabkommen Deutschland-Schweiz. Steuern vom Einkommen und Vermögen, Nachlaß- und Erbschaftssteuern, Kommentar. Köln.

Frey, Bruno S. 1978. Der Einfluß der Wirtschaftslage auf Wählerentscheidungen. In: Wirtschaftswissenschaftliches Studium, Heft 12, S. 553-556.

Frey, Bruno S. 1985. Umweltökonomie. Göttingen.

Gall, Manfred 1988. Mehr Rechte für Betriebsräte. In: IG Metall (Hrsg.), Umweltschutz zwischen Reparatur und Anpassung: Wege aus der Bedrohung. Diskussionsforum: Die andere Zukunft, Band 1, S. 138-140, Köln.

Gaugler, Eduard 1984. Flexibilisierung des Arbeitskräfteeinsatzes. In: Wolfgang H. Staehle, Edgar Stoll (Hrsg.), Betriebswirtschaftslehre und ökonomische Krise, S. 259-271, Wiesbaden.

Gemeinderat der Marktgemeinde Eisenkappel-Vellach o.J. (1987). Resolution an die Kärntner Landesregierung. Eisenkappel

Gersterkamp, Thomas 1990. Von der Mühsal, aus dem »Leopard« eine Lokomotive zu machen. In: Die Mitbestimmung, Heft 11/12, S. 689-691.

Göb, Rüdiger 1986. Kommunale Umweltpflege. In: Otto Kimminich, Heinrich Freiherr von Lersner, Peter-Christoph Storm (Hrsg.), Handwörterbuch des Umweltrechts, Band I: Abfallrecht – Mosel, Sp. 921-930, Berlin.

Gretschmann, Klaus, Helmut Voelzkow 1986. Öko-soziale Steuerreform: ein Ausweg aus der Beschäftigungs- und Umweltkrise? In: Wirtschaftsdienst, Heft 11, S. 560-566.

Gurgsdies, Manfred, Rudolf Hickel 1986. Umwelt und Beschäftigung. Nationale und internationale Studien im Überblick – Anhaltspunkte für ein Programm »Arbeit und Umwelt« im Lande Bremen. Herausgegeben vom Zentrum Kooperation Universität Bremen – Arbeiterkammer Bremen, Bremen.

Hansmeyer, Karl Heinrich 1983. Instrumente der Umweltpolitik. In: Theo Dahlhoff, Hartmut Bick, Karl Heinrich Hansmeyer, Gerhard Olschowy (Hrsg.), Funkkolleg Mensch und Umwelt, Band 3, S. 116-119, Frankfurt/M.

Hauss, Friedrich, Hagen Kühn, Rolf Rosenbrock 1980. Betrieblicher Arbeitsschutz als gesundheitspolitische Strategie, Wissenschaftszentrum Berlin, IIVG preprints 80-222.

Haussmann, Rolf, Eberhardt Schmidt 1985. Fürchtet euch nicht- macht Boehringer dicht. In: Eckart Hildebrand, Eberhardt Schmidt, Hans Joachim Sperling (Hrsg.), Arbeit zwischen Gift und Grün. Kritisches Gewerkschaftsjahrbuch 1985, S. 20-28, Berlin.

Heine, Hartwig, Rüdiger Mautz 1989. Industriearbeiter contra Umweltschutz? Frankfurt/M.

Hertle, Hans Hermann, Jürgen Kädtler 1990. Die industriepolitische Wende der industriellen Beziehungen. Gewerkschaftspolitik unter dem Primat der Industriepolitik am Beispiel der IG Chemie, Papier, Keramik. In: Soziale Welt, Heft 2, S. 183-205.

Hey, Christian 1990. Umweltpolitik in der EG: Kooperation oder Konkurrenz der Standards? In: Rudolf Welzmüller (Hrsg.), Marktaufteilung und Standortpoker in Europa, S. 191-221, Köln.

Hoffmann, Jürgen 1990. Ökologisch produzieren heißt, die Naturbasis der Arbeit verteidigen. In: Die Mitbestimmung, Heft 11/12, S. 723-726.

Hopfenbeck, Waldemar 1990. Umweltorientiertes Management und Marketing. Konzepte – Instrumente – Praxisbeispiele. Landsberg / Lech.

Hucke, Jochen 1980. Umweltschutz – Ein Plädoyer für den Ausbau der rechtlichen Normierung. In: Rüdiger Voigt (Hrsg.), Verrechtlichung, S. 63-76, Königstein / Taunus.

Hucke, Jochen 1983. Regulative Politik. Das Beispiel Umweltschutz. In: Rüdiger Voigt (Hrsg.), Abschied vom Recht? S. 50-66, Frankfurt/M.

Hucke, Jochen 1984. Kommunale Umweltpolitik als Kommunale Beschäftigungspolitik. In: Monika Zimmermann, Jochen Hucke (Hrsg.), Umweltschutz – was können die Gemeinden tun? S. 161-177, Basel, Boston, Stuttgart.

Hucke, Jochen, Reinhard Ueberhorst (Hrsg.) 1983. Kommunale Umweltpolitik. Basel, Boston.

Hucke, Jochen, Arieh A. Ullmann 1980. Konfliktregelung zwischen Industriebetrieb und Vollzugsbehörden bei der Durchsetzung regulativer Politik. In: Renate Mayntz (Hrsg.), Implementation politischer Programme I. Empirische Forschungsberichte, S. 105-126, Frankfurt/M.

IPOS, Institut für praxisorientierte Sozialforschung 1991. Einstellungen zu aktuellen Fragen der Innenpolitik 1991 in Deutschland. Ergebnisse einer repräsentativen Bevölkerungsumfrage in den alten und neuen Bundesländern. Mannheim.

Jänicke, Martin 1978. Umweltpolitik im kapitalistischen Industriesystem. In: Martin Jänicke (Hrsg.), Umweltpolitik, S. 9-35, Opladen.

Jänicke, Martin 1988. Ökologische Modernisierung. Optionen und Restriktionen präventiver Umweltpolitik. In: Udo E. Simonis (Hrsg.), Präventive Umweltpolitik, S. 13-26, Frankfurt/M.

Jarre, Jan 1975. Umweltbelastungen und ihre Verteilung auf soziale Schichten. Göttingen.

Jehle, Egon 1980. Unternehmung und gesellschaftliche Umwelt. Grundlagen einer ökonomischen Theorie der pluralistischen Unternehmung. Stuttgart.

Johnson, Harold L. 1971. Business in Contemporary Society, Framework and Issues. Belmont, Cal..

Kammer 1989. Kammer für Arbeiter und Angestellte in Kärnten. Statistische Dokumentation, Bezirk Völkermarkt. Klagenfurt.

Karmaus, Wilfried 1989. Das Zusammenspiel von Wissenschaft, Behörden und Industrie dargestellt am Fall der Risiko-Beurteilung und Risiko-Bewältigung von Dioxinen. Wissenschaftszentrum Berlin, dp P89-205.

Kärntner Landtag 1989, Stenographisches Protokoll der 7. Sitzung vom 16.11.1989, Klagenfurt.

Kärntner Landtag 1990, Stenographisches Protokoll der 14. Sitzung vom 29.3.1990, Klagenfurt.

Kärntner Landtagsamt 1990. Bericht und Antrag des Untersuchungsausschusses betreffend Zellstoff Villach (Zwischenbericht für den Zeitraum vom 10.2.1984 bis 27.7.1987), Ldtgs. Zl. 78-4/26. Klagenfurt.

Kazis, Richard, Richard L. Grossman 1982. Fear at Work. Job Blackmail, Labor and the Environment. New York.

Kessel, Hans, Wolfgang Tischler 1984. Umweltbewußtsein. Ökologische Wertvorstellungen in westlichen Industrienationen. Berlin.

Kirchgeorg, Manfred 1990. Ökologieorientiertes Unternehmensverhalten. Typologie und Erklärungsansätze auf empirischer Grundlage. Wiesbaden.

Klemmer, Paul 1986. Die Kontroverse um die Daimler-Benz-Beihilfe. In: Wirtschaftsdienst, Heft XI, S. 550-554.

Klemmer, Paul 1990. Gesamtwirtschaftliche Effekte ökonomischer Instrumente im Umweltschutz. In: Gerd Rainer Wagner (Hrsg.), Unternehmung und ökologische Umwelt, S. 262-282, München.

Klodt, Henning 1988. Mehr Arbeitsplätze durch Umweltschutz? In: Jahrbuch für Sozialwissenschaft, S. 351-360, Göttingen.

Knödgen, Gabriele 1982. Umweltschutz und industrielle Standortentscheidung. Frankfurt/M.

Koch, Egmont R., Fritz Vahrenholt 1980. Seveso ist überall. Die tödlichen Risiken der Chemie. Frankfurt/M.

Kofler, Walter 1988. Lufthygienisches Gutachten vom 14.10.1988. Ms., Rechberg.

Köhler, Axel 1985. Arbeitslose für den Umweltschutz. In: Zeitschrift für Umweltpolitik, Heft 1, S. 29-44.

Kontaktbüro der AMF/BFI 1990. Outplacement-Obir, Zwischenbericht vom 25.1.1990. Eisenkappel.

Krämer, Herbert 1990. Die Erschließung innovativer strategischer Geschäftsbereiche als Beitrag zum aktiven Umweltschutz. In: Gerd

Rainer Wagner (Hrsg.), Unternehmung und ökologische Umwelt, S. 138-148, München.

Kraus, Alfred 1989. Die wirtschaftliche Lage der papiererzeugenden Industrie in den Jahren 1984-1988. Kammer für Arbeiter und Angestellte für Wien, Abteilung Betriebswirtschaft, Wien.

Krauß, Peter 1985. Kommunale Umweltschutzpolitik. In: Theodor Pfizer, Hans-Georg Wehling (Hrsg.), Kommunalpolitik in Baden-Württemberg, S. 256–272, Stuttgart.

Kruk, Max, Gerold Lingnau 1986. Daimler-Benz, Band 1: Das Unternehmen, Mainz.

Külp, Bernhard 1965. Theorie der Drohung. Köln.

Landtag von Baden-Württemberg 1984a. Antrag der Fraktion GRÜNE und Stellungnahme des Ministeriums für Ernährung, Landwirtschaft, Umwelt und Forsten: Produktverbot von Pentachlorphenol, Drucksache. 9/241 vom 19.7.1984. Stuttgart.

Landtag von Baden-Württemberg 1984b. Kleine Anfrage des Abg. Brinkmann u.a. SPD und Antwort des Ministeriums für Ernährung, Landwirtschaft und Forsten: Industriemülldeponie in Rheinfelden. Druchsache. 9/153 vom 10.7.1984. Stuttgart.

Landtag von Baden-Württemberg 1984c. Brief des Ministeriums für Ernährung, Landwirtschaft, Umwelt und Forsten Baden-Württemberg an den Präsidenten des Landtags vom 25.9.1984. Anlage zur Beschlußempfehlung des Landwirtschafts- und Umweltausschusses bez. der Umweltbelastung durch die Rheinfelder Firma Dynamit Nobel, Drucksache 9/725 vom 1.10.1984. Stuttgart.

Landtag von Baden-Württemberg 1986a. Steuerliche Auswirkungen des Baus eines Pkw-Montagewerkes der Daimler-Benz AG, Drucksache 9/3612 vom 3.10.1986. Stuttgart.

Landtag von Baden-Württemberg 1986b. Plenarprotokoll 9/55, Sitzung vom 25.9.1986. Stuttgart.

Landtag von Baden-Württemberg 1987a. Plenarprotokoll 9/72, Sitzung vom 7.5.1987. Stuttgart.

Landtag von Baden-Württemberg 1987b. Bericht des Untersuchungsausschusses »Gefährdung durch Sondermüll«, Drucksache 9/4581 vom 26.6.1987. Stuttgart.

Landtag von Baden-Württemberg 1987c. Stellungnahme des Ministeriums für Wirtschaft, Mittelstand und Technologie: Daimler-Benz-Werk in Rastatt, Drucksache 9/4825 vom 3.9.1987. Stuttgart.

Lauber, Wolfgang 1989. Zellstoffindustrie und Gewässerschutz in Österreich. Institut für Wirtschaft und Umwelt des Österreichischen Arbeiterkammertages, Informationen zur Umweltpolitik Band 64. Wien.

Leinen, Jo 1985. Den Tanker »Industriegesellschaft« auf neuen Kurs bringen. In: Volker Hauff, Michael Müller (Hrsg.), Umweltpolitik am Scheideweg, S. 21-31, München.

Leipert, Christian 1989. Integrierte Beschäftigungs- und Umweltpolitik. In: Bernhard Glaeser (Hrsg.), Humanökologie. Grundlagen präventiver Umweltpolitik, S. 153-169, Opladen.

Leitner, Friedrich Wilhelm 1984. Kärntner Abwehrkampf 1918/1919 – Volksabstimmung am 10. Oktober 1920. Katalog zur Dokumentationsausstellung im Völkermarkter Stadtmuseum. Klagenfurt.

Malunat, Bernd M. 1987. Umweltpolitik im Spiegel der Parteiprogramme. In: Aus Politik und Zeitgeschichte, B 29/87, S. 29-42.

Marcus, Paul 1987. Das kommunale Finanzsystem der Bundesrepublik Deutschland. Darmstadt.

Mayntz, Renate 1976. Environmental Policy Conflicts: The Case of the German Federal Republic. In: Policy Analysis, Heft 2, 577-587.

Mayntz, Renate 1980. Die Entwicklung des analytischen Paradigmas der Implementationsforschung. In: Renate Mayntz (Hrsg.), Implementation politischer Programme I. Empirische Forschungsberichte, S. 1-19, Königstein / Taunus.

Mayntz, Renate 1983. Implementation von regulativer Politik. In: Renate Mayntz (Hrsg.), Implementation politischer Programme II. Ansätze zur Theoriebildung, S. 50-74, Opladen.

Mayntz, Renate u.a. 1978. Vollzugsprobleme der Umweltpolitik. Empirische Untersuchung der Implementation von Gesetzen im Bereich der Luftreinhaltung und des Gewässerschutzes. Stuttgart.

Meffert, Heribert, Martin Benkenstein, Frank Schubert 1987. Umweltschutz und Unternehmen. In: Harvard Manager, Heft 2, S. 32-39.

Meißner, Werner 1982. Positive volkswirtschaftliche Wirkungen der Umweltpolitik. In: Arieh A. Ullmann, Klaus Zimmermann (Hrsg.), Umweltpolitik im Wandel. Von Beschäftigungseffekten zu Innovationswirkungen des Umweltschutzes, S. 55-67, Frankfurt/M.

Meißner, Werner, Erich Hödl 1977. Positive ökonomische Aspekte des Umweltschutzes. Gutachten im Auftrag des Bundesministers des Inneren, Berlin.

Meißner, Werner, Erich Hödl 1978. Auswirkungen der Umweltpolitik auf den Arbeitsmarkt. Bonn.

Michal, Wolfgang 1988. Der Traum der Alemannen. In: GEO, Heft 8, S. 84-97.

Monheim, Gert 1988. »Gesucht wird ... Gift am Arbeitsplatz«. Sendung des Westdeutschen Rundfunks vom 14.4.1988, 20.15 ARD.

Müller, Axel 1980. Handlungsrationalitäten bei der Politikimplementation auf kommunaler Ebene. In: Renate Mayntz (Hrsg.), Implementation politischer Programme I. Empirische Forschungsberichte, S. 59-81, Hanstein.

Müller, Edda 1983. »Standortvorteile« der kommunalen Umweltpolitik – Die Notwendigkeit neuer dezentraler umweltpolitischer Instrumente. In: Jochen Hucke, Reinhard Ueberhorst (Hrsg.), Kommunale Umweltpolitik, S. 39-53, Basel, Boston.

Müller, Edda 1986. Innenwelt der Umweltpolitik. Sozial-liberale Umweltpolitik – (Ohn)macht durch Organisation? Opladen.

Müller, Ewald o.J. (1986). Der Konflikt um die PCP-Produktion bei Dynamit Nobel in Rheinfelden. Rekonstruktion der Ereignisse von 1984-1986. Ms., Rheinfelden.

Müller, Werner 1984. Arbeit und Umwelt – Grundlinien für ein ökologisch orientiertes Wirtschafts- und Arbeitsprogramm in Hessen. In: Monika Zimmermann, Jochen Hucke (Hrsg.), Umweltschutz – was können die Gemeinden tun?, S. 134-144, Basel, Boston, Stuttgart.

Nissen, Sylke 1986. Entstehungsbedingungen und Aktionsradius der Wirtschaftsförderung Berlin GmbH. Wissenschaftszentrum Berlin, IIM/LMP dp 86-23.

Nissen, Sylke 1992a. Die ökologische Transformation sozialistischer Arbeitsgellschaften. Hamburger Institut für Sozialforschung, Diskussionspapier 2-92. Hamburg.

Nissen, Sylke (Hrsg.) 1992b. Modernisierung nach dem Sozialismus. Ökologische und ökonomische Probleme der Transformation, Marburg.

Nutzinger, Hans G., Angelika Zahrnt 1989. Öko-Steuern. Umweltsteuern und -abgaben in der Diskussion. Karlsruhe.

Oberndorfer, Peter 1982. Die Kommunalverfassung in Österreich. In: Günter Püttner (Hrsg.), Handbuch der kommunalen Wissenschaft und Praxis, Band 2, S. 533-559, Berlin.

Obir 1988. Zellstoffabrik OBIR GesmbH, Unternehmensdarstellung, Eisenkappel.

Oelsner, Gerd 1986. »Arbeit und Umwelt«. In: Norbert W. Kunz (Hrsg.), Ökologie und Sozialismus, S. 195-229, Köln.

Ostmeier, Hans 1990. Ökologieorientierte Produktinnovationen. Frankfurt/M.

Paul, Joachim 1986. Zur politischen Durchsetzungsfähigkeit einer ökologischen Marktwirtschaft. Frankfurt/M.

Pehle, Heinrich 1990. Umweltschutz vor Ort. Die umweltpolitische Verantwortung der Gemeinden. In: Aus Politik und Zeitgeschichte B 6/90, S. 24-34.

Petzold, Günter 1986. Gewerbesteuer. München.

Powell, Robin 1990. Towards Ecological Security. In: Social Alternatives, Nr. 1, S. 15-16.

Rechnungshof 1989. Der Förderungsfall Zellstoff Villach – St. Magdalen. Zl 0441/13-IV/1/89. Klagenfurt.

Reiche, Jochen 1986. Umweltpolitik – ein Witwenkrug der Volkswirtschaft? In: Hans E. Maier, Thomas Schmid (Hrsg.), Der goldene Topf. Vorschläge zur Auflockerung des Arbeitsmarktes, S. 156-177, Berlin.

Republik Österreich 1989. Bescheid vom 25.10.1989 über die Berufung der Zellstoff Obir Ges.mbH gegen den Bescheid des Landeshauptmannes von Kärnten vom 25.7.1989 (Zl. W-659/I/23/1989), Zl. 512.262/29-I 5/89. Wien.

Rodejohann, Jo 1985. Nicht nur einfach ein Job. Arbeitsplatzrisiken in der bundesdeutschen Rüstungsindustrie. In: Reiner Steinweg (Red.), Rüstung und Soziale Sicherheit, S. 131-165, Frankfurt/M.

Rohe, Ernst-Heinrich 1990. Entwicklungstendenzen des praktischen Umweltschutzes in der Chemischen Industrie. In: Gerd Rainer Wagner (Hrsg.), Unternehmung und ökologische Umwelt, S. 97-112, München.

Rometsch, Lutz 1992. Umweltdelikte in der Bundesrepublik Deutschland – eine Bestandsaufnahme. In: Zeitschrift für angewandte Umweltforschung, Heft 2, S. 247-256.

Roth, Karin 1989. Ökologische Verantwortung der Gewerkschaften – Strategien für die Umgestaltung. In: WSI-Mitteilungen, Heft 12, S. 720-729.

Roth-Stielow, Klaus 1988. Die Verhandlungen der Landesregierung Baden-Württemberg mit den Umweltverbänden zu dem Neubauprojekt »Daimler-Benz/Rastatt«. In: BUND, Landesverband Baden-Württemberg (Hrsg.), Rastatter Rheinaue – Industrie kontra Umwelt, S. 48-52.

RVMO, Regionalverband Mittlerer Oberrhein (Hrsg.) 1988. Rhein-Aue – Paradies in Not. Karlsruhe.

Sander, Otfried 1985. Kommunale Finanzpolitik. In: Theodor Pfizer, Hans-Georg Wehling (Hrsg.), Kommunalpolitik in Baden-Württemberg, S. 79-97, Stuttgart.

Scharpf, Fritz W. 1983. Interessenlage der Adressaten und Spielräume der Implementation bei Anreizprogrammen. In: Renate Mayntz (Hrsg.), Implementation politischer Programme II. Ansätze zur Theoriebildung, S. 99-116, Opladen.

Schmid, Uwe 1989. Umweltschutz – Eine strategische Herausforderung für das Management. Frankfurt/M.

Schmidt, Manfred G. 1983. Arbeitslosigkeit und Vollbeschäftigungspolitik. In: Leviathan, Heft 4, S. 451-473.

Schramm, Engelbert 1989. Arbeiterbewegung und industrielle Umweltprobleme. Wahrnehmung und Theoriediskussion seit der zweiten Hälfte des 19. Jahrhunderts (bis 1918), Forschungsgruppe Soziale Ökologie, Sozial-ökologische Arbeitspapiere 18. Frankfurt/M.

Schreiber, Jürgen 1988. Die Chemie, der Tod, die Stadt. In: Natur, Heft 5, S. 19-26.

Siegmann, Heinrich 1985. The Conflicts between Labor and Environmentalism in the Federal Republic of Germany and the United States. New York.

Simonis, Udo E. 1990. Ökologische Modernisierung der Wirtschaft – Optionen und Restriktionen. In: Gerd Rainer Wagner (Hrsg.), Unternehmung und ökologische Umwelt, S. 29-47, München.

Slocock, Brian 1992. Umweltpolitik und politischer Wandel in Osteuropa. In: Sylke Nissen (Hrsg.) Modernisierung nach dem Sozialismus. Ökologische und ökonomische Probleme der Transformation, S. 25-62, Marburg.

Sörgel, Angelina 1986. Daimler Benz – der Multi im Musterländle. Bremen.

Späth, Volker, Gunter Kaufmann 1988. Gemeinsame Erklärung. In: BUND, Landesverband Baden-Württemberg (Hrsg.), Rastatter Rheinaue – Industrie kontra Umwelt, S. 62-63.

SPD, Kommission für Umweltfragen und Ökologie beim SPD-Parteivorstand 1984. Frieden mit der Natur. Für eine umweltverträgliche Industriegesellschaft. Bonn.

Sprenger, Rolf-Ulrich 1982. Umweltpolitik als Wachstumsbremse? In: Arieh A. Ullmann, Klaus Zimmermann (Hrsg.), Umweltpolitik im Wandel. Von Beschäftigungseffekten zu Innovationswirkungen des Umweltschutzes S. 67-74, Frankfurt/M.

Sprenger, Rolf-Ulrich 1989. Beschäftigungswirkungen der Umweltpolitik. Forschungsberichte des Umweltbundesamtes 4/89, Berlin.

Sprenger, Rolf-Ulrich, Günter Brischkat 1979. Beschäftigungseffekte der Umweltpolitik. Berlin.

Sprenger, Rolf-Ulrich, Gabriele Knödgen, unter Mitarbeit von Günter Brischkat und Klaus Zimmermann 1983. Struktur und Entwicklung der Umweltschutzindustrie in der Bundesrepublik Deutschland. Forschungsberichte des Umweltbundesamtes 9/83. Berlin.

Stadt Rastatt o.J.(1987). Zur Sache: Das geplante Pkw-Montagewerk von Daimler-Benz in Rastatt: Daten, Fakten, Hintergründe. Faltblatt.

Stadtplanungsamt Rastatt 1987a. Flächennutzungsplan für die Verwaltungsgemeinschaft Rastatt, 1. Änderung Juni 1987, Rastatt.

Stadtplanungsamt Rastatt 1987b. Bebauungsplan »ehemaliges Versuchsgut Oberwald«, 2. Änderung, 1. Ergänzung, Juni 1987, Rastatt.

Stadtverwaltung Rastatt (Hrsg.) 1987. Naturschutz in Rastatt, Bürgerinformation Große Kreisstadt Rastatt.

Statistisches Bundesamt 1990. Realsteuervergleich – Realsteuern und kommunale Einkommensteuerbeteiligung – 1989. Stuttgart.

Statistisches Landesamt Baden-Württemberg 1989. Volks-, Berufs-, Gebäude-, Wohnungs- und Arbeitsstättenzählung 1987. Regionalergebnisse der Volks- und Berufszählung: Bevölkerungs- und Haushaltsstruktur, Kreis- und Gemeindeebene, Band 402 Heft 2. Stuttgart.

Statistisches Landesamt Baden-Württemberg, verschiedene Jahrgänge. Verarbeitendes Gewerbe. Stuttgart.

Steiner, Hartmut 1987. Der Fall Sonnenschein, Mainz.

Steinkühler, Franz 1988. Handlungsfelder für gewerkschaftliche Umweltpolitik. In: IG Metall (Hrsg.), Umweltschutz zwischen Reparatur und Anpassung: Wege aus der Bedrohung. Diskussionsforum: Die andere Zukunft, Band 1, S. 149-151, Köln.

Stitzel, Michael, Udo E. Simonis 1988. Ökologisches Management oder Ist eine umweltverträgliche Unternehmenspolitik realisierbar? Wissenschaftszentrum Berlin, FS II dp 88-408.

Storm, Peter-Christoph 1988. Umweltrecht. In: Otto Kimminich, Heinrich Freiherr von Lersner, Peter-Christoph Storm (Hrsg.), Handwörterbuch des Umweltrechts Band II: Nachbarrecht – Zweitanmeldung, Sp. 743-773, Berlin.

Stürmer, Hans-Dieter (Hrsg.) 1984. Chemikalien in der Umwelt. BUND information 8. Freiburg.

Terhart, Klaus 1986. Die Befolgung von Umweltschutzauflagen als betriebswirtschaftliches Entscheidungsproblem. Berlin.

Teufel, Dieter 1989. Der UPI-Vorschlag für eine ökologische Steuerreform. In: Hans G. Nutzinger, Angelika Zahrnt (Hrsg.), Öko-Steuern: Umweltsteuern und -abgaben in der Diskussion, S. 205-230, Karlsruhe.

Teuscher, Joachim 1990. Chemie Buna. Sendung der Reihe »Klartext« vom 29.11.1990, 1Plus.

Ullmann, Arieh A., Klaus Zimmermann 1981. Umweltpolitik und Umweltschutzindustrie – Eine Analyse ihrer ökonomischen Wirkungen. Forschungsberichte des Umweltbundesamtes 6/81, Berlin.

Ullmann, Arieh A., Klaus Zimmermann 1982a. Zusammenfassung der Diskussion. In: Arieh A. Ullmann, Klaus Zimmermann (Hrsg.), Umweltpolitik im Wandel. Von Beschäftigungseffekten zu Innovationswirkungen des Umweltschutzes, S. 75-76, Frankfurt/M.

Ullmann, Arieh A., Klaus Zimmermann 1982b. Struktur und volkswirtschaftliche Bedeutung der Umweltschutzindustrie in der Bundesrepublik Deutschland. In: Arieh A. Ullmann, Klaus Zimmermann (Hrsg.), Umweltpolitik im Wandel. Von Beschäftigungseffekten zu Innovationswirkungen des Umweltschutzes, S. 29-54, Frankfurt/M.

Umweltbundesamt (Hrsg.) 1980. Was Sie schon immer über Umweltchemikalien wissen wollten. Stuttgart.

Umweltbundesamt (Hrsg.) 1987. Umweltchemikalie Pentachlorphenol. Forschungsberichte des Umweltbundesamtes 3/87, Berlin.

Umweltbundesamt (Hrsg.) 1989a. Belastung von Fließgewässern durch die Zellstoff- und Papierindustrie in Österreich, Teil A – Technologie und Emissionen, Wien.

Umweltbundesamt (Hrsg.) 1989b. Belastung von Fließgewässern durch die Zellstoff- und Papierindustrie in Österreich, Teil B – Ökologie und Immissionen, Wien.

VCI, Verband der Chemischen Industrie 1978. Statement Pentachlorphenol. In: Wilfried Karmaus 1989, Das Zusammenspiel von Wissenschaft, Behörden und Industrie dargestellt am Fall der Risiko-Beurteilung und Risiko-Bewältigung von Dioxinen. Wissenschaftszentrum Berlin, dp P89-205. Anlage 4.

Verein Deutscher Ingenieure 1983. Systematische Produktplanung. Düsseldorf.

Vobruba, Georg 1983. Gewerkschaftsöffnung. Plädoyer für die Erweiterung gesellschaftspolitischer Aufmerksamkeit. In: Gewerkschaftliche Monatshefte, Heft 3, S. 163-176.

Voelzkow, Helmut 1989. Umweltpolitik und organisierte Wirtschaftsinteressen. Lukács Institut für Sozialwissenschaften, Universität/GHS Paderborn, Arbeitspapier 1989-1.

Volkmann, Gert 1990. Kriterien unternehmerischer Standortpolitik im EG-Binnenmarkt. In: Rudolf Welzmüller (Hrsg.), Marktaufteilung und Standortpoker in Europa, S. 29-53. Köln.

Wagner, Gerd Rainer (Hrsg.) 1990. Unternehmung und ökologische Umwelt, München.

Wamsler, Karl 1991. Einführungsreferat des Vorsitzenden des Bayerischen Landesverbandes der chemischen Industrie auf der Mitgliederversammlung 1991. Ms., München.

Wehling, Hans-Georg 1982. Die Süddeutsche Ratsverfassung in Baden-Württemberg und Bayern. In: Günter Püttner (Hrsg.), Handbuch der kommunalen Wissenschaft und Praxis, Band 2, S. 230-240, Berlin.

Welfens, Maria 1992. Umweltprobleme und Umweltpolitik im Prozeß der Systemtransformation in Polen. In: Sylke Nissen (Hrsg.) Modernisierung nach dem Sozialismus. Ökologische und ökonomische Probleme der Transformation, S. 83-100, Marburg.

Welsch, Johann 1985. Umweltschutz und regionale Beschäftigungspolitik. WSI-Mitteilungen, Heft 12, S. 707-721.

Welsch, Johann 1986. Kommunale Wirtschaftsförderung zwischen Ansiedlungskonkurrenz und Beschäftigungspolitik. WSI-Mitteilungen, Heft 11, S. 718-728.

Wey, Klaus-Georg 1982. Umweltpolitik in Deutschland. Kurze Geschichte des Umweltschutzes in Deutschland seit 1900. Opladen.

Wicke, Lutz, Erika Schulz, Werner Schulz 1987. Entlastung des Arbeitsmarktes durch Umweltschutz? In: MittAB, Heft 1, S. 89-98.

Wiesenthal, Helmut 1983. Raumschiff Erde? Dilemmata des Ökologiekonflikts. In: Georg Vobruba (Hrsg.), »Wir sitzen alle in einem Boot«. Gemeinschaftsrhetorik in der Krise, S. 59-79, Frankfurt/M.

Winter, Georg 1987. Das umweltbewußte Unternehmen. Ein Handbuch der Betriebsökologie mit 22 Check-Listen für die Praxis. München.

Zahn, Erich, Herbert Gassert (Hrsg.) 1992. Umweltschutzorientiertes Management. Stuttgart.

Zapf-Schramm, Thomas 1989. Kommunale Umweltpolitik. In: Oscar W. Gabriel (Hrsg.), Kommunale Demokratie zwischen Politik und Verwaltung, S. 299-336, München.

Zeretzke, Herbert 1988. Initiativen für alternative Produktion. In: IG Metall (Hrsg.), Umweltschutz zwischen Reparatur und Anpassung: Wege aus der Bedrohung, Diskussionsforum: Die andere Zukunft, Band 1, S. 147-149, Köln.

Zimmermann, Klaus 1983. Ansatzpunkte einer verteilungsorientierten Umweltpolitik. In: Kyklos, Heft 3, S. 420-449.

Zimmermann, Monika 1982. Machtfaktor Chemische Industrie. Karlsruhe.

Zimmermann, Monika, Jochen Hucke (Hrsg.) 1984. Umweltschutz – was können die Gemeinden tun? Basel, Boston, Stuttgart.

Zimpelmann, Beate, Udo Gerhardt, Eckart Hildebrandt 1992. Die neue Umwelt der Betriebe – Arbeitspolitische Annäherungen an einen betrieblichen Umweltkonflikt. Berlin.

Zitzelsberger, Heribert 1990. Grundlagen der Gewerbesteuer. Eine steuergeschichtliche, rechtsvergleichende, steuersystematische und verfassungsrechtliche Untersuchung. Köln.

Zühlke-Robinet, Klaus 1992. Beschäftigungsfolgen der Bundeswehrreduzierung – Dargestellt am Beispiel der kreisfreien Stadt Flensburg und im Landkreis Flensburg. In: WSI-Mitteilungen, Heft 2, S. 106-112.